全国高等院校财经类教学精品课程创新规划教材

基础会计学

主　编　韩小琼　陈向青　李姝妍
副主编　王亚广　邢培焱　庞邵楠
　　　　傅梓怡

中国商业出版社

图书在版编目(CIP)数据

基础会计学 / 韩小琼，陈向青，李姝妍主编. ——北京：中国商业出版社，2023.5
ISBN 978－7－5208－2436－1

Ⅰ.①基… Ⅱ.①韩…②陈…③李… Ⅲ.①会计学 Ⅳ.①F230

中国国家版本馆 CIP 数据核字(2023)第 038993 号

责任编辑：李 飞
(策划编辑：蔡 凯)

中国商业出版社出版发行
(www.zgsycb.com 100053 北京广安门内报国寺 1 号)
总编室：010－63180647 编辑室：010－83114579
发行部：010－83120835/8286
新华书店经销
北京军迪印刷有限责任公司印刷
*
787 毫米×1092 毫米 16 开 15.5 印张 300 千字
2023 年 5 月第 1 版 2023 年 5 月第 1 次印刷
定价：68.00 元
* * * *
(如有印装质量问题可更换)

前言

本教材以“高效培养学生会计职业技能，展现会计职业生涯发展规律，演示会计工作过程，激发学生学习兴趣”为编写思路。依据最新的《中华人民共和国会计法》、《会计档案管理办法》、《企业会计准则》等法规制度修订，以最新增值税税率、最新财务报表格式等为参照，融入课程思政元素，强调会计工作的实操，遵循由浅入深、循序渐进的原则，力求精练易懂，突出应用性时效性、实践性、仿真性等特点，注重基本技能训练。本教材结合高等职业教育的新理念与应用型本科教育的特点，并吸收会计学前沿研究成果，对会计知识内容进行重新提炼和排序，在每一个章节中都明确了知识目标、能力目标以及素质目标，通过经典案例进行情境导入，提升趣味性。每小节在介绍理论的同时，同时列示例题讲解，真正做到边学边练，实现教、学、做一体化。

本书共分为9章，第1—4章是“会计基础概念认识”，结合会计实务操作要点，讲解会计基础知识，主要讲解会计的性质与目标、会计要素、会计科目、会计账户、借贷记账法以及会计凭证等会计的基础概念。第5章是“从认识发展到实践”，以工业企业实际应用为导向，讲解企业主要经济业务的账务处理。在本章开始部分，先介绍一个与本章相关的模拟企业案例，在此基础上学习相关理论知识，并应用到案例企业的实践中去。第6—9章，是“从实践回归认识”，深入阐述会计账簿的格式与填制方法、财产清查的方式方法、会计报表的编制流程以及不同的账务处理程序，从各个方面对会计的基本理论、基本知识、基本方法和技能进行了全面介绍。

本书的主要特色是：

1.思政融通，目标引领

本书每一章节都设置有知识目标、能力目标，帮助学生在学习本节知识前系统了解章节要点，指明学习要点及侧重点，引领学习方向。与此同时，每章节设置有素质目标，在专业学习的同时渗透职业素质教育，帮助学生树立良好的价值观念，培养诚实守信、廉洁自律的职业素养。

2.由浅入深，注重实践

本书由会计基础概念开篇，介绍会计性质、职能、目标等基础知识，后引入会计要素、借贷记账法、会计凭证等概念，并在其中穿插案例练习，模拟企业实际经济业务处理方法，做到理论与实践的有机结合。

3.案例导入，增强趣味

以加强理论与实践相结合为出发点，在每一章节前以实际案例为切入点展开理论教学，生动具体的实际案例使课本理论场景化，通过构建案例故事场景，剖析案例设置问题，从解决实际问题的角度激发学生好奇心，引导学生思维代入，提升学生兴趣，增强学生对理论知识的理解，为后续理论教学提供充足铺垫。

本书由河北科技工程职业技术大学基础会计教学团队共同编制完成，韩小琼担任第一主编，负责第3章和第8章的编写和全书的审核；陈向青担任第二主编，负责编写第1章和第2章；李姝妍担任第三主编，负责编写第5章；王亚广担任副主编，负责第4章编写、邢培焱担任副主编，负责第6章编写；庞邵楠担任副主编，负责第9章编写；傅梓怡担任副主编，负责第7章编写。本书可作为本科财经商贸类专业、高等职业院校专科以及应用型本科相关专业的基础会计课程用书，也可作为在职经济管理人员以及社会会计从业人员的参考和培训用书。

由于编者水平有限，加之时间仓促，书中难免存在缺点与不当之处，恳请广大读者批评指正。

目　录

第 1 章　会计的性质与目标 ………………………………………… (1)

1.1 会计的性质 ………………………………………… (2)

1.2 会计的职能与目标 ………………………………………… (5)

1.3 会计岗位与会计职业 ………………………………………… (10)

第 2 章　会计基本概念 ………………………………………… (16)

2.1 会计要素 ………………………………………… (17)

2.2 会计核算的基本前提和核算基础 ………………………………………… (28)

2.3 会计信息质量要求 ………………………………………… (32)

2.4 会计科目和账户 ………………………………………… (35)

第 3 章　借贷记账法 ………………………………………… (42)

3.1 复式记账原理 ………………………………………… (43)

3.2 借贷记账法 ………………………………………… (45)

3.3 会计分录 ………………………………………… (51)

3.4 借贷记账法的试算平衡 ………………………………………… (54)

第 4 章　会计凭证 ………………………………………… (63)

4.1 会计凭证的分类 ………………………………………… (65)

4.2 原始凭证 ………………………………………… (68)

4.3 记账凭证 ………………………………………… (88)

第 5 章　借贷记账法在工业企业中的应用 ………………………………………… (102)

5.1 企业筹资业务 ………………………………………… (103)

5.2 生产准备业务 ………………………………………… (111)

5.3 生产过程业务 ………………………………………… (133)

5.4 销售过程业务 ………………………………………… (142)

5.5 财务成果业务 ………………………………………… (155)

第 6 章　会计账簿 ………………………………………… (164)

6.1 会计账簿的基本概念 ………………………………………… (165)

6.2 会计账簿的种类 ………………………………………… (167)

6.3 会计账簿的启用和登记规则 …… (172)
6.4 错账的更正方法 …… (178)
6.5 对账与结账 …… (181)
第 7 章 财产清查 …… (186)
7.1 财产清查的概念和种类 …… (187)
7.2 财产清查的方法 …… (191)
第 8 章 会计报表 …… (199)
8.1 会计报表的概念和种类 …… (200)
8.2 资产负债表的编制方法 …… (204)
8.3 利润表的编制方法 …… (214)
第 9 章 账务处理程序 …… (225)
9.1 账务处理程序概述 …… (226)
9.2 记账凭证账务处理程序 …… (227)
9.3 汇总记账凭证账务处理程序 …… (229)
9.4 科目汇总表账务处理程序 …… (231)
参考答案 …… (235)

第1章 会计的性质与目标

【知识目标】

· 了解会计在企业是做什么的，包括会计的对象、职能和目标。

【能力目标】

· 了解企业会计工作的基本要求；

· 了解会计工作的组织管理及相关工作岗位。

【素质目标】

· 热爱会计工作，遵守会计法律和职业道德，培养诚实守信意识。

【案例导入】

优胜文具制造有限公司成立于2000年，是一家文具制造商，总部位于浙江杭州市，占地约100亩。该公司产品包括学生文具、办公文具及其他相关产品。在过去十余年公司业务量快速增长，2021年实现总营收13.23亿元人民币，同比增长42%。公司拥有完善的组织机构，8个生产车间，16条生产线，一个产品研发中心。具体如下图所示：

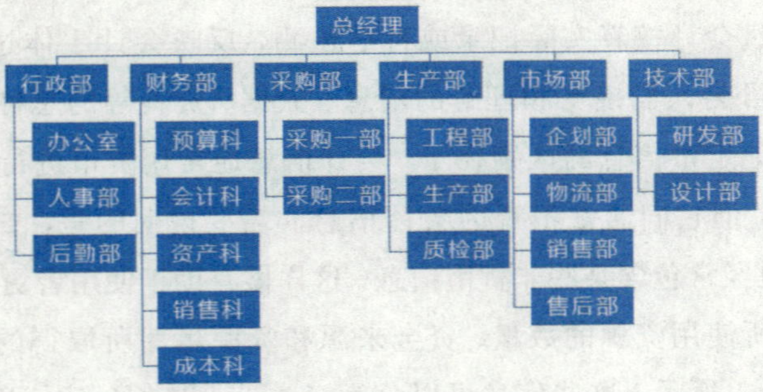

同学们，如果你现在想进入优胜文具公司财务部参加工作，你知道每个科室的大致工作内容包括哪些方面吗？这些工作又需要具备哪些知识和能力呢？

1.1 会计的性质

一、企业信息需求

世界上绝大部分工作都是通过各个组织来完成的。在工作过程中，组织要运用材料、劳动力、房屋及机器设备等各种资源，而要获得这些资源就需要资金。为了有效的工作，组织中的人就需要知道有关的资源数量、资金来源和使用情况等各方面的信息。组织外部的各方利益相关人也需要通过有关的信息对组织的情况作出了解和判断。会计就是提供这些信息的一个系统。

组织可以分为两类：营利组织和非营利组织。顾名思义，营利组织的主要目标是赚取利润，而非营利组织的目标则多种多样，如管理、服务、教育等。两类组织的会计基本上是相似的。

组织按形式可进一步分为公司制企业（以下简称公司）和非公司制企业，公司包括有限责任公司和股份有限公司，非公司制企业常见的有合伙制企业、个人独资企业、个体工商户等。这两类组织最为普遍的是公司。本书如无特殊说明，均以公司为例进行说明。

具体来说，每个组织需要的信息各不相同。但是，大多数组织所需要的信息基本上类似。如图 1—1 所示，信息可分为定量信息与非定量信息。定量信息是指那些可用数字表述的信息；非定量信息则不可用数字来表述，比如去公司实地考察所形成的印象，通过谈话获取的信息，媒体报道等。会计主要与定量信息有关。

会计信息是指通过会计核算实际记录或科学预测，反映会计主体过去、现在、将来有关资金运动状况的各种可为人们接受和理解的消息、数据、资料等的总称。会计信息是多种定量信息之一。它与其他定量信息的区别在于，会计信息通常用货币进行计量。公司中员工的人数和工龄是定量的，但它们通常不视为会计信息。需要说明的是，二者的划分界限并不十分明确；会计信息中也经常包含某些非货币信息，这样做有助于使用者更好地了解公司情况。

如果想了解企业所使用资源的数量、资金来源和资源运用所取得的结果，究竟需要知道哪些信息呢？如图 1—1 所示，这些信息可以分为三类，即财务会计信息、管理会计信息和税务会计信息。

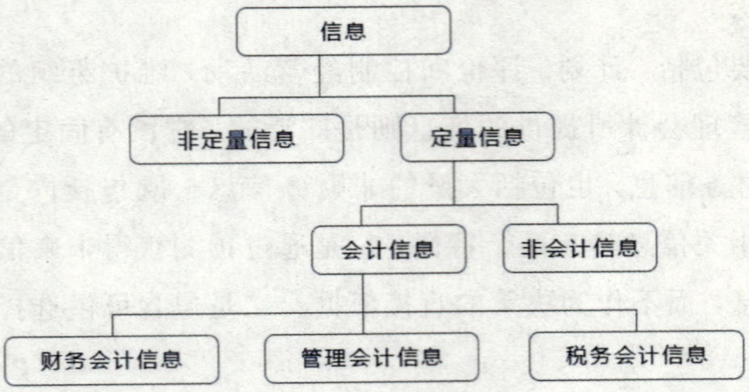

图 1—1　信息的种类

二、财务会计信息

财务会计信息是指会计单位通过财务报表、财务报告或附注等形式向投资者、债权人或其他信息使用者揭示单位财务状况和经营成果的信息。

企业财务会计信息的使用者，包括内部管理者、投资者、债权人、政府机关和供应商等。

1.内部管理者。对内部管理者而言，了解这些信息可以帮助他们总结过去经济活动的经验和教训，分析企业的财务状况和经营情况是否良好，以便采取措施，作出决策，改善和加强经营管理。

2.投资者。它包括企业的股东和潜在的投资者，投资者通过企业对外发布的各种财务会计信息（如月报、季报、半年报、年报）等来判断其投资价值，以便作出保留投资，撤出投资还是追加投资的决策。

3.债权人。企业的债权人通过财务会计信息了解企业运营情况和偿还借款的能力，以便判断是否应向该企业提供贷款。

4.政府机关。如税务机关需要有关企业的利润和向国家交纳税额的信息，社会保障机构需要有关企业交纳各项社会保障基金的信息等。

财务会计信息是反映企业财务状况、经营成果以及资金变动的信息，是记录会计核算过程和结果的重要载体，是反映企业财务状况，评价经营业绩进行再生产或投资决策的重要依据。使用者要了解并充分利用这些信息，就要了解提供这些信息所运用的基本方法和依据的基本规则。这些基本方法和基本规则也是财务会计人员开展工作所采用和遵循的。本书主要从公司会计人员角度介绍提供财务会计信息所运用的基本方法。

三、管理会计信息

管理会计主要为管理当局提供企业内部规划、评价、控制以及确保企业资源的合理使用和经营管理责任的履行所需要的信息。管理会计信息应与管理当局的管理需要相关，有助于提高管理者的决策能力。

管理会计信息主要包括：计划、评价和控制经营活动，维护组织的资产安全，与企业外部各利益集团沟通。管理会计所提供的信息则是广泛的，它没有固定的程式与内容，一般而言，它既包括大量的财务信息，也包括大量的非财务信息。既包括内部信息，也包括外部的信息。管理会计中的相关信息具有两个特征：一是通过预测获得未来信息。历史信息通常作为预测未来的基础信息，而不作为决策的直接依据。二是包含可供选择方案之间能用货币计量的差额。

综上所述，会计与提供前述会计信息的所有活动都有关，是确认、计量与传达经济信息以使信息使用者能够作出合理判断和决策的过程。

1.2 会计的职能与目标

一、会计的职能

会计职能，是指会计在经济活动及其管理过程中所具有的功能。通俗来讲，就是会计是用来做什么的。会计具有会计核算和会计监督两项基本职能，还具有预测经济前景，参与经济决策、评价经营业绩等拓展职能。

（一）会计的基本职能

1.会计核算

会计核算是指以货币为主要计量单位，通过确认、计量、记录和报告等环节，对特定主体的经济活动进行记账、算账和报账，为相关会计信息使用者提供决策所需的会计信息。所谓会计确认，是指依据一定的标准，辨认经济交易或事项的实质并确定应予以记录的会计对象的要素项目，并进一步确定已记录和加工的信息是否应列入会计报表和如何列入会计报表的过程。会计确认包括初始确认和再确认两个环节。会计计量是指用货币或其他度量单位计量各项经济交易或事项及其结果的过程。会计计量包括计量属性的选择和计量单位的确定。会计记录是指对经过会计确认、会计计量的经济交易或事项，采用一定方法记录下来的过程。在会计记录中，对于经过确认而可以进入会计信息系统处理的每项数据，要运用预先设计的账户（账户是会计要素的再分类与具体化）和有关文字及金额，按复式记账规则的要求，在账簿上加以登记。会计报告是以账簿记录为依据，采用表格和文字形式，把会计凭证和会计账簿所记录的会计资料进一步进行系统性加工汇总整理形成财务状况、经营成果和现金流量等的结构性表述的过程。

会计核算是会计工作的基础。在我国，会计核算必须遵守《中华人民共和国会计法》（以下简称《会计法》）和有关财务制度的规定，符合有关会计准则和会计制度的要求，力求会计资料真实、正确、完整，保证会计信息的质量。

《会计法》明确规定，下列事项必须办理会计手续，进行会计核算：

（1）款项和有价证券的收付

款项是作为支付手段的货币资金。可以作为款项收付的货币资金，包括现金、银行存款和其他货币资金，如外埠存款、银行汇票存款、银行本票存款、在途货币资金、信用证存款、保函押金和各种备用金等。有价证券是具有一定财产权利或者支配权利的票证，如股票、国库券、其他企业债券等。

款项的收付是经常发生的，在有的单位其发生额还很大。有价证券收付的频繁程度在多数单位要低一些，但发生额一般都比较大。款项和有价证券收付的业务涉及较易受损的资产，绝大部分业务本身又直接造成一个单位货币资金的增减变化，影响单位的资金调度能力，所以通常要求进行严密、及时和准确的核算。

（2）财物的收发、增减和使用

财物是一个单位用来进行或维持经营管理活动的具有实物形态的经济资源，包括原材料、燃料、包装物、低值易耗品、在产品、自制半成品、产成品、商品等流动资产和机器、机械、设备、设施、运输工具、家具等固定资产。

财产物资在许多单位构成资产的主体，并在资产总额中占有很大比重。财物的收发、增减和使用业务，是会计核算中的经常性业务，有关的核算资料往往是单位内部进行业务成果考核，控制和降低成本费用的重要依据。此外，财物会计核算还对各种财产物资的安全、完整有重要作用。

（3）债权、债务的发生和结算

债权是一个单位收取款项的权利，包括各种应收和预付的款项。债务则是一个单位需要以其货币资金等资产或者劳务清偿的义务，包括各项借款、应付和预收款项以及应交款项等。

债权和债务都是一个单位在自己的经营活动中必然要发生的事项。对债权、债务的发生和结算的会计核算，涉及单位与其他单位以及单位与其他有关方面的经济利益，关系到单位自身的资金周转，同时从法律上讲，债务还决定一个企业的生存问题，因而债权、债务是会计核算的一项重要内容。

（4）资本、基金的增减

资本一般是企业单位的所有者对企业的净资产的所有权，因此也称所有者权益，具体包括实收资本、资本公积、盈余公积和未分配利润。基金，主要是指机关、事业单位某些特定用途的资金，如事业发展基金、后备基金等。

资本、基金的利益关系人比较明确，用途也基本定向。办理资本、基金增减的会计核算，政策性很强，一般都应以具有法律效力的合同、协议、董事会决议或政府部门的有关文件等为依据，切忌盲从单位领导人个人或其他指示人未经法定程序认可或未办理法定手续的任何处置意见。

（5）收入、支出、费用、成本的计算

收入是一个单位在经营活动中由于销售产品、商品，提供劳务、服务或提供资产的使用权等取得的款项或收取款项的权利。支出从狭义上理解，仅指行政事业单位和社会团体在履行法定职能或发挥特定的功能时所发生的各项开支，以及企业和企业化的事业单位在正常经营活动以外的支出或损失；如从广义上理解，支出是一个单位实际发生的各项开支或损失。费用的含义比支出窄，通常使用范围也小一些，仅指企业和企业化的事业单位因生产、经营和管理活动而发生的各项耗费和支出。成本一般仅限于企业和企业化的事业单位在生产产品、购置商品和提供劳务或服务中所发生的各项直接耗费，如直接材料、直接工资、直接费用、商品进价以及燃料、动力等其他直接费用。

收入、支出、费用、成本都是重要的会计要素，体现着对一个单位的经营管理水平和效率从不同角度进行的度量，是计算一个单位经营成果及其盈亏情况的主要依据。

(6) 财务成果的计算和处理

财务成果主要是企业和企业化的事业单位在一定的时期内通过从事经营活动而在财务上所取得的结果，具体表现为盈利或是亏损。

财务成果的计算和处理，包括利润的计算、所得税的计算缴纳和利润的分配（或亏损的弥补）等，这个环节上的会计核算主要涉及所有者和国家的利益。

(7) 其他需要办理会计手续、进行会计核算的事项

其他会计事项是指在上述六项会计核算内容中未能包括的、按有关法律法规或会计制度的规定或根据单位的具体情况需要办理会计手续和进行会计核算的事项。单位在有这类事项时，应当按照各有关法律、法规或者会计制度的规定，认真、严格办理有关会计手续，进行会计核算。

会计核算职能具有以下主要特征：

(1) 会计主要核算过去已经发生或完成的经济活动。

(2) 会计核算是以货币为主要计量单位，以实物度量和劳动度量为辅助度量，从价值量方面反映各单位的经济活动情况。

(3) 会计核算要求做到真实、准确、连续、系统、完整和及时。

(4) 会计核算必须遵循国家颁布的会计准则和会计制度。

2.会计监督

会计的监督职能，是指会计机构、会计人员对其特定主体经济活动和相关会计核算的真实性、完整性、合法性和合理性进行审查，使之达到预期经济活动和会计核算目标的功能，包括事前、事中和事后的监督。合法性审查是指保证各项经济业务符合国家的有关法律法规，遵守财经纪律，执行国家的各项方针政策，杜绝违法乱纪行为；合理性审查是指检查各项财务收支是否符合特定对象的财务收支计划，是否有违背内部控制制度要求等现象，为增产节约、提高经济效益严格把关。

会计监督具有以下特点：

(1) 会计监督具有强制性和严肃性，必须以财经法律、法规为依据。

(2) 会计监督具有连续性。各会计主体每发生一笔经济业务，都要在核算的同时审查它

们是否符合法律、制度、规定和计划。会计核算具有连续性，会计监督也就具有连续性。

(3) 会计监督具有完整性。会计监督是对单位经济活动的全过程进行监督，包括事前、事中和事后监督。

3.会计核算与会计监督的关系

会计核算和会计监督关系是十分密切的，两者相辅相成；会计核算是会计监督的基础，而会计监督是会计核算的保证。两者必须结合起来发挥作用，才能正确、及时、完整地反映经济活动，有效地提高经济效益。如果没有可靠的、完整的会计核算资料，会计监督就没有客观依据。反之只有会计核算没有会计监督，会计核算也就没有意义。

【例 1—1】下列各项中，对企业会计核算资料的真实性、完整性、合法性和合理性进行审查的会计职能是（ ）。

A.参与经济决策职能

B.评价经营业绩职能

C.会计监督职能

D.会计核算职能

【解析】C。会计的监督职能，是指会计机构、会计人员对其特定主体经济活动和相关会计核算的真实性、完整性、合法性和合理性进行审查。

（二）会计的拓展职能

随着社会经济的发展和经济管理的现代化，会计的职能也会随之发生变化，一些新的职能不断出现。除了会计核算和会计监督两个基本职能之外，还有分析经济情况、预测经济前景、参与经济决策等各种职能。预测经济前景是指根据财务报告等提供的信息，定量或者定性地判断和推测经济活动的发展变化规律，以指导和调节经济活动，提高经济效益。参与经济决策是指根据财务报告等提供的信息，运用定量分析和定性分析方法，对备选方案进行经济可行性分析等。

【例 1—2】下列有关会计职能的表述中，正确的有（ ）。

A.评价经营业绩是会计的拓展职能

B.会计核算是会计的基本职能

C.会计监督是会计核算的质量保障

D.预测经济前景是会计的基本职能

【解析】ABC。选项 D，评价经营业绩、参与经济决策和预测经济前景是会计的拓展职能。

二、会计的目标

会计目标，是要求会计工作完成的任务或达到的标准。会计的基本目标是向财务报告使用者提供企业财务状况、经营成果和现金流量等有关的会计资料和信息，反映企业管理层受托责任履行情况，有助于财务报告使用者作出经济决策，达到不断提高企事业单位乃至经济社会整体的经济效益和效率的目的和要求。从更高层面看，会计的目标还包括规范会计行为，保证会计资料真实、完整，加强经济管理和财务管理，提高经济效益，维护社会主义市场经济秩序，为市场在资源配置中起决定性作用、更好地发挥政府作用提供基础性保障，实现经济高质量发展。

会计资料，是指会计凭证和会计账簿记录以及进一步进行系统性加工汇总整理形成财务状况、经营成果和现金流量等结构性表述的会计核算专业资料，是企业尚未对外报告或披露的会计处理结果的资料，其存在或储存形式可以是纸质资料也可以是电子文档资料。会计资料通常主要为企业内部保管与使用。会计资料及会计信息的使用者既包括企事业单位的内部使用者又包括外部使用者. 主要包括投资者、债权人、政府及其有关部门和社会公众等。满足投资者的信息需要是企业财务报告编制的首要出发点，企业编制财务报告、提供会计信息必然与投资者的决策密切相关。因此，财务报告提供的信息应当如实反映企业所拥有或者控制的经济资源、对经济资源的要求权，以及经济资源及其要求权的变化情况。如实反映企业的各项收入、费用和利润的金额及其变动情况。如实反映企业各项经营活动、投资活动和筹资活动等所形成的现金流入和现金流出情况等。从而有助于现在的或者潜在的投资者正确、合理地评价企业的资产质量、偿债能力、盈利能力和营运效率等。有助于投资者根据相关会计信息作出理性的投资决策。有助于投资者评估与投资有关的未来现金流量的金额、时间和风险等。除投资者以外，企业财务报告的使用者还有债权人、政府及其有关部门、社会公众等。由于投资者是企业资本的主要提供者，如果财务报告能够满足这一群体的会计信息需求，通常情况下也可以满足其他使用者的大部分信息需求。

1.3 会计岗位与会计职业

一、会计机构

会计机构是一个企业办理会计事务的职能机构，会计人员是直接从事会计工作的人员。建立健全会计机构，配备与工作要求相适应、具有一定素质和数量的会计人员，是做好会计工作，充分发挥会计职能作用的重要保证。会计机构的设置是否合理，职责分工是否明确，对各单位会计工作能否顺利开展有着重要影响。不同级别的单位对会计机构的称谓也不同，如我们常听到的财务部、财务处、计财处和财务科等。

根据《会计法》的要求，凡是独立核算的会计主体，原则上都要单独设置会计机构，根据企业经营规模的大小和业务量的多少，设置财务（会计）处、财务（会计）科、会计组等，并配备必要的会计人员来从事会计工作。不能单独设置会计机构的单位，应当在有关机构中设置会计人员并指定会计主管人员。不具备单独设置会计机构的单位，应当委托经批准设立从事会计代理记账业务的中介机构代理记账。

会计机构的设置一般要考虑以下原则：

1.适应性。要与企业经营的规模、组织结构和管理模式相适应。

2.控制性。对企业资金运动全过程的关键点风险有所控制，从而形成对企业经营全过程和全方位的监控。

3.配合性。要与本单位其他管理机构相协调、相配合。

4.效率性。要能提高管理效率，充分发挥会计机构的职能与作用。

5.效益性。要体现精简高效，使企业管理从中受益。

二、会计岗位

会计机构设置好了，得有人来做相应的工作，这就出现了会计岗位。会计岗位设置可采取“一人一岗”、“一人多岗”或“一岗多人”的方式。一般小单位的财务科最起码要设置主管会计，主管会计下最少应设出纳、会计两个岗位，出纳主要办理收付款业务，会计主要登记账簿，主管会计主要是审核、管理总账、编制财务报告。对外业务如税务、工商、财政、统计等可以由会计办理，主管会计审核。主管会计可以是财务科科长，也可以是财务负责人，这样可以使货币资金业务的办理与审批相分离、审批与审核相分离、审核与记账相分离、总账与明细账相分离，从而在财务机构内部形成有效的岗位制衡机制，减少财务风险，避免财务损失，强化财务管理。主管会计模式是一种最简单的集核算与管理于一体的会计机构设置模式。

在大多数企业中，会计人员组成了最大的参谋智能部门，也就是除生产和销售“直线”活动之外的最大部门。一般大的企业组织都设置财务处（部），下面设置财务科，如某工业企业职工 5000 人，属大中型企业，具体财务部门和岗位设置如表 1—1 所示：

表 1—1　某工业企业会计岗位设置一览表

序号	科室名称	岗位名称
1	综合预算科	预算管理
2		综合管理
3		财务总稽核
4		会计档案资料管理
5	成本科	基本生产核算
6		辅助生产核算
7	会计科	费用报销
8		费用控制与往来管理
9		职工薪酬与保险核算
10		对外投资核算
11		财务信息系统管理
12		总账及报表
13	资产科	资产核算
14		工程核算
15	资金科	资金管理
16		出纳
17		资金计划
18	材料科	大宗材料核算
19		备品备件核算
20		其他材料核算
21	销售科	销售收入及票据核算
22		销售费用核算
23		税费管理

以上岗位设置，企业可以根据自己单位的实际规模和工作量，进行拆分或合并，例如对

规模较大的炼油化工企业来说，可以根据需要，将预算岗位分为炼油业务成本预算和化工业务成本预算。对资产规模较小的单位，可以将资产核算、工程核算和实物管理岗位合并成一个资产管理岗位，总之，岗位的设置要按照适应、配合、协调、效率和效益的原则，使每个岗位都能在企业组织中发挥最积极的作用。

会计岗位设置后，必须配备素质相当、具备会计职业道德的会计人员，才能正常开展会计工作。各单位应根据要求，配置适量的会计人员。至于一个单位应配备多少会计人员，要根据规模大小、业务需要及会计机构岗位设置来决定。

三、会计工作内容及会计日常工作程序

（一）会计工作内容

会计工作内容主要包括以下几个方面。

1.账务处理工作

包括原始凭证、记账凭证、明细分类账与总账、资产负债表、利润表（损益表）、现金流量表等一系列的账务处理工作。

2.财务管理工作

企业资产价值管理、企业生产与经营资金管理、企业财务状况分析、企业经营成果分析、企业现金流量分析、企业投资管理分析等财务工作。

3.涉税会计工作

企业涉税会计账务处理、企业纳税申报及缴纳工作、企业税收筹划工作、企业涉税行政与司法事务办理工作。

4.企业审计工作

企业内部财务审计、企业外部财务审计。

（二）会计日常工作程序

传统人工形式的财务会计日常工作包括：审核原始凭证；根据原始凭证编制记账凭证；根据记账凭证登记各种明细账；月末作相关的提取、摊销、结转凭证；根据记账凭证、结转凭证编制科目汇总表；根据科目汇总表登记总账；月末结账、对账，做到账证相符、账账相符、账实相符；编制会计报表，做到数字准确、内容完整，并进行分析说明；纳税申报；装订凭证；会计档案保管；财务报表分析。

随着科技的发展，会计已经步入智能财务时代。相比传统人工形式而言，财务机器人实现了对记账、算账等基础性财务会计工作的自动化完成，更是依靠智能化的信息技术实现了对相关流程及相关规章制度的自动化处理和信息化加工，也加快了对各项财务信息和相关数据的核算进程。所以就使得财务人员脱离了不断重复、繁杂的工作状态，并且也留出了较多的时

间从事财务预测与分析的高水准财务会计工作，也决定了财务会计向管理会计转型的必要性。

四、会计人员职业要求

设置会计机构的单位，应当配备会计机构负责人和一定数量的专职会计人员。大中型企业应该根据法律和国家有关规定设置总会计师或财务总监。

(一) 会计人员的专业技术资格

会计专业技术职务是会计人员从事会计业务工作的技术等级。我国会计专业技术职务包括初级会计师、中级会计师、高级会计师。其中，初级和中级资格实行考试制度，高级资格实行考试与评审相结合的管理制度。

(二) 会计人员的职业道德

会计职业道德是指会计人员在会计工作中应遵循的、体现会计职业特征的、调整会计职业关系的职业行为准则和规范。

会计职业道德的主要内容可概括为爱岗敬业、诚实守信、廉洁自律、客观公正、坚持准则、提高技能、参与管理、强化服务八个方面。

1.**爱岗敬业。**会计人员在会计工作中应当遵守职业道德，树立良好的职业品质，严谨的工作作风。要求会计工作人员正确认知会计职业，树立职业荣誉感；热爱会计工作和工作岗位，任劳任怨，忠于职守。

2.**诚实守信。**会计人员应当保守本单位商业秘密。除法律规定和单位领导人同意外，不能私自向外界提供或者泄露单位的会计信息。要求会计人员做老实人，说老实话，办老实事，执业谨慎，不弄虚作假；不为利益所诱惑，保密守信，信誉至上。

3.**廉洁自律。**要求会计人员树立正确的人生观和价值观；坚持职业标准，严格自我约束，自觉抵制不良欲望的侵袭和干扰；公私分明，清正廉洁，不贪不占，保持清白；遵纪守法，一身正气。

4.**客观公正。**会计人员办理会计事务应当实事求是，客观公正。要求会计人员端正态度，以客观事实为依据，依法依规办事；实事求是，不偏不倚；公正处理企业利益相关者和社会公众的利益关系，保持应有的独立性。

5.**坚持准则。**会计人员应该按照会计法律、法规和国家统一会计制度规定的程序和要求进行会计工作，保证所提供的会计信息合法、真实、准确、及时、完整。要求会计人员熟悉国家法律等国家统一会计制度，始终坚持按法律、法规和国家统一的会计制度的要求进行会计核算，实施会计监督。

6.**提高技能。**会计人员应当热爱本职工作，努力钻研业务，使自己的知识和技能适应自身所从事的工作要求。要求会计人员具有不断提高会计专业技能的意识和愿望，不断增强提高专业技能的自觉性和紧迫感；具有勤学苦练的精神和科学的学习方法，刻苦钻研，不断进取，提高业务技能水平。

7.参与管理。会计人员应当广泛宣传财经法律、法规、规章和国家统一会计制度；努力钻研相关业务，全面熟悉本单位经营活动和业务流程；建立健全企业内部控制、促进完善企业规章制度和业务流程、保障企业生产经营活动合法合规；主动提出合理化建议，充分发挥决策支持的功能作用，积极参与管理，促进企业可持续高质量健康发展。

8.强化服务。会计人员应当树立服务意识，提高服务质量，努力维护和提升会计职业的良好社会形象。

【拓展阅读】《中华人民共和国会计法》

练习题

一、单项选择题

1.下列各项关于会计监督职能的表述中，正确的是（ ）。

A.监督职能是指对特定主体的经济活动进行确认、计量、记录和报告

B.监督职能是指会计机构、会计人员对其特定主体经济活动和相关会计核算的真实性、合法性、完整性和合理性进行审查

C.会计监督是会计核算的基础

D.会计核算是会计监督的质量保障

2.下列关于会计基本职能的说法中，正确的是（ ）。

A.即使没有会计监督，会计核算也可以提供高质量的会计信息

B.会计监督的内容包括财物的收发、增减和使用

C.会计的基本职能包括评价经营业绩、会计监督和会计核算

D.没有会计核算提供的各种信息，会计监督就失去了依据

二、多项选择题

1.下列各项中，对会计目标表述正确的有（ ）。

A.有助于财务报告使用者作出经济决策

B.向财务报告使用者提供会计信息

C.有助于维护经济秩序

D.反映企业管理层受托责任的履行情况

2.下列各项企业会计人员行为中，属于遵守廉洁自律会计职业道德的有（ ）。

A.会计人员保守本单位的商业秘密

B.会计人员公正处理企业利益相关者和社会公众的利益关系，保持应有的独立性

C.会计人员坚持职业标准，严格自我约束，自觉抵制不良欲望的侵袭和干扰

D.会计人员树立正确的人生观和价值观

3.下列各项中，属于联合惩戒措施的有（　）。

A.罚款、限制从事会计工作、追究刑事责任

B.记入会计从业人员信用档案

C.对会计领域违法失信当事人，限制其取得相关从业任职资格，限制获得认证证书

D.实行行业惩戒

三、判断题

1.会计资料及会计信息的使用者是指企事业单位的内部使用者，不包括外部使用者。（　）

2.会计职业道德的主要内容可概括为爱岗敬业、诚实守信、廉洁自律、客观公正、提高技能、参与管理、强化服务等七个方面。（　）

3.会计职业风险，是指会计职业行为产生差错或不良后果应由会计行为人承担责任的可能性。（　）

第2章 会计基本概念

【知识目标】

· 掌握会计要素的内容；

· 熟悉会计核算的基本前提，掌握会计核算基础，理解会计信息质量要求；

· 理解会计要素的数量关系，掌握会计科目、账户的分类及两者的关系。

【能力目标】

· 能运用会计恒等式分析经济业务发生后会计要素的变化。

【素质目标】

· 能合理确定企业会计的核算内容；

· 培养遵守《企业会计准则》进行会计核算的意识。

【案例导入】

优胜文具制造有限公司成立于2000年，是一家文具制造商，总部位于浙江杭州市，占地约100亩。该公司产品包括学生文具、办公文具及其他相关产品。在过去十余年公司业务量快速增长，2021年实现总营收13.23亿元人民币，同比增长42%。公司拥有完善的组织机构，8个生产车间，16条生产线，一个产品研发中心。具体如下图所示：

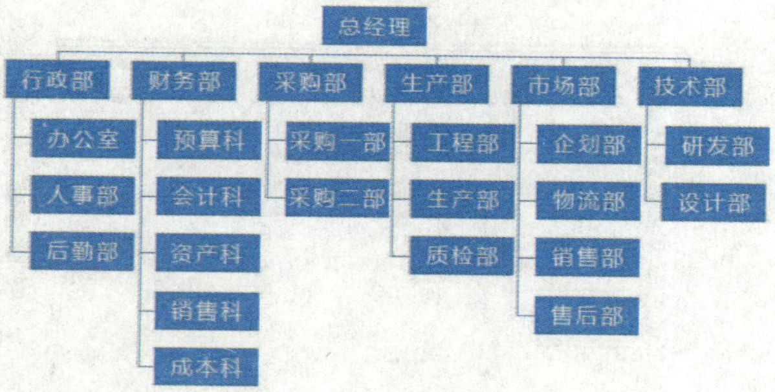

李娜作为一名大学毕业生，经过应聘进入优胜文具公司财务部会计科进行工作。同学们，你们知道李娜的工作内容大致会包括哪些方面吗？要完成这些工作，她需要注意些什么呢？

2.1 会计要素

一、会计的对象

会计对象在企业中表现为再生产过程中的资金运动。以工业企业为例，工业企业的资金运动按其运动的程序可分为资金筹集、资金周转、资金退出三个基本环节。相对应地，工业企业生产经营过程可以划分为供应过程、生产过程和销售过程。随着企业供、产、销过程的不断进行，企业的资金也在不断地进行着循环和周转，由货币资金转化为固定资金、储备资金，再转化为生产资金、成品资金，最后又转化为货币资金。会计要依次反映这些阶段的经济活动。在这个过程中，由于资金的取得、周转和退出等经济活动所引起的各项财产和资源的增减变化情况，在经营过程中各项生产费用的支出和产品成本形成的情况，以及企业销售收入的取得和企业纯收入的实现、分配情况，就构成了工业企业会计的具体对象。

我们将上述经济活动进行细致的描述就可看出：企业的资金可表现为保持货币形态的资金、原材料占用的资金、固定资产占用的资金，以及处于生产过程中的在产品占用资金和完成生产过程处在销售环节的库存商品占用的资金，我们将这些占用资金的项目统称为资产。企业的资金来自两个方面．即从债权人取得的部分和企业所有者投入的部分，前者称为负债，后者称为所有者权益。企业外销产品取得的货币资金，是企业运用资金取得的成果，称为收入。而为取得收入所耗费的资产的货币表现为费用。收入与费用的差额加利得和损失，即企业运用资金而取得的增值额，称为利润（负数则为亏损）。资产、负债、所有者权益、收入、费用、利润这六者就是一般所说的会计对象要素或称会计要素。

综上所述，会计要素是对企业会计对象按照其经济特征所作的分类。资产是资金的占用形态，负债和所有者权益是与资产相对应的取得途径，它们是反映企业财务状况的会计要素。而收入、费用、利润则是资金运用中所产生的经济利益的流入，即为取得收入而发生的耗费和形成的成果，因此是反映企业经营成果的会计要素。

二、会计要素

会计要素是对会计对象进行的基本分类，是会计核算对象的具体化。资产、负债、所有者权益、收入、费用、利润统称为企业的六大会计要素。其中，资产、负债和所有者权益要素侧重于反映企业的财务状况；收入、费用和利润要素侧重于反映企业的经营成果。会计要素是会计报表基本构成单位，因此，会计要素也可以称为会计报表要素。

会计对象由三个层次构成：第一个层次是资金运动，第二个层次是会计要素，第三个层次是会计科目和账户。资金运动是纷繁复杂的，在明确会计对象是资金运动后，为了系统、完整地核算和监督单位经济活动的发生情况及结果，为经济管理提供有用的会计信息，还必须对其进一步细分并科学归类。会计要素就是对资金运动所划分的大类。

（一）资产

1.资产的定义

资产是指企业过去的交易或者事项形成的、由企业拥有或者控制的、预期会给企业带来经济利益的资源。资产具有以下几个方面的特征：

（1）资产是由企业过去的交易或者事项形成的。

这一特征强调，资产必须是现实的资产，不是预期的资产。企业过去的交易或者事项包括购买、生产、建造行为或其他交易事项。预期在未来发生的交易或者事项不形成资产。

（2）资产应为企业拥有或者控制的资源。

这里所说的“拥有”是指资产的所有权归企业，“控制”指企业虽然不一定拥有所有权，但实际被企业所控制的资产。

（3）资产预期会给企业带来经济利益。

预期会给企业带来经济利益，是指直接或间接导致现金和现金等价物流入企业的潜力。没有交换价值和使用价值、不能给企业带来未来经济利益的资源不能确认为企业的资产。

符合资产定义的资源，在同时满足以下条件时应确认为资产：一是与该资源相关的经济利益很可能流入企业；二是该资源的成本或者价值能够可靠地计量。

【例 2—1】下列可以确认为企业资产的有（　）。

A.购入的专利权　　B.已霉烂变质无使用价值的存货

C.除短期租赁以外的租入资产　　D.计划下个月购入的材料

【解析】AC。选项 A，“购入的专利权”符合资产要素的定义；选项 C，除短期租赁以外的租入资产，应确认为企业的使用权资产；选项 B，“已霉烂变质无使用价值的存货”预期不能给企业带来经济利益；选项 D，“计划下个月购入的材料”不是过去的交易或事项形成的，因此，B、D 两者均不符合资产要素的定义。

2.资产的分类

资产按其变现能力或耗用时间的长短（即流动性）可分为流动资产与非流动资产。

(1) 流动资产是指在 1 年内（含 1 年）或在超过 1 年的一个营业周期内变现或耗用的资产，主要包括库存现金、银行存款、交易性金融资产、应收及预付款项、存货、一年内到期的非流动资产等。

(2) 非流动资产是指除了流动资产以外的其他资产，主要包括长期股权投资、固定资产、无形资产、长期待摊费用和其他非流动资产等。

【例 2—2】下列属于企业流动资产的是（　）。

A.预收账款　　B.累计折旧　　C.预付账款　　D.无形资产

【解析】C。累计折旧、无形资产属于非流动资产，预收账款属于企业的流动负债。预付账款属于企业的流动资产。

(二) 负债

1.负债的定义

负债是指企业过去的交易或者事项形成的、预期会导致经济利益流出企业的现时义务。负债具有以下几个方面的特征：

(1) 负债是由企业过去的交易或者事项形成的。

如企业应承担的一项应付账款债务，这笔债务的形成，是在企业发生了购买货物等交易之后才产生的，而不是在交易发生之前形成的。

(2) 负债是企业承担的现时义务。

现时义务是指企业在现行条件下已承担的义务，未来发生的交易或事项形成的义务，不属于现时义务，不应确认为负债。这里所指的义务，可以是法定义务，也可以是推定义务。法定义务是指具有约束力的合同或法律法规规定的义务，如企业按照税法规定应缴纳的税款的义务；而推定义务是指根据企业多年来的习惯，公开地承诺或者公开宣布的政策而导致企业将承担的责任，如企业对销售产品在一定期间内实行保修的承诺而将在未来发生的支出。

(3) 履行该现时义务预期会导致经济利益流出企业。

导致经济利益流出企业的形式多种多样，如用现金偿还或以实物资产偿还，以提供劳务偿还，以举借新债偿还旧债等。

符合负债的定义，在同时满足以下条件时应确认为负债：一是与该义务相关的经济利益很可能流出企业；二是未来流出的经济利益的金额能够可靠地计量。

2.负债的分类

负债按流动性可分为流动负债与非流动负债。

(1) 流动负债是指通常在 1 年（含 1 年）或超过 1 年的一个营业周期内偿还的债务，包括短期借款、应付及预收款项、应付职工薪酬、应交税费、其他应付款等。

(2) 非流动负债通常又称为长期负债，是指流动负债以外的负债，包括长期借款、应付债券、长期应付款等。

【例 2—3】下列关于负债要素的说法中，正确的有（ ）。

A.负债是指由企业过去的交易或事项形成的、预期会导致经济利益流出企业的现时义务

B.未来发生的交易或事项形成的义务也应当确认为负债

C.清偿负债的方式包括用现金清偿、以劳务资产清偿或以其他资产偿还等

D.流动负债是指预计在 1 年（含 1 年）或超过 1 年的一个营业周期内偿还的负债

【解析】ACD。未来发生的交易或事项不是企业的现时义务，不应当确认为负债。

（三）所有者权益

1.所有者权益的定义

所有者权益是指企业资产扣除负债后，由所有者享有的剩余权益。股份有限公司的所有者权益又称为股东权益。所有者权益反映了所有者对企业资产的剩余索取权，是企业资产中扣除债权人权益后应由所有者享有的部分，它表明企业的产权关系，即企业归谁所有。

在企业清算时，资产要先清偿债务，有剩余才会分配给投资者。因此，所有者权益的确认和计量主要取决于资产、负债、收入、费用等其他会计要素的确认和计量。

2.所有者权益的构成内容

所有者权益按其来源主要包括所有者投入的资本、直接计入所有者权益的利得和损失、留存收益等。具体包括实收资本或股本、资本公积、盈余公积、未分配利润。

所有者投入的资本是指所有者投入企业的资本部分，它既包括构成企业注册资本或者股本部分的金额（即实收资本或股本），也包括投入资本超过注册资本或者股本部分的金额，即资本溢价或者股本溢价（即资本公积）。直接计入所有者权益的利得和损失，是指不应计入当期损益、会导致所有者权益发生增减变动的、与所有者投入资本或者向所有者分配利润无关的利得或者损失。留存收益，是企业历年实现的净利润留存于企业的部分，主要包括计提的盈余公积和未分配利润。

【例 2—4】下列关于所有者权益的表述中，不正确的是（ ）。

A.所有者权益又称净资产，是指企业资产扣除负债后由所有者享有的剩余权益

B.所有者权益的来源包括投资者投入的资本、债权人投入的资本、留存收益等

C.企业不需要偿还所有者权益，除非发生减资清算

D.权益分为债权人权益和所有者权益，而债权人权益优先于所有者权益

【解析】B。所有者权益的来源包括投资者投入的资本、直接计入所有者权益的利得和损失、留存收益等，债权人投入的资本构成企业的负债。

（四）收入

1.收入的定义

收入是指企业在日常活动中形成的、会导致所有者权益增加的、与所有者投入资本无关的经济利益的总流入。收入具有以下几个方面的特征：

(1) 收入应当是企业在日常活动中形成的。企业出售固定资产和无形资产、取得罚款收入等不属于企业日常活动，不应计入收入；收入只包括本企业经济利益的流入，不包括为第三方或客户代收的款项。

(2) 收入应当会导致经济利益的流入，该流入不包括所有者投入的资本。

(3) 收入应当最终会导致所有者权益的增加。

收入的确认至少应当符合以下条件：一是与收入相关的经济利益应当很可能流入企业；二是经济利益流入企业的结果会导致资产的增加或者负债的减少；三是经济利益的流入能够可靠计量。

2.收入的分类

收入按企业经营业务的主次，可分为主营业务收入和其他业务收入。主营业务收入是指企业从事主要经营活动所取得的收入，可以根据企业营业执照上主营业务范围来确定。其他业务收入是指企业非经常性的兼营的业务产生的收入，一般包括：材料销售收入、固定资产（设备等）出租收入等。

【例 2—5】下列说法正确的是（　）。

A.收入是指企业所有活动中形成的经济利益总流入

B.所有者权益增加一定表明企业获得了收入

C.狭义的收入包括营业外收入

D.收入按企业经营业务的主次，可分为主营业务收入和其他业务收入

【解析】D。收入是指企业在销售商品、提供劳务及让渡资产使用权等日常活动中形成的经济利益的总流入；所有者权益增加不一定表明企业获得了收入；狭义的收入指的是企业的营业收入，不包括营业外收入。

（五）费用

1.费用的定义

费用是指企业在日常活动中发生的、会导致所有者权益减少的、与向所有者分配利润无关的经济利益的总流出。费用具有以下几个方面的特征：

(1) 费用应当是企业在日常活动中形成的。偶发的交易或事项导致的经济利益的流出不属于日常业务，不能计入费用。

(2) 费用应当会导致经济利益的流出，该流出不包括向所有者分配的利润。

(3) 费用应当最终会导致所有者权益的减少。

费用的确认至少应当符合以下条件：一是与费用相关的经济利益应当很可能流出企业；二是经济利益流出企业的结果会导致资产的减少或者负债的增加；三是经济利益的流出额能够可靠计量。

2.费用的分类

(1) 费用按经济内容可分为外购材料、外购燃料、外购动力、工资薪酬、折旧费、利息、税金、其他费用等。

(2) 费用按其经济用途可分为直接费用、制造费用（也称间接费用）和期间费用。

直接费用是指企业为生产产品而发生的各项费用，包括直接材料、直接人工和其他直接费用。

制造费用是指企业为生产产品和提供劳务而发生的各项间接费用，包括生产车间管理人员的工资薪酬、折旧费、水电费等。

期间费用是其发生与本期间相配比的费用，包括管理费用、财务费用和销售费用。

管理费用是指企业为组织和管理企业生产经营所发生的费用，包括企业在筹建期间内发生的开办费、董事会和行政管理部门在企业的经营管理中发生的或者应当由企业统一负担的公司经费（包括行政管理部门职工薪酬、物料消耗、低值易耗品摊销、办公费和差旅费等）、董事会费、聘请中介机构费、咨询费、业务招待费、技术转让费、研究费用等。

财务费用是指企业为筹集生产经营所需资金等而发生的筹资费用，包括利息支出（减利息收入）、汇兑损益和相关的手续费等。

销售费用是指企业在销售商品和提供劳务的过程中发生的各种费用，包括由企业负担的运输费、装卸费、包装费、保险费、商品维修费、展览费和广告费以及为销售本企业商品而专设的销售机构的职工薪酬、业务费、折旧费、物料消耗和其他经费。

【例 2—6】费用能够导致企业所有者权益减少，但导致所有者权益减少的不一定都是费用。( )

【解析】对。不会导致所有者权益减少的经济利益的流出不符合费用的定义，但并不能说导致所有者权益减少的就一定是费用，如分配利润。

(六) 利润

1.利润的定义

利润是指企业在一定会计期间的经营成果，反映的是企业的经营业绩情况。利润通常是评价企业管理层业绩的一项重要指标，也是投资者、债权人等作出投资决策、信贷决策等的重要参考指标。

利润的确认主要依赖于收入和费用以及利得和损失的确认，其金额的确定也主要取决于收入、费用、利得、损失金额的计量。通常情况下，如果企业实现利润，表明企业所有者权益增加，业绩得到了提升；反之，如果企业发生亏损，表明企业所有者权益减少，业绩下降。

利润包括收入减去费用后的净额、直接计入当期利润的利得和损失等。其中，收入减去费用后的净额反映的是企业日常活动的业绩，直接计入当期利润的利得和损失反映的是企业非日常活动的业绩。直接计入当期利润的利得和损失，是指应当计入当期损益、最终会引起所有者权益发生增减变动的、与所有者投入资本或者向所有者分配利润无关的利得或者损失。

2.利润的分类

利润按其构成可分为营业利润、利润总额和净利润。

【思考】请指出下列项目属于哪一会计要素。

库存现金、银行存款、原材料、办公大楼、机器设备、差旅费、销售商品所取得的收入、生产产品所耗费的成本、借款的利息、购买材料所欠的货款。

三、会计等式

会计等式是指运用数学方程的原理来描述会计对象具体内容（即会计要素）之间相互关系的一种表达式。

（一）基本会计等式

企业的资产来源于所有者的投入资本和债权人的借入资金及其在生产经营中所产生的效益，分别归属于所有者和债权人。归属于所有者的部分形成所有者权益；归属于债权人的部分形成企业的负债。也就是说一定数额的资产必然对应着相同数额的负债和所有者权益。这一恒等关系用公式表示出来，就是：

资产＝负债＋所有者权益

这一等式是会计的基本等式，也称第一会计等式，它表明了反映企业财务状况的三个会计要素之间的数量关系。如果把负债称作债权人权益，那么这个等式就变化为：

资产＝债权人权益＋所有者权益

将等式右边的两项权益合并在一起，则等式变为：

资产＝权益

这一会计等式既表明了某一会计主体在某一特定时点所拥有的各种资产，同时也表明了这些资产的归属关系。它是设置账户、复式记账、编制会计报表等会计核算方法的理论基础。

（二）动态会计等式

企业的生产经营过程是一个动态过程，任何一项经济业务的发生，既可能引起资产、负债和所有者权益要素的增减变动，也有可能引起收入、费用、利润发生变化。在不考虑利得和损失的情况下，收入和费用相配比，其差额即为企业的经营成果，收入大于费用的差额为企业的利润；反之为亏损。用公式表示为：

利润＝收入－费用

企业筹集了资金以后经过一段时间的经营，就会产生利润。利润最终会归所有者，成为企业的所有者权益。那么会计等式就可以写成：

资产＝负债＋所有者权益＋利润

那么还可以将会计等式改写成：

资产＝负债＋所有者权益＋收入－费用

（三）经济业务的发生对会计等式的影响

随着各项经济业务的不断发生，必然引起有关会计要素发生增减变动。但是，无论企业发生的经济业务如何引起各项会计要素发生怎样的变化，都不会破坏会计等式的恒等关系，资产总额总是会等于权益总额。

一个企业在生产经营过程中所发生的经济业务是多种多样的，但从它们对企业会计要素的影响来看，可以概括为四大类，并可具体分为9种类型：

第一大类：资产项目此增彼减，增减金额相等。

第二大类：资产与权益同增，增加金额相等。具体又分为以下2种类型：

(1) 资产增加，负债增加，增加金额相等。

(2) 资产增加，所有者权益增加，增加金额相等。

第三大类：权益项目此增彼减，增减金额相等。具体又分为以下4种类型：

(1) 负债项目此增彼减，增减金额相等。

(2) 所有者权益项目此增彼减，增减金额相等。

(3) 负债增加，所有者权益减少，增减金额相等。

(4) 所有者权益增加，负债减少，增减金额相等。

第四大类：资产与权益同减，减少金额相等。具体又分为以下2种类型：

(1) 资产减少，负债减少，减少金额相等。

(2) 资产减少，所有者权益减少，减少金额相等。

下面通过举例来说明。

【例2—7】光明公司成立时拥有资产总额6000000元，其中股东投入4000000元，从银行借入2000000元。公司成立之时，资产、负债、所有者权益之间的关系是：

资产＝负债＋所有权权益

6000000＝2000000＋4000000

公司成立以后发生如下经济业务：

(1) 用银行存款购买一台机器设备，价值500000元。

(2) 企业购买原材料一批，价值80000元，货款尚未支付。

(3) 企业收到投资者投入的资金500000元，存入银行。

(4) 企业开出商业承兑汇票偿还前欠货款 80000 元。

(5) 企业将资本公积 100000 元转增资本。

(6) 企业决定向投资者分配利润 200000 元。

(7) 前欠东方公司货款 100000 元，经协商转作东方公司对光明公司的投资。

(8) 用银行存款偿还银行短期借款 50000 元。

(9) 经股东大会批准决定减资 200000 元，用银行存款退还股东。

(10) 公司赊销产品一批，售价为 35000 元，暂不考虑增值税。

(11) 企业用银行存款购买办公用品 3000 元。

针对光明公司发生的经济业务对会计等式影响分析如下：

1.资产、权益变动对会计等式的影响

(1) 用银行存款购买一台机器设备，价值 500000 元。

用银行存款购入机器设备，使得银行存款这一项资产减少 500000 元，机器设备这一项资产增加 500000 元，资产内部一增一减且增减金额相等，会计等式的恒等关系未变。

资产＝负债＋所有权权益

6000000＋500000－500000＝2000000＋4000000

(2) 企业购买原材料一批，价值 80000 元，货款尚未支付。

企业购入原材料，使得原材料这一项资产增加 80000 元，货款尚未支付，使得企业负债增加 80000 元，资产与负债同时增加 80000 元，会计等式的恒等关系未变。

资产＝负债＋所有权权益

6000000＋80000＝2000000＋80000＋4000000

(3) 企业收到投资者投入的资金 500000 元，存入银行。

收到投资者投资使得投入资本这一项所有者权益增加 500000 元，同时银行存款这一项资产增加 500000 元，会计等式的恒等关系未变。

资产＝负债＋所有权权益

6080000＋500000＝2080000＋4000000＋500000

(4) 企业开出商业承兑汇票偿还前欠货款 80000 元。

这一经济业务的发生，使得应付账款这一负债减少 80000 元，应付票据这一负债增加 80000 元，负债内部一增一减且增减金额相同，会计等式的恒等关系未变。

资产＝负债＋所有权权益

6580000＝2080000＋80000－80000＋4500000

(5) 企业将资本公积 100000 元转增资本。

资本公积转增资本，使得资本公积这一项所有者权益减少 100000 元，实收资本这一项所有者权益增加 100000 元，所有者权益内部一增一减且增减金额相同，会计等式的恒等关系未变。

资产＝负债＋所有权权益

6580000＝2080000＋4500000＋100000－100000

(6) 企业决定向投资者分配利润 200000 元。

向投资者分配利润，使得未分配利润这一项所有者权益减少 200000 元，因为尚未支付，使得应付利润这一项负债增加 200000 元。权益内部一增一减且增减金额相同，会计等式的恒等关系未变。

资产＝负债＋所有权权益

6580000＝2080000＋200000＋4500000－200000

(7) 前欠东方公司货款 100000 元，经协商转作东方公司对光明公司的投资。

欠款转作投资，使得投入资本这一项所有者权益增加 100000 元，同时欠款转销，使得应付账款这一项负债减少 100000 元，且增减金额相同，会计等式的恒等关系未变。

资产＝负债＋所有权权益

6580000＝2280000－100000＋4300000＋100000

(8) 用银行存款偿还银行短期借款 50000 元。

用银行存款偿还短期借款，使得银行存款这一项资产减少 50000 元，短期借款这一项负债减少 50000 元，资产与负债同时减少相同金额，会计等式的恒等关系未变。

资产＝负债＋所有权权益

6580000－50000＝2180000－50000＋4400000

(9) 经股东大会批准决定减资 200000 元，用银行存款退还股东。

以银行存款退还减资，使得银行存款这一项资产减少 200000 元，实收资本这一项所有者权益减少 200000 元，资产与所有者权益同时减少相同金额，会计等式的恒等关系未变。

资产＝负债＋所有权权益

6530000－200000＝2130000＋4400000－200000

2.收入费用变动对会计等式的影响

(10) 公司赊销产品一批，售价为 35000 元，暂不考虑增值税。

该项经济业务的发生，一方面使得收入增加了 35000 元，另一方面使得资产增加了 35000 元。会计等式仍然成立。

资产＋费用＝负债＋所有者权益＋收入

6330000＋35000＝2130000＋4200000＋35000

(11) 企业用银行存款购买办公用品 3000 元。

该项经济业务的发生，一方面使得费用增加 3000 元，另一方面使得银行存款减少 3000 元。会计等式仍然成立。

资产＋费用＝负债＋所有者权益＋收入

(6365000－3000) ＋3000＝2130000＋4200000＋35000

【例 2－8】年初资产总额为 200 万元，本期负债减少 10 万元，所有者权益增加 40 万元，则期末资产总额为（　）万元。

A.200　　B.240　　C.230　　D.250

【解析】C。本题考查的是"资产＝负债＋所有者权益"这个会计恒等式。本期等式右边的增加额＝40－10＝30（万元），会计恒等式左边的资产也应该增加 30 万元，所以期末资产总额＝200＋30＝230（万元）。

【思考】如何理解资产与权益是一个事物的两个方面，且资产恒等于权益。

2.2 会计核算的基本前提和核算基础

一、会计核算的基本前提

会计核算的基本前提也叫会计基本假设，是对会计核算时间和空间范围以及所采用的主要计量单位等所做的合理假定，是企业会计确认、计量、记录和报告的前提。会计基本假设包括会计主体、持续经营、会计分期和货币计量。

（一）会计主体

会计主体，是指企业会计确认、计量、记录和报告的空间范围。一般来说，凡拥有独立的资金、自主经营、独立核算收支、盈亏并编制会计报表的单位或组织就构成了一个会计主体。在会计主体假设下，企业应当对其本身发生的交易或者事项进行会计确认、计量、记录和报告，反映企业本身所从事的各项生产经营活动。明确界定会计主体是开展会计确认、计量和报告工作的重要前提。

首先，明确会计主体，才能划定会计所要处理的各项交易或事项的范围。在会计工作中，只有那些影响企业本身经济利益的各项交易或事项才纳入会计核算的范围，那些不影响企业本身经济利益的各项交易或事项则不应纳入会计核算的范围。会计工作中通常所讲的资产、负债的确认，收入的实现，费用的发生等，都是针对特定会计主体而言的。

其次，明确会计主体，才能将会计主体的交易或者事项与会计主体所有者的交易或者事项以及其他会计主体的交易或者事项区分开来。

会计主体不同于法律主体。一般来说，法律主体必然是一个会计主体。例如一个企业作为一个法律主体，应当建立财务会计系统，独立反映其财务状况、经营成果和现金流量。但是，会计主体不一定是法律主体。例如，在企业集团的情况下，一个母公司拥有若干子公司，母子公司虽然是不同的法律主体但是母公司对于子公司拥有控制权，为了全面反映企业集团的财务状况、经营成果和现金流量，就有必要将企业集团作为一个会计主体编制合并财务报表。再如，由企业管理的证券投资基金、企业年金基金等，尽管不属于法律主体，但属于会计主体，应当对每项基金进行会计确认、计量和报告。

【情境思考】优胜公司总经理王先生从财务部门借款 10 万元，用于个人及家庭成员欧洲豪华游，请问财务部门会计人员小张对该事项应如何进行反映？

（二）持续经营

持续经营，是指在可以预见的将来，企业将会按当前的规模和状态继续经营下去，不会停业，也不会大规模削减业务。在持续经营前提下，会计确认、计量、记录和报告应当以企业持续、正常的生产经营活动为前提。

企业是否持续经营，在会计原则、会计方法的选择上有很大差别。一般情况下，应当假定企业将会按照当前的规模和状态继续经营下去。明确这个基本假设，就意味着会计主体将按照既定用途使用资产，按照既定的合约条件清偿债务，会计人员就可以在此基础上选择会计原则和会计方法。如果判断企业会持续经营，就可以假定企业的固定资产会在持续经营的生产经营过程中长期发挥作用，并服务于生产经营过程，固定资产就可以根据历史成本进行记录，并采用折旧的方法，将历史成本分摊到各个会计期间相关产品的成本中。如果判断企业不会持续经营，固定资产就不应采用历史成本进行记录并按期计提折旧。

应当指出的是，如果有证据表明一个企业已无法履行它所承担的义务，正常的经营活动也无法持续下去，那么，以持续经营为前提所规定的各种会计方法和程序也就不再适用，而不得不改用其他方法。即以法律（如破产法）、法规为依据，根据清算的要求如实反映企业清算时的财务状况和财务关系，并着眼于变现能力与偿债能力，提供有助于正确处理各方权益关系的信息。

（三）会计分期

会计分期，是指将一个企业持续经营的生产经营活动划分为一个个连续的、长短相同的期间。会计分期的目的，在于据以结算盈亏，按期编报财务报告，从而及时向财务报告使用者提供有关企业财务状况、经营成果和现金流量的信息。

根据持续经营假设，一个企业将按当前的规模和状态持续经营下去。但是，无论是企业的生产经营决策还是投资者、债权人等的决策都需要及时的信息，都需要将企业持续的生产经营活动划分为一个个连续的、长短相同的期间，分期确认、计量、记录和报告企业的财务状况、经营成果和现金流量。明确会计分期假设意义重大，由于会计分期，才产生了当期与以前期间、以后期间的差别，才使不同类型的会计主体有了记账的基准，进而出现了折旧、摊销等会计处理方法。

在会计分期假设下，企业应当划分会计期间，分期结算账目和编制财务报告。会计期间通常分为年度和中期。中期，是指短于一个完整的会计年度的报告期间。在我国，会计期间分为年度、半年度、季度和月度。年度、半年度、季度和月度均按公历起讫日期确定。半年度、季度和月度称为会计中期。年度会计期间，又称会计年度，是最常见的会计期间。在我国《会计法》规定，会计年度自公历每年 1 月 1 日起至 12 月 31 日止。按年编制的财务会计报表称为年报。半年度会计期间是指自公历每年1月1日至6月30日，按半年度会计期间编制的财务会计报告称为中期报告，或称中报。目前我国除了股份有限公司会计制度要报中期报告外，对其他企业没有报送中报的硬性规定。季度会计期间有四个，每季度的第一个月的一日至该季度的最后一天为一个会计季度，按季度会计期间编制的财务会计报告称为季报。月度会计期间，每月的第一天至最后一天为一个会计月份，按月度会计期间编制的财务会计报告称为月报。

（四）货币计量

货币计量，是指会计主体在会计确认、计量、记录和报告时主要以货币作为计量单位，反映会计主体的生产经营活动过程及其结果。

在会计的确认、计量、记录和报告过程中之所以选择货币为基础进行计量，是由货币本身的属性决定的。货币是商品的一般等价物，是衡量一般商品价值的共同尺度，具有价值尺度、流通手段、贮藏手段和支付手段等特点。其他计量单位，如重量、长度、容积、台、件等，只能从一个侧面反映企业的生产经营情况，无法在量上进行汇总和比较，不便于会计计量和经营管理。只有选择货币尺度进行计量才能充分反映企业的生产经营情况，所以，基本准则规定，会计确认、计量和报告选择货币作为计量单位。采用货币计量单位进行会计核算并不排斥采用其他计量单位，其他计量单位可以对货币计量单位进行必要的补充和说明。例如，原材料的实物度量（吨、千克等）可以补充说明原材料的储存、耗费等经管责任的落实情况。

二、会计核算的基础

会计基础（又称会计核算基础）是指会计以什么为标准来确认、计量、记录和报告企业的收入和费用，目的是更加真实、公允地反映企业某一特定日期的财务状况和某一特定期间的经营成果。企业在一定会计期间，为进行生产经营活动而发生的费用，可能在本期已付出货币资金，也可能在本期尚未付出货币资金；所形成的收入，可能在本期已经收到货币资金，也可能在本期尚未收到货币资金。处理此类问题，必须以所采用的会计基础为依据。会计基础具体包括权责发生制和收付实现制。

（一）权责发生制

权责发生制，也称应收应付制，是以收款权利或付款责任的发生与否为标准来确认本期收入和费用的会计核算基础。根据权责发生制，凡是当期已经实现的收入和已经发生或应当负担的费用，无论款项是否收付，都应当作为当期的收入和费用；凡不属于当期的收入和费用，即使款项已在当期收付，也不应当作为当期的收入和费用。权责发生制原则主要从时间上规定会计确认的基础，其核心是根据权责关系的实际发生期间来确认收入和费用。

《企业会计准则——基本准则》第九条规定："企业会计应当以权责发生制为基础进行会

计确认、计量和报告。”

采用权责发生制的优点是：可以正确反映各个会计期间所实现的收入和为实现收入所应负担的费用，从而可以把各期的收入与其相关的费用、成本相配合，加以比较，正确确定各期的财务成果。正因为权责发生制具备这些优点，才产生了应收、应付、预收、预付等一系列会计处理方法。采用权责发生制的缺点是实务处理烦琐。因为企业不可能在日常的会计工作中对每项业务都按权责发生制来记录，因而就需要在期末按权责发生制的要求进行账项调整。

(二) 收付实现制

收付实现制，也称实收实付制，是以现金的实际收付为标准，来确定本期收入和费用的会计核算基础。收付实现制要求，凡是本期收到的收入和支付的费用，不管其是否应归属本期，都作为本期的收入和费用；反之，凡本期未收到的收入和未支付的费用，即使应归属本期收入和费用，也不能作为本期的收入和费用。收付实现制不考虑预收收入、预付费用，以及应计收入和应计费用的存在，会计期末根据账簿记录中实际收到的现金和实际支付的现金确定本期的收入或费用，与权责发生制正好相反。

在我国，政府会计由预算会计和财务会计构成。其中，预算会计采用收付实现制，国务院另有规定的，依照其规定；财务会计采用权责发生制。

采用收付实现制的优点是：会计记录直观，便于根据账簿记录来量入为出；会计处理简便，不需要对账簿记录进行期末账项调整。缺点是：不符合配比原则的要求，不能正确计算各期损益。

【例 2—9】某企业 10 月份销售甲产品一批，价款 40000 元，款未收；销售乙产品一批，收取转账支票一张，价款 6000 元；收回 9 月份销售所欠货款 8000 元。按权责发生制确定该企业 10 月份销售收入应为（　）元。

A.54000　　B.14000　　C.46000　　D.48000

【解析】C。权责发生制下本月销售收入＝40000＋6000＝46000 元。

【例 2—10】某企业 11 月份销售 A 产品一批，取得商业承兑汇票一张，价款 20000 元，销售 B 产品一批，取得转账支票一张，价款 10000 元，收到 10 月份销货款 12000 元，按收付实现制确定该企业 11 月份销售收入为（　　）元。

A.42000　　B.30000　　C.22000　　D.12000

【解析】C。收付实现制下 11 月份的收入为 10000＋12000＝22000 元。

2.3 会计信息质量要求

会计信息质量要求是对企业财务报告所提供会计信息质量的基本要求，是使财务报告所提供会计信息对投资者等信息使用者决策有用应具备的基本特征，主要包括可靠性、相关性、可理解性、可比性、实质重于形式、重要性、谨慎性和及时性等。

一、可靠性

可靠性要求企业应当以实际发生的交易或者事项为依据进行会计确认、计量、记录和报告，如实反映符合确认和计量要求的各项会计要素及其他相关信息，保证会计信息真实可靠，内容完整。可靠性是高质量会计信息的重要基础和关键所在。

二、相关性

相关性要求企业提供的会计信息应当与财务会计报告使用者的经济决策需要相关，有助于财务会计报告使用者对企业过去、现在或者未来的情况作出评价或者预测。

会计信息是否有用是会计信息质量的重要标志和基本特征之一。为了使企业提供的会计信息对信息使用者有用，会计核算的整个过程必须与信息需要相关联。企业在选择会计核算程序和方法时必须考虑企业经营特点和管理的需要，设置账簿时要考虑有利于信息的输出和不同信息使用者的需要。

三、可理解性

可理解性要求企业提供的会计信息应当清晰明了，便于财务会计报告使用者理解和使用。

企业编制财务报告、提供会计信息的目的在于使用，要让使用者有效使用会计信息，应当让其弄懂会计信息的内容，这就要求会计记录准确、清晰；填制会计凭证、登记会计账簿做到依据合法、账户对应关系清楚、文字摘要完整；在编制会计报表时，项目钩稽关系清楚、项目完整、数字准确。

四、可比性

可比性要求企业提供的会计信息应当相互可比。主要包括两层含义：

1. **同一企业不同时期可比。**同一企业不同时期发生的相同或者相似的交易或者事项，应当采用一致的会计政策，不得随意变更。确需变更的，应当在附注中说明。

2. **不同企业相同会计期间可比。**不同企业同一会计期间发生的相同或者相似的交易或者事项，应当采用同一会计政策，确保会计信息口径一致、相互可比。

五、实质重于形式

实质重于形式要求企业应当按照交易或者事项的经济实质进行会计确认、计量、记录和报告，不应仅仅以交易或者事项的法律形式为依据。

在实际工作中，交易或事项的法律形式并不总能完全反映其经济实质内容。多数情况下，企业发生交易或事项的经济实质与法律形式是一致的。但在有些情况下，会出现一些经济实质与法律形式不吻合的业务或事项。例如，企业租入的资产（短期租赁和低价值资产租赁除外），虽然从法律形式来看企业并不拥有其所有权，但是由于租赁合同规定的期限相当长，往往接近于该资产的使用寿命，租赁期结束时承租企业有优先购买该资产的选择权。从其经济实质来看，承租企业能够控制租入资产所创造的未来经济利益，在会计核算中就应当将租入的资产视为企业的资产，在资产负债表中填列使用权资产。

六、重要性

重要性要求企业提供的会计信息应当反映与企业财务状况、经营成果和现金流量等有关的所有重要交易或者事项。企业的会计核算应遵循重要性要求，在会计核算过程中对交易或事项应区别其重要程度，采用不同的核算方式。对资产、负债、损益等有较大影响，并进而影响财务会计报告使用者据以作出合理判断的重要会计事项，必须按照规定的会计方法和程序进行处理，并在财务会计报告中予以充分、准确地披露；对于次要的会计事项，在不影响会计信息真实性和不至于误导财务报告使用者作出正确判断的前提下，可适当简化处理。

七、谨慎性

谨慎性要求企业对交易或者事项进行会计确认、计量、记录和报告应当保持应有的谨慎，不应高估资产或者收益、低估负债或者费用。

在市场经济环境下，企业的生产经营活动面临着许多风险和不确定性，如应收款项的可收回性、固定资产和无形资产的预期使用寿命等，必须按照一定的标准进行估计和判断。会计信息质量的谨慎性要求，需要企业在面临不确定性因素的情况下作出职业判断时，应当保持应有的谨慎，充分估计到各种风险和损失，避免夸大利润和权益、掩盖不利因素。由于谨慎性要求在实际运用中存在着一定的主观性，因而会影响会计信息的客观性。因此，谨慎性要求需适度运用。

八、及时性

及时性要求企业对于已经发生的交易或者事项，应当及时进行会计确认、计量、记录和报告，不得提前或者延后。

在会计确认、计量、记录和报告过程中贯彻及时性要求，一是要求及时收集会计信息，即在交易或者事项发生后，及时收集整理各种单据或者凭证；二是要求及时处理会计信息，即按照会计准则的规定，及时对交易或事项进行确认和计量，并编制财务报告；三是要求及时传递会计信息，即按照国家规定的有关时限，及时地将编制的财务报告传递给财务报告使用者，便于其及时使用和决策。

【拓展阅读】《企业会计准则——基本准则》

2.4 会计科目和账户

一、会计科目

会计科目是指对会计对象的具体内容即会计要素进一步分类核算的项目。

会计科目按其所提供信息的详细程度及其统驭关系不同，分为总分类科目和明细分类科目。前者是对会计要素具体内容进行总括分类、提供总括信息的会计科目；后者是对总分类科目作进一步分类、提供更详细更具体会计信息的科目。对于明细科目较多的总账科目，可在总分类科目与明细科目之间设置二级或多级科目。

会计科目按其所归属的会计要素不同，分为资产类、负债类、共同类、所有者权益类、成本类、损益类等六大类（共同类由于仅在金融企业使用，本书内容不涉及）。

各单位设置会计科目应遵循以下原则：

(1) 会计科目的设置，应结合会计对象的具体特点。

(2) 会计科目的设置，必须符合经济管理和业务发展的需要，具有适用性。

(3) 会计科目的设置，必须将统一性和灵活性结合起来。

(4) 会计科目的设置，必须保持相对稳定性。

【例 2—11】为了满足管理的需要，企业的会计科目设置得越细越好。(　)

【解析】错。会计科目的设置应该考虑成本效益原则，如果企业的会计科目的设置过细，则会带来较高的管理成本，因此不是设置得越细越好。

【思考】指出下列项目所反映的经济内容属于哪一会计科目？

出纳掌管的现钞、存在银行的款项、房屋建筑物、机器设备、从银行取得的贷款、应该支付的赊购材料款、销售商品所取得的收入、支付的贷款利息。

表 2—1 企业会计科目表（简表）

序号	编号	名称	序号	编号	名称
一、资产类			二、负债类		
1	1001	库存现金	58	2001	短期借款
2	1002	银行存款	59	2101	交易性金融负债
3	1012	其他货币资金	60	2201	应付票据
4	1101	交易性金融资产	61	2202	应付账款
5	1121	应收票据	62	2203	预收账款
6	1122	应收账款	63	2211	应付职工薪酬
7	1123	预付账款	64	2221	应交税费
8	1131	应收股利	65	2231	应付利息
9	1132	应收利息	66	2232	应付股利
10	1221	其他应收款	67	2241	其他应付款
11	1231	坏账准备	68	2271	租赁负债
12	1401	材料采购	69	2314	代理业务负债
13	1402	在途物资	70	2401	递延收益
14	1403	原材料	71	2501	长期借款
15	1404	材料成本差异	72	2502	应付债券
16	1405	库存商品	73	2701	长期应付款
17	1406	发出商品	74	2702	未确认融资费用
18	1407	商品进销差价	75	2711	专项应付款
19	1408	委托加工物资	76	2801	预计负债
20	1411	周转材料	77	2901	递延所得税负债
21	1421	消耗性生物资产	三、共同类		
22	1471	存货跌价准备	78	3002	货币兑换
23	1473	合同资产	79	3101	衍生工具
24	1474	合同资产减值准备	80	3201	套期工具
25	1475	合同履约成本	81	3202	被套期工具
26	1476	合同履约成本减值准备	四、所有者权益类		
27	1477	合同取得成本	82	4001	实收资本
28	1478	合同取得成本减值准备	83	4002	资本公积
29	1481	持有待售资产	84	4101	盈余公积
30	1482	持有待售资产减值准备	85	4103	本年利润

续表

序号	编号	名　称	序号	编号	名　称
31	1501	债权投资	86	4104	利润分配
32	1502	债权投资减值准备	87	4201	库存股
33	1503	其他债权投资			五、成本类
34	1504	其他权益工具投资	88	5001	生产成本
35	1511	长期股权投资	89	5101	制造费用
36	1512	长期股权投资减值准备	90	5201	劳务成本
37	1521	投资性房地产	91	5301	研发支出
38	1531	长期应收款	92	5401	工程施工
39	1532	未实现融资收益	93	5402	工程结算
40	1601	固定资产			六、损益类
41	1602	累计折旧	94	6001	主营业务收入
42	1603	固定资产减值准备	95	6051	其他业务收入
43	1604	在建工程	96	6061	汇兑损益
44	1605	工程物资	97	6101	公允价值变动损益
45	1606	固定资产清理	98	6111	投资收益
46	1621	生产性生物资产	99	6301	营业外收入
47	1622	生产性生物资产累计折旧	100	6401	主营业务成本
48	1701	无形资产	101	6402	其他业务成本
49	1702	累计摊销	102	6403	税金及附加
50	1703	无形资产减值准备	103	6601	销售费用
51	1704	使用权资产	104	6602	管理费用
52	1705	使用权资产累计折旧	105	6603	财务费用
53	1706	使用权资产减值准备	106	6701	资产减值损失
54	1711	商誉	107	6711	营业外支出
55	1801	长期待摊费用	108	6801	所得税费用
56	1811	递延所得税资产	109	6901	以前年度损益调整
57	1901	待处理财产损溢			

二、会计账户

账户是根据会计科目设置的，具有一定格式和结构，用于分类反映会计要素增减变动情况及其结果的载体。设置账户是会计核算的重要方法之一。

（一）账户的分类

同会计科目的分类相对应，账户也分为总分类账户和明细分类账户。

总分类账户是指根据总分类科目设置的、用于对会计要素具体内容进行总括分类核算的账户，简称总账账户或总账。根据账户所反映的经济内容，可将其分为资产类账户、负债类账户、共同类账户、所有者权益类账户、成本类账户、损益类账户六类。

明细分类账户是根据明细分类科目设置的、用来对会计要素具体内容进行明细分类核算的账户，简称明细账。总账账户称为一级账户，总账以下的账户称为明细账户。

【思考】请说明总分类账户与明细分类账户有什么区别？

（二）账户的结构

账户分为左方、右方两个方向，一方登记增加，另一方登记减少。至于哪一方登记增加、哪一方登记减少，取决于所记录经济业务和账户的性质。登记本期增加的金额称为本期增加发生额；登记本期减少的金额，称为本期减少发生额；增减相抵后的差额，称为余额。余额按照表示的时间不同，分为期初余额和期末余额，其基本关系如下：

期末余额＝期初余额＋本期增加发生额－本期减少发生额

上式中的四个部分称为账户的四个金额要素。

账户一般应包括下列内容：

（1）账户的名称（即会计科目）。

（2）日期和摘要（登记经济业务的日期和内容的概述）。

（3）凭证号数（说明账户记录的依据）。

（4）增加和减少的金额及余额。

为了简化起见，常用“T”字形账户代替实际账户，其结构如下：

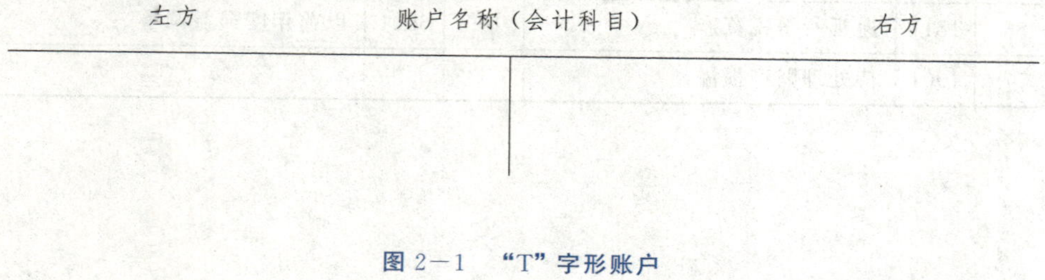

图 2－1 “T”字形账户

【例2—12】下列项目中，属于账户基本结构内容的有（ ）。

A.账户的名称 B.日期和摘要 C.凭证号数 D.增加方和减少方的金额及余额

【解析】ABCD。账户的基本结构应具有以下内容：（1）账户的名称；（2）日期；（3）增加方和减少方的金额及余额；（4）凭证编号；（5）摘要。

【思考】请举例说明会计科目与账户的异同点。

练习题

一、单项选择题

1.下列关于会计要素的表述中，不正确的是（ ）。

A.收入、成本和利润构成利润表的基本框架

B.资产、负债和所有者权益属于反映财务状况的会计要素

C.会计要素是根据交易或事项的经济特征所确定的财务会计对象及其基本分类

D.利润反映的是收入减去费用、利得减去损失后的净额

2.下列属于企业非流动资产的是（ ）。

A.存货 B.合同资产 C.无形资产 D.其他应收款

3.下列各项中，不会引起会计等式两边同时发生变动的业务是（ ）。

A.取得投资者投资款存入银行 B.收回赊销货款

C.向银行取得借款 D.实际发放现金股利

4.下列各项中，按会计科目反映的经济内容分类，属于成本类科目的是（ ）。

A.管理费用 B.制造费用 C.所得税费用 D.其他业务成本

5.下列关于会计科目和账户的说法中，不正确的是（ ）。

A.会计科目按其提供信息的详细程度及其统驭关系，可以分为总分类科目和明细分类科目

B.账户可以根据其核算的经济内容、提供信息的详细程度及其统驭关系进行分类

C.会计科目按其反映的经济内容不同，可分为总分类科目和明细分类科目

D.账户是具有一定的格式和结构、用于分类反映会计要素增减变动情况及其结果的载体

6.在可预见的未来，会计主体不会破产清算，所持有的资产将按照既定用途使用，所负有的债务将按照既定的债务合约条件进行清偿，这属于（ ）。

A.会计主体假设 B.持续经营假设 C.会计分期假设 D.货币计量假设

7.下列关于会计基础的说法中，不正确的是（ ）。

A.会计基础包括权责发生制和收付实现制

B.政府会计中的财务会计，采用权责发生制为记账基础

C.企业应当以收付实现制为基础进行会计确认、计量、记录和报告

D.根据权责发生制，凡是不属于当期的收入和费用，即使款项已在当期收付，也不应作为当期的收入和费用

8.下列关于会计信息质量要求的说法中，不正确的是（ ）。

A.对售出商品很可能发生的保修义务确认预计负债，体现了实质重于形式原则

B.对固定资产计提减值准备，体现了谨慎性原则

C.对于已发生的交易或事项，应当及时进行确认、计量、记录和报告，不得提前或延后，体现了及时性原则

D.会计核算方法前后各期应保持一致，不得随意变更，体现了可比性原则

9. A公司“应收账款”总分类账户下设“甲公司”和“乙公司”两个明细账户，“应收账款”总账余额为900000元，“甲公司”明细账户的余额为500000元，总账和所属明细账账户余额方向均一致，则“乙公司”明细账户的余额为（ ）元。

A.600000　　B.400000　　C.300000　　D.500000

二、多项选择题

1.下列各项中，属于资产的确认条件的有（ ）。

A.由企业拥有或者控制的资源

B.企业过去的交易或者事项形成的资产

C.与该资源有关的经济利益很可能流入企业

D.该资源的成本或者价值能够可靠地计量

2.下列各项中，属于非流动负债的有（ ）。

A.长期借款　　B.应付职工薪酬　　C.预计负债　　D.应付债券

3.下列各项中，属于负债确认条件的有（ ）。

A.与该义务有关的经济利益可能流出企业

B.与该义务有关的经济利益很可能流出企业

C.未来流出的经济利益的金额能够可靠地计量

D.未来流出的经济利益的金额无法可靠地计量

4.下列各项中，会使等式两边资产和负债等额减少的有（ ）。

A.已到期的应付票据转为应付账款　　B.实际发放现金股利

C.取得短期借款　　D.以银行存款偿付欠款

5.会计基本假设是对会计核算时间和空间范围等所作的合理假定，下列各项中，属于会计基本假设的有（ ）。

A.会计主体　　B.持续经营　　C.会计目标　　D.货币计量

6.下列各项中，对可比性会计信息质量要求的表述，正确的有（ ）。

A.不同企业同一会计期间发生的相同或相似的交易采用同一会计政策

B.同一企业相同时期可比

C.不同企业不同时期可比

D.同一企业不同时期发生的相同或相似的交易采用一致的会计政策

7.下列各项中，属于保持同一企业不同时期会计信息的可比性的优点的有（　）。

A.有助于比较企业不同时期的会计信息，全面、客观地评价过去、预测未来，作出决策

B.有助于比较考核企业管理层受托责任的履行情况

C.有助于会计信息使用者了解企业财务状况、经营成果和现金流量的变化趋势

D.有助于会计信息使用者了解不同企业的财务状况、经营成果和现金流量及其差异

三、判断题

1.仓库中已失效或已毁损的商品，由于企业对其拥有所有权并且能够实际控制，因此应该作为本企业的资产。（　）

2.所有者权益是企业所有者在企业资产中享有的经济利益，其金额为企业的资产总额。（　）

3.企业因自然灾害毁损固定资产发生净损失 2 万元，应将其确认为费用。（　）

4.企业接受投资者投入的资产，在该资产符合资产确认条件时，就相应地符合所有者权益的确认条件。（　）

5.会计主体是指会计工作服务的特定对象，是企业会计确认、计量、记录和报告的时间范围。（　）

6.会计期间通常分为会计年度和中期。中期，是指短于一个完整的会计年度的报告期间，如月度、季度、半年度等。（　）

第3章 借贷记账法

3

学习目标

【知识目标】

· 掌握借贷记账法的理论依据和基本内容；

· 掌握会计分录的编制步骤；

· 掌握试算平衡的种类和原理。

【能力目标】

· 能运用借贷记账法编制会计分录；

· 能运用借贷记账法进行试算平衡。

【素质目标】

· 培养学生爱岗敬业、遵循准则、细致严谨的职业素养。

【案例导入】

如何厘清这笔糊涂账

张芳为了减轻家里经济负担，在上大一时一直在勤工俭学。积累了一定经验和资金后，张芳在大三暑假开始时在学校门口租了一个门面开了一家小吃店。小店刚开张，为吸引客流量，张芳把精力放在了店面宣传和菜品挑选上。对于小店发生的资金流，张芳记录了资金的增加或减少金额，没有详细记录每一笔资金的来源、用途或去向。第一个月月末，账面显示小店收入和支出相抵销后，现金净支出 1.35 万元。张芳想知道小店具体的经营情况，于是决定对账面进行梳理。但是月底梳理时，张芳对这一个月以来每笔资金流入与流出的经济业务记得不是那么清楚了，没法将每一笔资金的来龙去脉搞清楚了。同学们，张芳为什么会出现这个问题呢？我们需要怎样记账才能清晰地知道每笔经济业务的来龙去脉呢？

3.1 复式记账原理

一、记账方法的种类

记账方法是在账簿中登记经济业务的方法。经济业务的发生会引起各有关会计要素的增减变动。为了全面、系统地反映企业的经济活动情况，在按会计科目设置账户的基础上，还必须采用一定的记账方法进行登记。根据历史考察，记账方法从简单到复杂，从不完善到逐步完善，曾先后采用单式记账法和复式记账法两种。

（一）单式记账法

单式记账法是指对发生的经济业务，只在一个账户中进行记录的记账方法。比如用银行存款购买材料，业务发生后只在账户中记录银行存款的减少，而对材料的增加却不在账户中记录。

单式记账法是一种比较简单、不完整、不严密的记账方法，其主要特点是：每笔经济业务只记入一个账户，一般只登记现金、银行存款的收付业务和各种债权、债务的往来款项。因此，一般只设置“库存现金”“银行存款”“应收账款”“应付账款”等账户，而没有一套完整的账户体系，也不形成账户之间的对应关系，所以不能全面、系统地反映经济业务的来龙去脉，无法了解各会计要素有关项目的增减变动情况，也不便于检查账户记录的正确性和真实性。这种记账方法目前实务上已不采用。

（二）复式记账法

复式记账法是以资产与权益平衡关系作为记账基础，对于每一笔经济业务，都要在两个或两个以上相互联系的账户中进行登记，系统地反映资金运动变化结果的一种记账方法。例如，企业用银行存款购买原材料业务，运用复式记账法反映经济业务，一方面要在“银行存款”账上记录银行存款的减少，另一方面又要在“原材料”账上记录原材料的增加。

二、复式记账法的特点

与单式记账法相比，复式记账法有以下几个特点：

1.账户设置完整，且相互联系地形成一个系统的账户体系。

2.对每一项经济业务都必须同时在两个或两个以上相互联系的账户中作双重记录。

3.对每一项经济业务，都要以相等的金额进行分类登记，并以双重记录为基础对账户及结果进行试算平衡。

复式记账法是一种比较科学、完善的记账方法，现代会计核算均采用复式记账法。复式记账法按其记账符号、记账规则、账户分类和试算平衡方法的不同，可分为借贷记账法、增减记账法、收付记账法等。其中，借贷记账法是目前世界上绝大多数国家所广泛采用的一种记账方法，我国财政部颁布的《企业会计准则》（2006 年 12 月 15 日发布，自 2007 年 1 月 1 日起施行）规定，会计记账采用借贷记账法。

【例 3－1】复式记账法是以（　）为记账基础的一种记账方法。

A.试算平衡　　B.资产和权益平衡关系　　C.会计科目　　D.经济业务

【解析】B。复式记账的记账基础是会计等式“资产＝负债＋所有者权益＝权益”。

【思考】请用复式记账法对这个学期你在学校的收支情况进行记录。

3.2 借贷记账法

借贷记账法是指以“借”“贷”为记账符号，反映各项会计要素增减变动情况的一种复式记账法。

【思考】请查阅资料，了解“借贷记账法”形成的历史背景。

一、借贷记账法的记账符号

记账符号反映的各种经济业务金额的增加或减少。

“借”“贷”作为记账符号，用来指明记账的增减方向、账户之间的对应关系和账户余额的性质等，与借贷这两个文字的字义及其在会计史上的最初含义无关。“借”“贷”是会计的专门术语，并已经成为通用的国际商业语言。

“借”“贷”作为记账符号，具有增加或减少的双重意义。至于“借”表示增加还是“贷”表示增加，则取决于账户的性质及结构。对于某个具体账户，借贷方所登记的增减正好相反，一般来说，“借方”表示资产、成本、费用的增加，负债、所有者权益、收入、利润的减少；“贷方”表示资产、成本、费用的减少，负债、所有者权益、收入、利润的增加，如图 3—1 所示：

账户

借方	贷方
资产的增加	资产的减少
成本、费用的增加	成本、费用的减少
负债的减少	负债的增加
所有者权益的减少	所有者权益的增加
收入、利润的减少	收入、利润的增加

图 3—1 借贷方向示意图

二、借贷记账法下的账户结构

在借贷记账法下，账户可以分为借方和贷方两个基本部分。通常左边为借方，右边为贷方，分别用于记录增加或减少的金额。但究竟哪方记录增加，哪方记录减少，这主要根据账户所反映的经济内容来确定。

(一) 资产类账户的基本结构

资产类账户：增加记借方，减少记贷方，期初期末余额一般在借方。

资产类账户

借方	贷方
期初余额 本期增加额 ……	 本期减少额 ……
本期发生额合计	本期发生额合计
期末余额	

图 3－2　资产类账户的结构

资产类账户期末余额的计算公式：

期末余额＝期初余额＋本期借方发生额－本期贷方发生额

(二) 负债、所有者权益类账户的基本结构

负债、所有者权益类账户：增加记贷方，减少记借方，期初期末余额一般在贷方。

负债、所有者权益类账户

借方	贷方
本期减少额 ……	期初余额 本期增加额 ……
本期发生额合计	本期发生额合计
	期末余额

图 3－3　负债、所有者权益类账户的结构

负债、所有者权益类账户期末余额的计算公式：

期末余额＝期初余额＋本期贷方发生额－本期借方发生额

(三) 成本类账户的基本结构

成本类账户：增加记借方，减少或转销额记贷方，期末一般无余额，如有余额则为借方

余额，表示期末某项资产余额。

成本类账户

借方	贷方
期初余额	
本期增加额	本期减少额
……	……
本期发生额合计	本期发生额合计
期末余额	

图 3—4 成本类账户的结构

（四）损益类账户的基本结构

损益类账户是计算利润或亏损的账户。从广义上讲，收入 － 费用 ＝ 利润（或亏损），所以损益类账户分为两类：收入类账户和费用类账户。

1.收入类账户的基本结构

收入类账户：增加记贷方，减少额或转销额记借方。由于期末要将账户的余额转入所有者权益有关账户，所以期末一般没有余额。

收入类账户

借方	贷方
本期减少额	本期增加额
……	……
期末结转额	
本期发生额合计	本期发生额合计

图 3—5 收入类账户的结构

2.费用类账户的基本结构

费用类账户

借方	贷方
	本期减少额
本期增加额	……
……	期末结转额
本期发生额合计	本期发生额合计

图 3—6 费用类账户的结构

综上所述，成本、费用类账户可以纳入资产类账户中，收入类账户可以纳入负债及所有者权益类账户中。因此，账户的基本结构可以分成两大类，即资产类账户（包括成本、费用类账户）和权益类账户（包括负债、所有者权益和收入类账户），如图 3—7 所示。

借方	资产类（成本、费用类）账户 贷方
增加额	减少额

借方	权益类（负债、所有者权益、收入类）账户 贷方
增加额	减少额

图 3—7 账户结构分类示意图

将账户分成两大类，主要是便于初学者记忆掌握。但由于会计要素之间往往会相互转化，因而对所有账户这种分类的理解也不要绝对化。例如应收账款是资产，但是如果多收了，那么多收的部分就转化成应退还给对方的款项，变为负债。另外，“应收账款”账户还可以登记预收账款这一负债项目的增减变动，因而期末余额也可能出现在贷方。

类似情况在很多账户都存在。也就是说，有些账户的性质是不确定的，时而是资产性质，时而又成为负债性质，为方便会计上的账务处理，设置兼有资产和负债两种性质的双重性质账户，比如“其他往来”等账户。双重性质账户在期末时可根据期末余额的方向来确定其性质，如果是借方余额，就是资产性质账户；如果是贷方余额，就是负债性质账户。

【例 3—2】在借贷记账法下，可以在账户借方登记的是（ ）。

A.资产的增加　　B.负债的增加　　C.收入的增加　　D.所有者权益的减少

【解析】AD。(1) 借方登记：资产的增加额、负债的减少额、所有者权益的减少额、收入的减少额、费用的增加额；(2) 贷方登记：资产的减少额、负债的增加额、所有者权益的增加额、收入的增加额、费用的减少额。

【思考】请举例说明各类账户的结构。

三、借贷记账法的记账规则

借贷记账法的记账规则，概括地说就是“有借必有贷，借贷必相等”。即在借贷记账法下，对发生的每一笔经济业务都要以相等的金额和借贷相反的方向，在两个或两个以上相互联系的账户中进行登记。下面举例说明：

【例 3—3】宏达公司 2021 年 12 月发生以下经济业务：

1.收到投资者投入的新设备一台，价值 3000000 元。

这项业务的发生，一方面使资产要素中的“固定资产”项目增加 3000000 元，应记借方；

另一方面使所有者权益要素中的“实收资本”项目增加 3000000 元，应记“贷方”。

2.公司用银行存款 10000 元购买原材料。

这项业务的发生，一方面使资产要素中的“原材料”增加 10000 元，应记“借方”；另一方面使资产要素中的“银行存款”减少 10000 元，应记“贷方”。

3.向银行借入短期借款 200000 元，存入银行。

这项业务的发生，一方面使资产要素中的“银行存款”增加 200000 元，应记“借方”；另一方面使负债要素中的“短期借款”增加 200000 元，应记“贷方”。

4.用银行存款 80000 元归还长期借款。

这项业务的发生，一方面使负债要素中的“长期借款”减少 80000 元，应记“借方”；另一方面使资产要素中的“银行存款”减少 80000 元，应记“贷方”。

5.车间生产产品领用原材料甲 43000 元。

这项业务的发生，一方面使费用要素中的“生产成本”增加 43000 元，应记“借方”；另一方面使资产要素中的“原材料”减少 43000 元，应记“贷方”。

6.公司销售 A 产品 150 台，每台生产成本 250 元，每台售价 500 元，共计价款 75000 元，增值税税率 13%，款项已存入银行（不考虑其他税费）。

这项业务的发生，一方面使资产要素中的“银行存款”增加 84750 元，应记“借方”；另一方面使收入要素中的“主营业务收入”增加 75000 元，应记“贷方”；同时，负债要素中的“应交税费——应交增值税（销项税额）”增加 9750 元，应记“贷方”。

7.结转已销 A 产品的成本 37500 元。

这项业务的发生，一方面使费用要素中的“主营业务成本”增加 37500 元，应记“借方”；另一方面使资产要素中的“库存商品”减少 37500 元，应记“贷方”。

8.将产品销售收入 75000 元转入到本年利润账户。

这项业务的发生，一方面使收入要素中的“主营业务收入”减少 75000 元，应记“借方”；另一方面使利润要素中的“本年利润”增加 75000 元，应记“贷方”。

9.将产品销售成本 37500 元转入到本年利润账户。

这项业务的发生，一方面使利润要素中的“本年利润”减少 37500 元，应记“借方”；另一方面使费用要素中的“主营业务成本”减少 37500 元，应记“贷方”。

通过以上举例，现将借贷记账法的记账规则综合论述如下：

第一，任何一笔需要记账的经济业务，都必须同时记入两个（或两个以上）账户。

第二，所有记入的账户，必须有的在借方，有的在贷方，不能全部在借方或全部在贷方。

第三，借方和贷方所记录的金额必须相等。

从这三条记账规律可以概括出借贷记账法的记账规则是“有借必有贷，借贷必相等”。记账规则是记账的依据，也是核对账目的依据。

采用借贷记账法对某项经济业务进行账务处理时，总会在有关账户之间形成一种既相互对立又相互依存的应借、应贷关系。我们把账户之间应借、应贷的相互关系，称为账户的对应关系，存在着对应关系的账户叫作对应账户。通过账户的对应关系，可以了解经济业务的内容，检查经济业务的处理是否合理合法。

3.3 会计分录

为了保证账户记录及其对应关系的正确性，在实际工作中，对发生的每一笔经济业务并不直接根据有关原始凭证登记相关账户，而是先要编制会计分录（记账凭证），然后再根据会计分录登记相关账户。

一、会计分录的概念

会计分录是指按照复式记账的要求，对发生的每笔经济业务事项标明其应借应贷账户名称、记账方向及其金额的一种记录，简称分录。实际工作中，经济业务发生后，会计人员要填制记账凭证（即编制会计分录），然后才能记入有关账簿的账户中。

会计分录必须具备三个要素：①账户的名称，即会计科目；②记账方向的符号，即借方和贷方；③记录的金额。

二、会计分录的格式

会计分录的格式要注意以下几点：

1.先借后贷，即借方在前、贷方在后；

2.贷方文字和数字都要比借方后退两格书写；

3.在一借多贷和多借一贷的情况下，有几个账户的一方（如多借或多贷的一方）文字要左对齐，而金额要右对齐；

4.金额后面不加元、角、分等。

三、会计分录的编制方法

编制会计分录要按以下步骤进行：

1.分析经济业务事项涉及哪些账户，确定账户名称；

2.确定涉及的账户是增加，还是减少；

3.确定哪个（或哪些）账户记借方，哪个（或哪些）账户记贷方；

4.确定应计入每个账户的金额，编制会计分录，并检查是否符合记账规则。

【例 3－4】宏达公司向长江公司购买 A 材料一批，价款 1750000 元，专用发票中的增值税税额 227500 元，价税合计 1977500 元，材料已验收入库，款项未付。

【解析】(1) 该笔经济业务涉及原材料、应交税费——应交增值税、应付账款三个账户；(2) 原材料增加 175 万元、应交税费——应交增值税（进项税额）增加 227500 元、应付账款增加 1977500 元；(3) 原材料和应交税费——应交增值税（进项税额）记借方，应付账款记贷方；(4) 编制会计分录：

借：原材料——A 材料　　1750000
　　应交税费——应交增值税（进项税额）　　227500
　　贷：应付账款——长江公司　　1977500

并运用“有借必有贷，借贷必相等”的记账规则进行检查。

【例 3—5】编制例【3—3】宏达公司 2021 年 12 月发生的经济业务对应的会计分录。

1.借：固定资产　　3000000
　　贷：实收资本　　3000000
2.借：原材料　　10000
　　贷：银行存款　　10000
3.借：银行存款　　200000
　　贷：短期借款　　200000
4.借：长期借款　　80000
　　贷：银行存款　　80000
5.借：生产成本　　43000
　　贷：原材料　　43000
6.借：银行存款　　84750
　　贷：主营业务收入　　75000
　　　　应交税费——应交增值税（销项税额）　　9750
7.借：主营业务成本　　37500
　　贷：库存商品　　37500
8.借：主营业务收入　　75000
　　贷：本年利润　　75000
9.借：本年利润　　37500
　　贷：主营业务成本　　37500

四、会计分录的分类

按照所涉及账户的多少，会计分录分为简单会计分录和复合会计分录。简单会计分录是指只涉及一个借方账户和另一个贷方账户的会计分录，即一借一贷的会计分录；复合会计分录是指由两个以上（不含两个）对应账户所组成的会计分录，即一借多贷、一贷多借或多借多贷的会计分录。

例如，宏达公司车间领用原材料共计 6000 元，其中，车间一般耗用 1000 元，生产产品耗用 5000 元。我们可以写成两笔简单的会计分录：

1.借：生产成本　　　　5000
　　贷：原材料　　　　　　5000
2.借：制造费用　　　　1000
　　贷：原材料　　　　　　1000

当然，我们也可以将上述分录合并成一个复合分录：

借：生产成本　　　　5000
　　制造费用　　　　1000
　　贷：原材料　　　　　　6000

3.4 借贷记账法的试算平衡

为了检验一定时期内所发生的经济业务在账户中记录的正确性，需要在会计期末（月末、季末、年末）进行账户的试算平衡。

一、试算平衡的含义

试算平衡是指根据“资产＝负债＋所有者权益”的恒等关系以及借贷记账法的记账规则，检查和验证所有账户记录是否正确的一种方法。

二、试算平衡的分类

试算平衡可分为发生额试算平衡与余额试算平衡。

1.发生额试算平衡。它是根据本期所有账户借方发生额合计与贷方发生额合计的恒等关系，来检验本期发生额记录是否正确的方法。其试算平衡公式为：

全部账户本期借方发生额合计＝全部账户本期贷方发生额合计

发生额试算平衡的理论依据是借贷记账法的记账规则，即“有借必有贷，借贷必相等”。在借贷记账法下，对每笔经济业务，都按“有借必有贷，借贷必相等”的记账规则，用金额相等、方向相反的方法加以记录，一定时期内全部经济业务的会计分录全部登记入账后，所有账户借方发生额合计与贷方发生额合计，也必然相等。如果不相等，肯定是在记账过程中出现了差错，应及时查找并更正。

2.余额试算平衡。根据本期所有账户借方余额合计与贷方余额合计的恒等关系，来检验本期账户记录正确性的方法，根据余额时间的不同，又分为期初余额平衡和期末余额平衡两种。其试算平衡公式为：

全部账户的借方期初余额合计＝全部账户的贷方期初余额合计

全部账户的借方期末余额合计＝全部账户的贷方期末余额合计

余额试算平衡的理论依据是“资产＝负债＋所有者权益”这一会计恒等式。因为资产类账户的期末余额一般都是在借方（成本费用类账户如有余额也在借方，视为资产），所有账户的借方余额合计就是资产总额；负债及所有者权益类账户的期末余额都在贷方（收入类账户如有余额也在贷方，视为权益），所有账户的贷方余额合计就是负债及所有者权益总额，所以在一定时点上，全部账户的借方余额合计数应当等于全部账户的贷方余额。如果不相等，说明账户记录有差错，应及时查找并更正。

在实际工作中，试算平衡是通过编制试算平衡表方式进行的。通常编制试算平衡表的工作是在月末结出各账户的本期发生额和月末余额后，通过编制总分类账户发生额和余额试算平衡表来进行的。

【例 3－6】宏达公司 12 月总分类账户的期初余额（见表 3－1），在【例 3－3】、【例 3－5】的基础上进行试算平衡。

表 3－1　宏达公司总分类账户月初余额

单位：元

资产	金额	负债及所有者权益	金额
库存现金	2000	累计折旧	10000
银行存款	5000	短期借款	70000
应收账款	25000	应交税费	2000
原材料	180000	长期借款	200000
库存商品	50000	实收资本	700000
生产成本	10000	盈余公积	50000
固定资产	800000	利润分配	40000

【解析】

(1) 根据【例 3－5】的会计分录登记账户，期末结出账户的本期发生额和期末余额。

银行存款

借方	贷方
期初余额　5 000	
(3)　200 000	(2)　10 000
(6)　84 750	(4)　80 750
本期发生额 284 750	本期发生额 90 000
期末余额 199 750	

固定资产

借方	贷方
期初余额　800 000	
(1)　3000 000	
本期发生额 3000 000	本期发生额 0
期末余额 3800 000	

实收资本

借方	贷方
	期初余额　700 000
	(1)　3000 000
本期发生额 0	本期发生额 3000 000
	期末余额 3700 000

原材料

借方	贷方
期初余额 180 000	(5)　43 000
(2)　10 000	
本期发生额 10 000	本期发生额 43 000
期末余额 147 000	

短期借款

借方	贷方
	期初余额 70 000 (3) 200 000
本期发生额 0	本期发生额 200 000
	期末余额 270 000

长期借款

借方	贷方
(4) 80 000	期初余额 200 000
本期发生额 80 000	本期发生额 0
	期末余额 120 000

库存商品

借方	贷方
期初余额 50 000	(7) 37 500
本期发生额 0	本期发生额 37 500
期末余额 12 500	

生产成本

借方	贷方
期初余额 10 000 (5) 43 000	
本期发生额 43 000	本期发生额 0
期末余额 53 000	

主营业务收入

借方	贷方
(8) 75 000	(6) 75 000
本期发生额 75 000	本期发生额 75 000
	期末余额 0

主营业务成本

借方	贷方
(7) 37 500	(9) 37 500
本期发生额 37 500	本期发生额 37 500
期末余额 0	

应交税费

借方	贷方
期初余额 50 000	期初余额 2 000 (6) 9 750
本期发生额 0	本期发生额 9 750
	期末余额 11 750

本年利润

借方	贷方
(9) 37 500	期初余额 0 (8) 75 000
本期发生额 37 500	本期发生额 75 000
	期末余额 37 500

(2) 根据账户记录进行试算平衡（见表 3—2）。

表 3—2 总账本期发生额和余额试算平衡表

编制单位：宏达公司 2021 年 12 月 单位：元

账户名称	期初余额		本期发生额		期末余额	
	借方	贷方	借方	贷方	借方	贷方
库存现金	2000				2000	
银行存款	5000		284750	90000	199750	
应收账款	25000				25000	
原材料	180000		10000	43000	147000	
库存商品	50000			37500	12500	
生产成本	10000		43000	0	53000	

续表

账户名称	期初余额		本期发生额		期末余额	
	借方	贷方	借方	贷方	借方	贷方
固定资产	800000		3000000		3800000	
累计折旧		10000				10000
短期借款		70000		200000		270000
应交税费		2000		9750		11750
长期借款		200000	80000			120000
实收资本		700000		3000000		3700000
盈余公积		50000				50000
本年利润			37500	75000		37500
利润分配		40000				40000
主营业务收入			75000	75000		
主营业务成本			37500	37500		
合计	1072000	1072000	3567750	3567750	4239250	4239250

三、编制试算平衡表的注意事项

在编制试算平衡表时，应注意以下几点：

1.必须保证所有账户的金额均已记入试算表。缺少任何一个账户的发生额和余额，都会造成本期借方发生额合计与本期贷方发生额合计不相等、期初（或期末）借方余额合计数与贷方余额合计数不相等。

2.及时发现记账错误。如果试算平衡表借贷不相等，肯定账户记录有错误，应认真查找，直到实现平衡为止。

3.发生额与余额试算平衡，不一定说明记账绝对正确。这是因为，有些错误并不会影响借贷双方的平衡关系。例如：①漏记某项经济业务，将使本期借贷双方的发生额发生等额减少，借贷仍然平衡；②重记某项经济业务，将使本期借贷双方的发生额等额虚增，借贷仍然平衡；③某项经济业务记错有关会计科目，借贷仍然平衡；④某项经济业务在会计科目记录中，颠倒了记账方向，借贷仍然平衡；⑤借方或贷方发生额中，偶然发生多记少记并相互抵销，借贷仍然平衡。

因此，在编制试算平衡表之前，应认真核对有关账户记录，以消除上述错误。

【例 3－7】不会引起借贷不平衡的错误有（　）。

A.遗漏一张记账凭证未登记入账

B.记入赊购业务的记账凭证中，仅将应付账款登记入账

C.将管理费用 2000 元，误记为销售费用 2000 元

D.从银行提取现金的记账凭证被重复登记两次

【解析】ACD。选项 B 会使借方金额小于贷方金额，从而引起试算不平衡。

【思考】请举例说明试算平衡不能检查账户记录中的所有错误。

练习题

一、单项选择题

1.下列关于单式记账法说法不正确的是（ ）。

A.单式记账法是一种比较简单，不完整的记账方法

B.在单式记账法下，账户之间没有直接联系和相互平衡关系

C.单式记账法可以全面、系统地反映各项会计要素的增减变动和经济业务的来龙去脉

D.这种方法适用于业务简单或很单一的经济个体和家庭

2.复式记账法是以（ ）为记账基础的一种记账方法。

A.试算平衡　B.资产和权益平衡关系　C.会计科目　D.经济业务

3.目前我国采用的复式记账法主要是（ ）。

A.单式记账法　B.增减记账法　C.收付记账法　D.借贷记账法

4.符合资产类账户记账规则的是（ ）。

A.增加额记借方　B.增加额记贷方　C.减少额记借方　D.期末无余额

5.对于所有者权益类账户而言（ ）。

A.增加记借方　B.增加记贷方　C.减少记贷方　D.期末无余额

6.应收账款账户期初借方余额为 35400 元，本期借方发生额为 26300 元，本期贷方发生额为 17900 元，该账户期末余额为（ ）。

A.借方 43800 元　B.借方 27000 元　C.贷方 43800 元　D.贷方 27000 元

7.下列账户中，一般期末无余额的账户有（ ）。

A.实收资本　B.应付账款　C.固定资产　D.管理费用

8.对某项经济业务事项标明应借、应贷账户名称及其金额的记录称为（ ）。

A.对应关系　B.对应账户　C.会计分录　D.账户

9.甲公司月末编制的试算平衡表中，全部账户的本月借方发生额合计为 136 万元，除实收资本账户以外的本月贷方发生额合计 120 万元，则实收资本账户（ ）。

A.本月贷方发生额为 16 万元　B.本月借方发生额为 16 万元

C.本月借方余额为 16 万元　D.本月贷方余额为 16 万元

10.负债及所有者权益类账户的期末余额一般在（ ）。

A.在借方　B.在借方或贷方　C.在贷方　D.无余额

11.下列错误中能够通过试算平衡发现的是（ ）。

A.重记经济业务　B.漏记经济业务　C.借贷方向相反　D.借贷金额不等

12.某人报销差旅费1730元，退回现金270元，结清预借款2000元，该笔业务编制的会计分录是（ ）。

A.一借一贷　B.一借多贷　C.一贷多借　D.多借多贷

13.借贷记账法的发生额试算平衡公式是（ ）。

A.每个账户的借方发生额＝每个账户的贷方发生额

B.全部账户期初借方余额合计＝全部账户期初贷方余额合计

C.全部账户本期借方发生额合计＝全部账户本期贷方发生额合计

D.全部账户期末借方余额合计＝全部账户期末贷方余额合计

14.借贷记账法下的发生额试算平衡法是由（ ）决定的。

A.“有借必有贷，借贷必相等”的记账规则　B.平行登记的要求

C.账户结构特点　D.“资产＝权益”的会计等式

15.关于试算平衡法的下列说法不正确的是（ ）。

A.包括发生额试算平衡法和余额试算平衡法

B.试算不平衡，表明账户记录肯定有错误

C.试算平衡了，说明账户记录一定正确

D.理论依据是“有借必有贷、借贷必相等”和资产＝权益的恒等关系

二、多项选择题

1.与单式记账法相比，复式记账法的优点有（ ）。

A.有一套完整的账户体系

B.可以清楚地反映经济业务的来龙去脉

C.可以对记录的结果进行试算平衡，以检查账户记录是否正确

D.记账手续简单

2.会计分录的内容包括（ ）。

A.经济业务内容摘要　B.账户名称　C.经济业务发生额　D.应借应贷方向

3.下列错误不会影响借贷双方的平衡关系的有（ ）。

A.漏记某项经济业务　B.重记某项经济业务

C.记错方向，把借方计入贷方　D.借贷金额错误巧合，正好抵销

4.会计分录的格式正确的有（ ）。

A.先借后贷

B.贷方的文字和数字要比借方后退两格书写

C.在一借多贷和多借多贷的情况下，借方或贷方的文字要左对齐

D.在一借多贷和多借多贷的情况下，借方或贷方的数字要右对齐

5.下列账户中期末余额在贷方的有（ ）。

A.固定资产　B.短期借款　C.实收资本　D.累计摊销

6.用公式表示试算平衡关系，正确的有（ ）。

A.全部账户本期借方发生额合计＝全部账户本期贷方发生额合计

B.全部账户本期借方余额合计＝全部账户本期贷方余额合计

C.负债类账户借方发生额合计＝负债类账户贷方发生额合计

D.资产类账户借方发生额合计＝资产类账户贷方发生额合计

7.在借贷记账法下，可以在账户借方登记的有（ ）。

A.资产的增加　B.负债的增加　C.收入的增加　D.所有者权益的减少

8.会计分录包括（ ）。

A.简单会计分录　B.复合会计分录　C.单式分录　D.混合分录

9.某项经济业务发生后，一个资产账户记借方，则有可能（ ）。

A.另一个资产账户记贷方　B.另一个负债账户记贷方

C.另一个所有者权益类账户记贷方　D.另一个资产账户记借方

10.下列账户中，期末结转后无余额的有（ ）。

A.管理费用　B.主营业务成本　C.实收资本　D.财务费用

三、判断题

1.编制试算平衡表时，也应该包括只有期初余额而没有本期发生额的账户。（ ）

2.运用单式记账法记录经济业务，可以反映每项经济业务的来龙去脉，可以检查每笔业务是否合理、合法。（ ）

3.试算平衡时，试算平衡了，说明账户记录是绝对正确的。（ ）

4.发生额试算平衡是根据资产与权益的恒等关系，检验本期发生额记录是否正确的方法。（ ）

5.核算期间费用的各账户期末转入“本年利润”账户后应无余额。（ ）

6.在借贷记账法下，负债类账户与资产类账户的结构相反。（ ）

7.在实务中，会计分录是在记账凭证上填制的。（ ）

8.无论发生什么经济业务，会计等式始终保持平衡关系。（ ）

9.借贷记账法的记账规则为：有借必有贷，借贷必相等。即对于每一笔经济业务都要在两个或两个以上相互联系的会计科目中以借方和贷方相等的金额进行登记。（ ）

10.会计分录为：借记“资本公积”50000元，贷记“实收资本”50000元，表明资产和所有者权益增加50000元。（ ）

四、综合训练题

1.根据账户的期初余额、本期发生额和期末余额的关系，计算下列表格中的空格。

单位:元

账户名称	期初余额		本期发生额		期末余额	
	借方	贷方	借方	贷方	借方	贷方
库存现金	（ ）		2000	1250	4750	
银行存款	75000		（ ）	91000	34000	
应收账款	7700		52300	（ ）	17000	
原材料	9630		6450	8670	（ ）	
固定资产	（ ）		5400	15900	56500	
短期借款		50000	（ ）	25000		45000
应付账款		2000	1400	（ ）		2100
实收资本		（ ）	0	0		150000

2.练习借贷记账法的应用及试算平衡表的编制。

【资料】大明公司 2021 年 4 月初各账户期初余额如下表所示：

单位:元

账户	借方余额	账户	贷方余额
库存现金	7500	累计折旧	40000
银行存款	46000	应付账款	16500
应收账款	130000	短期借款	120000
生产成本	70000	应交税费	1200
固定资产	560000	实收资本	380000
原材料	106200	利润分配	420000
其他应收款	58000		
合计	977700	合计	977700

大明公司 4 月发生下列经济业务：

(1) 用银行存款购买原材料 5400 元，材料已验收入库，货款已付；

(2) 向银行借入短期借款 2600 元，直接偿还应付账款；

(3) 用银行存款偿还短期借款 5000 元；

(4) 收到投资者追加投资 60000 元，存入银行；

(5) 本期生产 A 产品，领用原材料 10000 元；

(6) 企业收回外单位前欠货款 5800 元，存入银行；

(7) 从银行提取现金 5000 元备用。

【要求】①根据期初余额资料开设各丁字账户，并登记期初余额；

②根据 4 月发生的经济业务编制会计分录，并记入有关账户并结出每个账户的余额；

③编制发生额及余额试算平衡表。

第4章 会计凭证

4

【知识目标】

· 了解会计凭证的概念和作用；

· 熟悉原始凭证的种类与基本内容；

· 熟悉记账凭证的种类与基本内容。

【能力目标】

· 能正确填制、审核原始凭证；

· 能正确填制、审核记账凭证。

【素质目标】

· 培养爱岗敬业的价值观；

· 树立客观公正的责任意识；

· 养成认真严谨的工作习惯。

【案例导入】

2020 年 4 月 24 日，证监会发布公告，对某生物科技股份有限公司的财务造假事件进行了披露。某生物科技股份有限公司是利用现代生物工程技术生产糖、淀粉等产品的生物质综合利用企业。2012—2014 年间，该公司营业收入持续呈负增长态势，2015 年该公司结束营业收入负增长状态，逐步由 7.76 亿元增长至 2017 年的 19.66 亿元。对比来看，该生物公司 2014 年营业收入增长速度为－16.18%，2015 年与 2016 年增长速度分别为 2.54%、13.30%。2017 年营业收入增速竟为 123.50%。除此之外，公司的在建工程、银行存款、其他应收款等科目也呈异常增长趋势。

经证监会调查发现，该生物公司有严重的财务造假行为。2015—2016 年期间，该公司通过修改、删除以及伪造大量会计凭证的方式，以及将公司募集的部分资金从专户转入一般户用于公司生产经营以及归还公司贷款等方式，在2015年与2016年分别虚增银行存款4.99亿元、1.27亿元。与此同时，该生物公司在2015—2017年上半年间，通过删除与借款相关的利息费用、居间服务费等记账凭证的方式，虚增利润累计约6.7亿元。除此之外，该生物公司还存在众多违法违规的财务造假行为。

基于此，该生物公司被证监会责令整改，对其给予警告并处以60万元罚款，对公司实际控制人罚款合计150万元。证监会还对多位公司高层作出市场禁入的决定。

上述案例中，该生物公司通过修改、删除以及伪造大量会计凭证的方式进行财务造假，后被证监会查处。由此可见，会计凭证在企业经济活动中占据重要的地位。任何企业，每一项经济业务的发生，如现金的收付、往来款项的结算、财产物资的核算等，都必须由执行和完成该项经济业务的有关人员取得或自行填制有关凭证，以书面形式记录和证明所发生经济业务的性质、内容、金额、数量等。并在相关凭证上签名或盖章，以对本项经济业务的合法性和凭证的真实性、完整性负责。

4.1 会计凭证的分类

一、会计凭证的概念

会计凭证是记录经济业务发生或完成情况、明确经济责任，并据此登记账簿的书面证明，是登记账簿的依据。

合法地取得、正确地填制和审核会计凭证，是会计核算的基本方法之一，也是会计核算工作的起点和基本环节，是登记账簿的前提和依据。任何单位在处理经济业务时，都必须由执行和完成该项经济业务的有关人员取得或自行填制有关凭证，以书面形式记录和证明所发生经济业务的性质、内容、金额、数量等，并在凭证上签名或盖章，以对经济业务的合法性和凭证的真实性、完整性负责。一切会计凭证都必须经过有关人员的审核，只有经过审核无误的会计凭证才能作为登记账簿的依据。

二、会计凭证的种类

会计凭证的形式多种多样，可以按不同的标准进行分类。会计凭证按照填制的程序和用途不同，可分为原始凭证和记账凭证。

（一）原始凭证

原始凭证是在经济业务发生或完成时取得或填制的。它载明经济业务的具体内容，明确经济责任，是具有法律效力的书面证明。

一切经济业务的发生，都应由有关部门或人员向会计部门提供一种单据，即原始凭证，它能够证明所记录的经济业务的实际情况，证明执行或完成该项经济业务的有关部门或人员所负的经济责任。因而它可以作为记账的原始依据，并具有法律效力。值得注意的是，原始凭证的证明是指属于会计事项的经济业务实际发生和完成情况。因此，凡不能证明业务已执行或完成的书面文件，如派工单、请购单、采购合同等，均不能算作原始凭证，而只能当作主要原始凭证的附件。

（二）记账凭证

记账凭证又称记账凭单，是会计人员根据审核无误的原始凭证或汇总原始凭证，按照经济业务的内容加以归类，并据此确定会计分录后所填制的会计凭证，它是登记账簿的直接依据。

记账凭证是介于原始凭证与账簿之间的中间环节，将原始凭证中的一般数据转化为会计语言，是登记明细账和总账的直接依据。其作用在于根据原始凭证反映的经济内容加以归类整理，确定会计分录，减少记账差错，便于对账和查账，从而提高记账工作质量和会计核算的效率。

虽然原始凭证与记账凭证均属于会计凭证，但其性质却大不相同。原始凭证记录的是经济信息，它是编制记账凭证的依据，是会计核算的基础；而记账凭证记录的是会计信息，它是会计核算的起点。

三、会计凭证的作用

会计凭证的作用是提供会计信息，会计人员可以根据会计凭证，对日常大量、分散的各种经济业务，进行整理、分类、汇总，并经过会计处理，为经济管理提供有用的会计信息。主要体现在以下三个方面。

（一）记录经济业务，提供记账依据

任何一笔经济业务的发生，都必须填制或取得会计凭证。在会计凭证上记录着经济业务活动发生的时间、数量、金额及完成情况等内容，通过认真填制和严格审核凭证，能保证如实反映各项经济业务，为账簿记录提供了真实、可靠的依据，使账簿记录与实际情况相符，保证会计核算的准确性，并为分析、检查经济活动和财务收支情况，提供确切可靠的原始资料。

（二）明确经济责任，强化内部控制

由于每一项经济业务都要填制或取得会计凭证，并且在凭证上都要求有关经手人签名盖章，这就明确经济业务处理中不同的人应承担的相应经济责任，加强了有关部门和人员的责任感，促使他们在自己的职责范围内严格按照政策、法规、制度、计划和预算办事。同时，通过凭证的审核，可以检查每笔经济业务是否合规、是否执行了计划和预算、有无铺张浪费和违纪行为，从而起到了强化内部控制的作用。

（三）监督经济活动，控制经济运行

通过会计凭证的审核，可以检查经济业务的发生是否符合有关的法规、制度，是否符合业务经营、财务收支的方针和计划、预算的规定，以确保经济业务的合理、合法和有效性。

监督经济业务的发生、发展，控制经济业务的有效实施，是发挥会计管理职能的重要内容。

【例 4—1】会计核算工作的起点是（　）。

A.设置会计科目　　B.填制和审核会计凭证

C.设置账户　　D.登记账簿

【解析】B。填制和审核会计凭证是会计核算工作的起点和基本环节。

【例 4—2】记账凭证和原始凭证的共同点是（　）。

A.所起的作用相同　　B.所含凭证要素相同

C.编制时间相同　　D.反映的经济业务相同

【解析】D。记账凭证和原始凭证都是依据同一经济业务。

4.2 原始凭证

一、原始凭证的种类

原始凭证种类繁多，为方便使用，通常按其来源、用途、填制手续和格式等加以分类。

（一）按取得的来源不同分类

原始凭证按取得的来源不同分类，可分为自制原始凭证和外来原始凭证。

1.自制原始凭证

自制原始凭证是指由本单位内部经办业务的部门和人员，在执行或完成某项经济业务时填制的原始凭证。常见的有收料单、领料单、限额领料单、工资结算单、折旧计算表、制造费用分配表等。

2.外来原始凭证

外来原始凭证是指在经济业务发生或完成时，从其他单位或个人直接取得的原始凭证。常见的有向他人购买材料时取得的增值税专用发票、职工出差取得的车票等。

（二）按填制手续及内容不同分类

1.一次凭证

一次凭证是指一次填制完成、只记录一笔经济业务的原始凭证，是一次有效的凭证。常见的一次凭证有收料单、领料单、发票等。

2.累计凭证

累计凭证是指在一定时期内多次记录发生的同类型经济业务的原始凭证，是多次有效的凭证，一般均为自制凭证。常见的累计凭证为限额领料单。其优点是可以减少凭证张数，简化填制手续；同时，也可以随时计算累计发生数，以便同计划或定额数量进行比较，反映业务执行或完成的工作总量，便于控制管理。

3.汇总凭证

汇总凭证也称原始凭证汇总表，是指根据一定时期内反映同类经济业务的若干张原始凭证，按照一定标准汇总编制而成的，它是一种自制凭证。常见的汇总凭证有发料汇总表、差旅费报销单、收料汇总表、工资汇总表等。

(三) 按格式不同分类

原始凭证按照格式不同分类，可以分为通用凭证和专用凭证。

1.通用凭证

通用凭证是指由有关部门统一印制、在一定范围内使用的具有统一格式和使用方法的原始凭证。通用凭证因制作部门的不同，其使用范围也不同，可以是某一地区、某一行业，也可以是全国通用。如某省（市）印制的发货票、收据等，在该省（市）通用；由银行制作的银行结算凭证，在全国通用等。

2.专用凭证

专用凭证是指由单位自行印制、仅在本单位内部使用的原始凭证。如领料单、差旅费报销单、折旧计算表、制造费用分配表等。

【例 4—3】下列属于一次凭证的有（ ）。

A.收据 B.发货票 C.工资结算单 D.工资汇总表

【解析】ABC。一次凭证是指一次填制完成、只记录一项经济业务的原始凭证。它是一次有效的凭证，即一经填写完毕就不能再次填写使用的凭证。如收据、发货票、收料单、领料单、工资结算单、借款单、银行结算凭证等。工资汇总表属于汇总凭证。

【例 4—4】下列属于累计凭证的是（ ）。

A.领料单 B.限额领料单 C.耗用材料汇总表 D.工资汇总表

【解析】B。领料单属于一次凭证。限额领料单属于累计凭证，耗用材料汇总表和工资汇总表属于汇总凭证。

【思考】请结合你所知企业的例子说说哪些是外来原始凭证、自制原始凭证，一次凭证、累计凭证，通用凭证、专用凭证？

二、原始凭证的基本内容

原始凭证所包括的基本内容，也称凭证要素，由于经济业务的性质不同，所记录不同经济业务的原始凭证的形式和具体内容也有所不同，但客观、真实地记录和反映经济业务的发生或完成情况，是所有原始凭证的共同要求。因此，各种原始凭证都应具有一些共同的基本内容：

（1）原始凭证名称；

（2）填制凭证的日期及凭证的编号；

（3）接受凭证的单位名称（通常称抬头）；

（4）填制单位名称或填制人姓名及签章；

（5）经济业务的基本内容（包含品名、数量、单价、金额等）；

（6）有关人员（部门负责人、经办人员）签章；

（7）凭证附件。

【例 4—5】原始凭证的基本内容中包括（　）。

A.原始凭证名称　　　　　B.接受原始凭证的单位名称

C.经济业务的性质　　　　D.凭证附件

【解析】ABD。原始凭证的基本内容包括：原始凭证名称；填制原始凭证的日期；接受原始凭证的单位名称；经济业务内容（含数量、单价和金额等）；填制单位签章；有关人员签章；凭证附件。

三、原始凭证的数字书写要求与技能

（一）数字书写要求

1.按照标准写法进行书写练习，直至书写规范、流畅。

2.使用会计专用笔或钢笔（蓝黑或碳素墨水）。

（二）数字书写技能

1.阿拉伯数字的标准写法

（1）同行的相邻数字之间要空出半个阿拉伯数字的位置，要各自成形，不得连笔，并要大小均衡，排列整齐，字迹工整、美观清晰。

（2）每个数字要紧靠凭证或账表行格的底线书写，字体高度占行格高度的 1/2 以下，不得写满格，以便留出改错的空间。

（3）有圆圈的数字，如 6、8、9、0 等，圆圈必须封口。

（4）“6”书写要比一般数字向右上方长出 1/4，“7”和“9”书写要比一般数字向左下方（过底线）长出 1/4。

（5）字体要自右上方向左下方倾斜约 45 度书写，各个数字的倾斜方向、程度要保持基本一致。阿拉伯数字 0、1、2、3、4、5、6、7、8、9 的标准书写如图 4—1 所示。

图 4—1　阿拉伯数字标准书写图

【练习】利用会计数字练习用纸，按书写要求每天进行阿拉伯数字书写练习，练习时间至少一星期，每天练习量不少于一张。

2.汉字大写数字的标准写法

（1）汉字大写数字要以正楷或行书字体书写，要做到规范、流畅、清晰，字体要各自成形，不得连笔。

(2) 不允许使用非国务院公布的简化字、谐音字、自造符号等不规范用字。例如：不得用“毛”代替“角”，用“另”代替“零”。

数字的汉字大写标准书写如下：壹、贰、叁、肆、伍、陆、柒、捌、玖、拾、佰、仟、万、亿、元、角、分、零、整。

(3) 大写金额要紧靠“人民币”三个字书写，不得留有空白，如果大写数字前没有印“人民币”字样的，应加填“人民币”三个字。

(4) 大写金额数字到“元”或“角”，在“元”或“角”后要写“整”字；大写金额有“分”的，“分”后面不写“整”字。

【例 4—6】￥120000.00　　人民币壹拾贰万元整

￥48651.80　　人民币肆万捌仟陆佰伍拾壹元捌角整

￥486.56　　人民币肆佰捌拾陆元伍角陆分

(5) 分位是“零”可不写“零分”字样。

【例 4—7】￥4.60　　人民币肆元陆角整

(6) 阿拉伯金额数字中间有“0”时，汉字大写金额要写“零”字。

【例 4—8】￥1409.50　　人民币壹仟肆佰零玖元伍角整

(7) 阿拉伯金额数字元位是“0”的，或者数字中间连续有几个“0”，元位也是“0”，但角位不是“0”时，汉字大写金额可以只写一个“零”字，也可以不写“零”字。

【例 4—9】￥1680.32　　人民币壹仟陆佰捌拾元零叁角贰分

人民币壹仟陆佰捌拾元叁角贰分

￥97000.53　　人民币玖万柒仟元零伍角叁分

人民币玖万柒仟元伍角叁分

(8) 阿拉伯金额数字角位是“0”，而分位不是“0”时，汉字大写金额“元”后应写“零”字。

【例 4—10】￥6409.02　　人民币陆仟肆佰零玖元零贰分

(9) 阿拉伯金额数字最高是“1”的，汉字大写金额加写“壹”字。

【例 4—11】￥15.80　　人民币壹拾伍元捌角整

￥135800.00　　人民币壹拾叁万伍仟捌佰元整

(10) 在印有大写金额万、仟、佰、拾、元、角、分位置的凭证上书写大写时，金额前面如有空位，可划“⊗”注销，阿拉伯金额数字中间有几个“0”(含分位)，汉字大写金额就写几个“零”字。

【例 4—12】￥100.50　　人民币⊗万⊗仟壹佰零拾零元伍角零分

【练习】利用会计大写数字练习用纸，按书写要求每天进行汉字数字大写书写练习，练习时间至少一星期，每天练习量不少于一张。

3.小写金额的标准写法

(1) 没有位数分割线的凭证账表上的标准写法。

阿拉伯数字金额数字前应当书写货币的币种符号或货币名称简写，币种符号和阿拉伯数字之间不得留有空白。凡阿拉伯数字之前写出货币币种符号的，数字后面不再写货币单位。

以元为单位的阿拉伯数字，除表示单价之外一律写到角分；没有角分的角位和分位可写出“00”或“—”；有角无分的，分位应当写出“0”，不得用“—”代替。

只有分位有金额的，在元和角位上各写一个“0”，并在元和角之间点一个小数点。

【例 4—13】¥0.06

元以上每三位要留出半个阿拉伯数字的位置书写，也可以三位一节用“分节号”分开。

【例 4—14】¥5 647 108.92 或¥5，647，108.92

(2) 有位数分割线的凭证账表上的标准写法。

对应固定的位数填写，不得错位；只有分位金额，在元和角位上均不能写“0”字；有角位和分位金额的，在元位上不写“0”字；分位是“0”的，在分位上写“0”，角、分位都是“0”的，在角、分位上分别写一个“0”字。

【例 4—15】在原始凭证上书写阿拉伯数字，正确的有（ ）。

A.金额数字一律填写到角、分

B.无角、分的，角位和分位可写“00”或者符号“—”

C.有角无分的，分位应当写“0”

D.有角无分的，分位也可以用符号“—”代替

【解析】ABC。金额数字一律填写到角、分（所以，A 的说法正确）；无角分的，写“00”或符号“—”(所以，B 的说法正确)；有角无分的，分位写“0”(所以，C 的说法正确)；不得用符号“—”代替(所以，D 的说法不正确)。

汉字大写数字的标准写法和小写金额的标准写法如表 4—1 所示。

表 4—1　大小写金额书写实例

金额类型	小写金额书写实例									大写金额书写实例
	没有数位分隔线	有数位分隔线								
		十	万	千	百	十	元	角	分	
只有分位	0.01 ¥0.01								1	人民币（大写）壹分 人民币（大写）⊗仟⊗佰⊗拾⊗元⊗角壹分
只有角位	0.30 ¥0.30							3	0	人民币（大写）叁角 人民币（大写）⊗仟⊗佰⊗拾⊗元叁角零分
只有角分位	0.86 ¥0.86							8	6	人民币（大写）捌角陆分 人民币（大写）⊗仟⊗佰⊗拾⊗元捌角陆分

续表

金额类型	小写金额书写实例									大写金额书写实例
	没有数位分隔线	有数位分隔线								
		十	万	千	百	十	元	角	分	
整　数	18.00 ¥18.00					1	8	0	0	人民币（大写）壹拾捌元整 人民币（大写）⊗仟⊗佰壹拾捌元零角零分
隔位有 0	5070.90 ¥5070.90			5	0	7	0	9	0	人民币（大写）伍仟零柒拾元玖角 人民币（大写）伍仟零佰柒拾零元玖角零分
连续有几个 0	160090.06 ¥160090.06	1	6	0	0	9	0	0	6	人民币（大写）壹拾陆万零玖拾元零陆分 人民币（大写）壹拾陆万零仟零佰玖拾零元零角陆分

【练习】利用会计练习用纸，按书写要求每天进行大小写金额练习，练习时间至少一星期，每天练习量不少于一张。

4.大写日期书写的标准写法

根据银行规定，支票的出票日期（支票存根外）应当按照如表 4－2 所示写法大写。

表 4－2　大写日期书写技能及实例

日期		书写技能	实　例
年		按每个阿拉伯数字的读法书写	贰零壹叁年　贰零壹零年
月	1～9 月	加写“零”字	零壹月　零玖月
	10 月	加写“零壹”字	零壹拾月
	11～12 月	加写“壹”字	壹拾壹月
日	1～9 日	加写“零”字	零壹日
	10 日、20 日、30 日	加写“零壹”字	零壹拾日　零贰拾日　零叁拾日
	11～19 日	加写“壹”字	壹拾壹日　壹拾玖日
	21～29 日、31 日	按实际读法写	贰拾壹日　叁拾壹日

【练习】利用会计练习用纸，按书写要求每天进行日期大写书写练习，练习时间至少一星期，每天练习量不少于一张。

原始凭证是记账的原始依据，为了保证原始凭证能够正确、及时、清晰地反映各项经济业务的真实情况，提高会计工作质量，填制原始凭证必须符合相应的要求。

四、原始凭证填制的基本要求

（一）记录真实

对经济业务发生或完成情况应如实地进行记录，不得弄虚作假。原始凭证上所填写的日期、经济业务的内容和有关数据都必须真实可靠，符合实际情况，不得估计或匡算。

（二）内容完整

原始凭证应按规定的格式和内容逐项填列，不得遗漏和省略。项目填列不全的原始凭证，不能作为经济业务的合法证明，也不能作为编制记账凭证的依据和附件。

（三）填制及时

经济业务发生后，应及时填制凭证，并按规定的程序传递、审核、不得任意拖延或隔时补填。

（四）书写清楚、规范

填制凭证时，应认真书写原始凭证上的数字和文字，字迹要清晰、工整，易于辨认，不得使用未经国务院公布的简化汉字。如果填写过程中出现文字或数字错误，不得任意涂改、刮擦或挖补，应按规定的方法予以更正。对某些重要凭证如支票填写错误，则不能更正，更不能撕毁，应办理作废手续后重新填制，作废的凭证要加盖“作废”戳记，按原编号顺序与其他存根联一起保存。使用印有编号的原始凭证，应按编号连续使用。原始凭证的填制，除需要复写外，必须用钢笔或碳素笔书写。属于套写的凭证应一次套写清楚，做到不串格、不串行。凭证上阿拉伯数字应当一个一个准确、清晰地书写，不得连笔书写。阿拉伯金额数字前面应当书写货币币种符号或者货币名称简写。币种符号与阿拉伯数字之间不得留有空白。汉字大写金额数字，一律用正楷或者行书字书写。

（五）手续完备

从外单位取得的原始凭证，必须盖有填制单位的公章；从个人取得的原始凭证，必须有填制人的签名或盖章；对外开出的原始凭证，必须加盖本单位公章；购买实物的原始凭证须有入库证明；支付款项的原始凭证，必须有收款单位和收款人的收款证明。所有经办人员和有关部门的负责人要在凭证上签名或盖章，对凭证的真实性和正确性负责。

【例 4—16】不符合原始凭证基本要求的是（ ）。

A.从个人取得的原始凭证，必须有填制人员的签名盖章

B.原始凭证不得涂改、刮擦、挖补

C.上级批准的经济合同，应作为原始凭证

D.大写和小写金额必须相等

【解析】C。上级批准的经济合同，其并不证明经济业务已完成的情况，所以不能作为会计凭证。

【思考】填写原始凭证时，人民币大写金额数字前为什么应写有“人民币（大写）”字样，大写金额数字到“元”或“角”字后应写“整”或“正”字起什么作用？

五、原始凭证的填写技能

常用结算凭证的使用规定及填制技能参见表 4－3 所示，其他常用原始凭证填写如表 4－4 所示。

（一）常用结算凭证的使用规定及填制技能

表 4－3　使用结算凭证的基本规定及填制技能（要点）

凭证种类	适用区域	用途	书写要求	日期写法	盖章要求	其他
现金支票	同城	提现金	用碳素笔书写	大写、存根小写	支票正面和提现用现金支票背面盖财务专用章和会计主管名章	金额起点 100 元，收款人和金额不得更改
转账支票		通过银行付料款或账款				
现金存款单		存现金	用油笔复写	小写		写券数及其金额
进账单		存外来支票等			支票背面盖“两个”章	在支票背面背书
业务委托书电汇信汇	异地	还账款或支付购料款等			第一联上盖“两个”章	
托收凭证托收承付	异地	按合同发货后向银行托收货款			第二联上盖“两个”章	金额起点 1 万元应向银行提交合同书、发票和商品发运证件
托收凭证委托收款	同城异地	委托银行收回商业汇票款等			第二联和商业汇票背面盖“两个”章	在商业汇票背面背书

(二) 其他几种原始凭证的填制技能

表 4—4　其他原始凭证填制技能

凭证种类	日期写法	金额写法	盖章要求	填制要点
往来资金结算票据收据	小写	大小写	交款人和出纳员签名，在第二联、第三联盖现金收讫章或财务专用章	交款单位（人）和金额正确，款项来源清楚
借款单	小写	大小写	借款人、借款单位和财务科负责人、出纳员签名	借款事由清楚，大小写金额相符
发票	小写	小写 价税合计 还应大写	由出纳员收款后在第二、第三、第四联盖发票专用章	购货单位名称、商品名称及规格、数量、单价、金额、税额和价税合计正确、大小写金额相符
收料单	小写	小写	交库人、检验员、保管员和材料核算员签名	材料来源、品名、规格、数量、金额正确
领料单	小写	小写	领料人、领料单位审批人、发料人签名	领料单位、材料名称、规格、数量、单价、金额正确
限额领料单	小写	小写	每次领料时填一次请领数和实发数，由领料人、领料单位负责人和发料人签名	月末由材料会计结出本月实领数量和金额
发料凭证汇总表	小写	小写	月末由材料会计编制，盖名章	根据当月发料凭证，按材料的用途和类别汇总发出金额
制造费用分配表	小写	小写	月末、由成本会计编制，盖名章	根据制造费用明细账，按生产工人工资或生产工时比例分配编制

六、审核目的

原始凭证的审核是正确编制记账凭证的前提，是账簿记录的质量保证。审核的目的是检查原始凭证是否：

1.真实可靠，手续完备。

2.内容完整，书写清楚。

3.连续编号，及时填制。

《会计法》规定：原始凭证记载的各项内容均不得涂改；原始凭证有错误的，应当由出具单位重开或者更正，更正处应加盖出具单位印章；原始凭证金额有错误的，应当由出具单位重开，不得在原始凭证上更正。

七、审核内容

（一）客观真实性

客观真实性主要包括：名称、日期、号码、填制单位名称、填制姓名、签名或签章、内容、数量、单价、金额、接受凭证单位名称、附件等。凡有下列情况之一者不能作为正确的原始凭证：

1. 未填写接受单位名称或名称不符；

2. 数量和金额计算不正确；

3. 有关责任人员未签字或未盖章；

4. 凭证联次不符；

5. 有污染、抹擦、刀刮和挖补的痕迹。

（二）合法性

主要审核经济业务的发生是否符合党和国家的路线、方针、政策和法规。凡有下列情况之一者不能作为合法的原始凭证：

1. 多计或少计收入、支出、费用、成本；

2. 擅自扩大开支范围，提高开支标准；

3. 不按国家规定的资金渠道和用途使用资金，或挪用资金进行基本建设；

4. 巧立名目，虚报冒领，滥发奖金、津贴、加班费、防护用品、福利费或实物，违反规定借出公款、公物；

5. 套取现金，签发空头支票；

6. 不按国家规定的标准和比例提取费用；

7. 私分公共财物和资金；

8. 擅自动用公款、公物请客送礼；

9. 不经有关单位批准，购买、自制属于控制购买的商品。

（三）合理性

根据党和国家的路线、政策和法规，从经营管理出发，按照厉行节约、反对浪费、提高经济效益的原则，审核经济业务的发生是否合理。

【例 4—17】原始凭证的审核内容包括（　）。

A.有关数量、单价、金额是否正确无误　　B.是否符合有关的计划和预算

C.记录的经济业务的发生时间　　D.有无违反财经制度的行为

【解析】ABCD。原始凭证的审核包括六方面的内容，即真实性、合法性、合理性、完整性、正确性和及时性。选项A属于正确性的要求，选项B属于合理性的要求，选项C属于及时性的要求，选项D属于合法性的要求。

【思考】原始凭证审核的要点是什么，请举例说明对业务真实但不符合要求的原始凭证会计人员应如何处理？对于不合法和不合理的原始凭证会计人员又该如何处理？

【参考资料】财政部《会计基础工作规范》。

【案例链接】

甲公司是一家小型工业企业，主要从事家具生产。公司采购员小赵专门负责采购家具生产所需木材。2020年7月4日，小赵受公司委托，去往异地采买公司生产所需的木材。7月5日小赵代甲公司与乙公司签订了采购合同，并于7月6日支付木材采购款60000元。乙公司当即发货并开出增值税专用发票，小赵拿到增值税发票发现价款处60000元错开成80000元，小赵随即要求乙公司在原增值税发票上进行了更正，并在更正处加盖了乙公司公章。7月7日，小赵返回甲公司，并将一系列原始凭证转交给甲公司财务部，但财务部的会计却认为小赵取得的增值税专用发票存在问题，不予受理，小赵十分疑惑。

请问：小赵取得的增值税专用发票存在什么问题呢？

八、原始凭证填制实务

企业概况：江阴光华有限责任公司是一家小型工业企业，主要从事灯具生产。

企业开户行：中国农业银行江阴支行，账号：23468908567。

法人代表：王伟　　会计主管：梁强　　会计：周建

出纳：李明　　仓管：张阳　　采购：赵欢

纳税人登记号：3456778，地址：江阴市花园路100号，电话：64789466。

公司2020年12月发生下列业务，请代为填制相关原始凭证，并进行审核。

（一）筹资过程原始凭证的填制与审核

2020年12月1日，向工商银行取得借款期为3个月的生产周转借款50000.00元，年利率为1%，到期一次性还本付息，款项存入银行，请填写借款凭证。

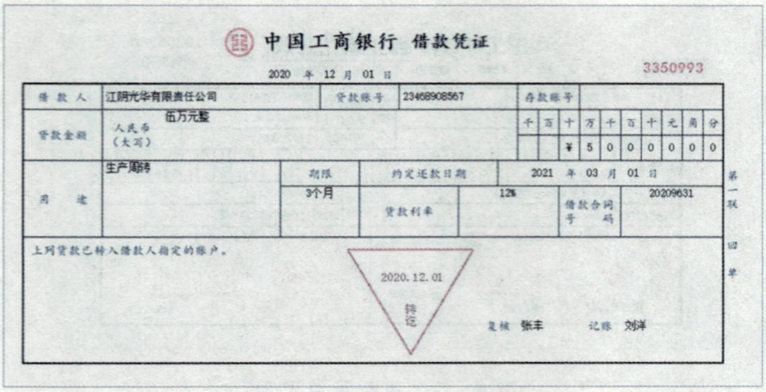

中国工商银行　借款凭证

2020 年 12 月 01 日　　3350993

借款人	江阴光华有限责任公司	贷款账号	23468908567	存款账号	
贷款金额	人民币（大写）伍万元整				¥5000000
用途	生产周转	期限 3个月	约定还款日期 2021 年 03 月 01 日		
		贷款利率 12%		借款合同号码 20209631	

上列贷款已转入借款人指定的账户。

2020.12.01 转讫

复核 张丰　　记账 刘洋

第一联 回单

图 4—2　借款凭证

(二) 供应过程原始凭证的填制与审核

(1) 2020 年 12 月 1 日，用银行存款 5000.00 元归还前欠江阴市物资公司货款。

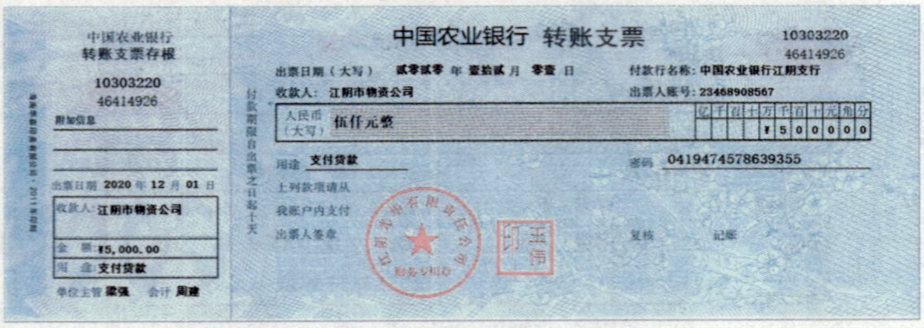

中国农业银行 转账支票存根

10303220
46414926

附加信息

出票日期 2020 年 12 月 01 日

收款人：江阴市物资公司

金额：¥5,000.00

用途：支付贷款

单位主管 梁强　会计 周建

中国农业银行　转账支票　10303220 46414926

出票日期（大写）贰零贰零 年 壹拾贰 月 零壹 日　付款行名称：中国农业银行江阴支行

收款人：江阴市物资公司　出票人账号：23468908567

人民币（大写）伍仟元整　¥500000

用途 支付贷款　密码 0419474578639355

付款期限自出票之日起十天

上列款项请从我账户内支付

出票人签章　复核　记账

图 4—3　转账支票

(2) 2020 年 12 月 2 日，经会计主管同意，出纳员从银行提取备用金 2300.00 元，填制现金支票，并办理提现业务。

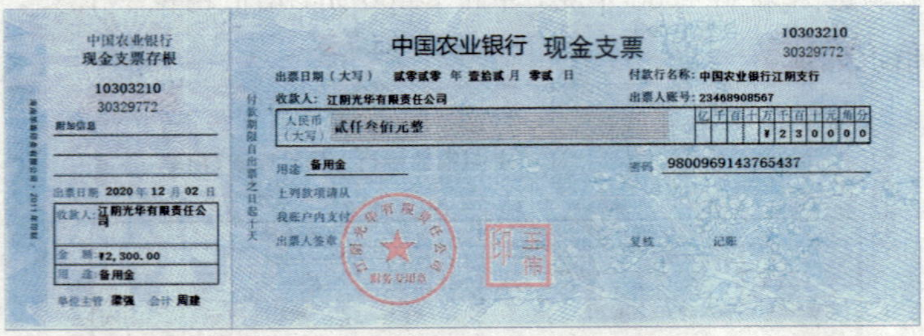

中国农业银行 现金支票存根

10303210
30329772

附加信息

出票日期 2020 年 12 月 02 日

收款人：江阴光华有限责任公司

金额：¥2,300.00

用途：备用金

单位主管 梁强　会计 周建

中国农业银行　现金支票　10303210 30329772

出票日期（大写）贰零贰零 年 壹拾贰 月 零贰 日　付款行名称：中国农业银行江阴支行

收款人：江阴光华有限责任公司　出票人账号：23468908567

人民币（大写）贰仟叁佰元整　¥230000

用途 备用金　密码 9800969143765437

付款期限自出票之日起十天

上列款项请从我账户内支付

出票人签章　复核　记账

图 4—4　现金支票

(3) 2020 年 12 月 10 日从南湖长江有限公司（开户行：工行南湖支行、账号：98765432098）购入 A 材料 35000 千克，单价 50 元，增值税税率 13%，对方代垫运费 7000.00 元，款项于 2021 年 6 月 9 日支付。请出纳填写商业承兑汇票。

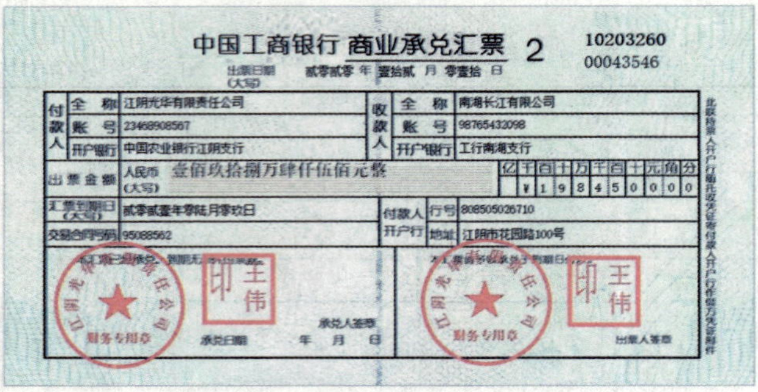

中国工商银行 商业承兑汇票 2

10203260
00043546

出票日期（大写） 贰零贰零 年 壹拾贰 月 零壹拾 日

付款人	全称	江阴光华有限责任公司	收款人	全称	南湖长江有限公司
	账号	23468908567		账号	98765432098
	开户银行	中国农业银行江阴支行		开户银行	工行南湖支行
出票金额	人民币（大写）	壹佰玖拾捌万肆仟伍佰元整			¥198450000
汇票到期日（大写）		贰零贰壹年零陆月零玖日	付款人开户行	行号	808505026710
交易合同号码		95088562		地址	江阴市花园路100号

承兑人签章　承兑日期　年　月　日

出票人签章

此联持票人开户行随托收凭证寄付款人开户行作借方凭证附件

图 4—5　商业承兑汇票

（4）2020 年 12 月 15 日，供销科采购员陈发敏预借差旅费 2000.00 元，出差地点为上海，请代陈发敏填写差旅费借款单，做好审批与付款。

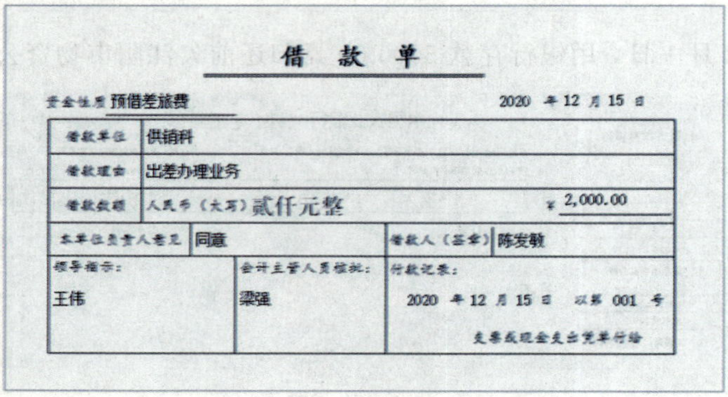

借　款　单

资金性质 预借差旅费　　2020 年 12 月 15 日

借款单位	供销科		
借款理由	出差办理业务		
借款数额	人民币（大写）贰仟元整		¥2,000.00
本单位负责人意见	同意	借款人（签章）	陈发敏
领导指示：王伟	会计主管人员核批：梁强	付款记录：2020 年 12 月 15 日 以第 001 号 支票或现金支出凭单付给	

图 4—6　借款单

（5）2020 年 12 月 16 日，从外地平湖南风机械厂（开户行：工行平湖支行，账号：33786578965421）购进 A 材料 1200 千克，单价 80.00 元，增值税税率 13%，款项已用银行存款支付。请填写信汇凭证。

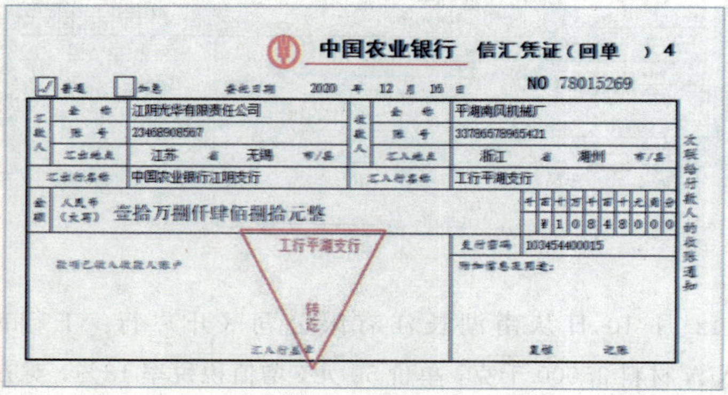

中国农业银行　信汇凭证（回单　）4

☑普通　☐加急　委托日期　2020 年 12 月 16 日　　NO 78015269

汇款人	全称	江阴光华有限责任公司	收款人	全称	平湖南风机械厂
	账号	23468908567		账号	33786578965421
	汇出地点	江苏 省 无锡 市/县		汇入地点	浙江 省 湖州 市/县
汇出行名称		中国农业银行江阴支行	汇入行名称		工行平湖支行
金额	人民币（大写）	壹拾万捌仟肆佰捌拾元整			¥10848000
款项已收入收款人账户		汇入行盖章	支付密码		103454400015
			附加信息及用途：		复核　记账

工行平湖支行　转讫

此联给汇款人的收账通知

图 4—7　信汇凭证

(6) 2020 年 12 月 17 日，从南海物资公司购入 A 材料 1000 千克，单价 5.00 元，支付运输费 500.00 元，材料已到达并验收入库，请仓库保管员填写收料单。

收　料　单

供应单位：南海物资公司　　　　收料单编号：001

材料类别：　　　　2020 年 12 月 17 日　　　　收料仓库：甲仓库

材料编号	名称	规格	单位	数量		实际成本				
				应收	实收	买价		运杂费	其他	合计
						单价	金额			
	A材料		千克	1000	1000	5.00	5,000.00	500.00		¥5,500.00
合　计				1000	1000		5,000.00	500.00		¥5,500.00
备　注										

第三联　记账联

仓库主管：张阳　　记账：周建　　收料：赵健　　制单：周建

图 4—8　收料单

(三) 生产过程原始凭证的填制与审核

(1) 2020 年 12 月 21 日，一车间领用 A 材料 100 千克用于生产工艺品灯具，单价 5.00 元，请仓库保管员填写领料单。

领　料　单

领用部门：一车间

仓库：甲仓库　　　　2020 年 12 月 21 日　　　　编号：577

编　号	类　别	材料名称	规　格	单　位	数　量		实际成本	
					请领	实发	单价	金额
		A材料		千克	100	100	5.00	500.00
用　途	生产工艺品灯具				领料部门		发料部门	
					负责人	领料人	核准人	发料人
						高义鹤		张阳

第三联　记账联

图 4—9　领料单

(2) 2020 年 12 月 21 日财务科领用账簿 50 本，单位成本 8.00 元，请仓库保管员填制办公用品领用单。

办公用品领用单

领用品名：账簿　　　　2020 年 12 月 21 日

领用部门	领发数量	金额
财务科	50	400.00
合　计	50	¥400.00

审核：李欣怡　　　　制表：张阳

图 4—10　办公用品领用单

(3) 2020 年 12 月 22 日，采购员张一凡于本月 11 日至 22 日去上海出差报销差旅费 1740.00 元，其中火车费 400.00 元，市内交通费 140.00 元，住宿费 1000.00 元，电话费 200.00 元，其中已预借 1700.00 元，附单据 15 张，请代张一凡填写差旅费报销单并填写补付金额。

差旅费报销单

报销部门：采购部　　　　报销日期：2020 年 12 月 22 日

出差人：张一凡　　　　出差事由：办理采购

出差日期：2020 年 12 月 11 日 至 2020 年 12 月 22 日 共计：12 天							
车船费					其他费用		
出发地	到达地	交通工具	附件张数	金额	项目	附件张数	金额
江阴	上海	高铁	2	400.00	住宿	1	1,000.00
					餐饮		
					市内交通	12	140.00
					通信费	2	200.00
					其他		
合　计			2	¥400.00	合计	15	¥1,340.00
费用合计：¥1,740.00 元　大写(人民币)：壹仟柒佰肆拾元整							
预借差旅：¥1,700.00 元　补领金额：¥40.00 元　退还金额：　元							
核实后报销金额：¥40.00 元　大写(人民币)：肆拾元整							

审批：王伟　　财务主管：梁强　　会计：周建　　部门主管：赵欢　　领款人：张一凡

图 4—11　差旅费报销单

(4) 2020 年 12 月 22 日预订下年度报刊杂志费 2400.00 元，请代填相关单据。

3300191140　　浙江增值税普通发票　　№ 22619257　　3300191140　22619257

发票联

机器编号：982888812388　　开票日期：2020年12月22日

购买方		密码区	
名　　称：江阴光华有限责任公司 纳税人识别号：3456778 地址、电话：江阴市花园路100号64789466 开户行及账号：中国农业银行江阴支行23468908567			#9012230%902%75127%3%45%-012 9*9#0*31136%>%0427-631>54571 9>#*93085#94088>666>11599*6% 0#853754->66727%-95>0-3%>%7#

货物或应税劳务、服务名称	规格型号	单位	数量	单价	金额	税率	税额
报刊杂志	月刊	份	10	226.42	2,264.15	6%	135.85
合　计					¥2,264.15		¥135.85
价税合计（大写）	⊗贰仟肆佰元整				（小写）¥2,400.00		

销售方	备注
名　　称：衢州汇文有限责任公司 纳税人识别号：91330803M539677597 地址、电话：衢州衢江区创平路226号58026334 开户行及账号：工行衢州衢江区圣彩路支行2659345229668040855	校验码 52118 02817 08248 65199

收款人：　　复核：赵玉　　开票人：陈以修　　销售方：（章）

第二联：发票联　购买方记账凭证

税总函[202X]××号××××公司

图 4－12　增值税普通发票

收　款　收　据　　No.4767703

2020 年 12 月 22 日

今收到　江阴光华有限责任公司

交来　报刊杂志费

金额（大写）　零 拾 零 万 贰 仟 肆 佰 零 拾 零 元 零 角 零 分

¥ 2,400.00　　收款单位（公章）

核准 郭婷　　会计 赵玉　　记账 赵玉　　出纳 陈以修　　经办人

第二联　收据

图 4－13　收款收据

（5）2020 年 12 月 31 日计算本月应付工资，生产车间 SB301 灯具 30000.00 元，SB302 灯具 72000.00 元，生产车间管理工资人员 5000.00 元，企业管理人员工资 13000.00 元，请代填写工资费用分配表。

工资费用分配表

2020 年 12 月 31 日

应借账户		成本项目	应付工资	分配标准（生产工时）	分配率	分配金额
生产成本	SB301灯具					30,000.00
	SB302灯具					72,000.00
制造费用						5,000.00
管理费用						13,000.00
合　计						120,000.00

审核：梁强　　制表：周建

图 4－14　工资费用分配表

（6）2020 年 12 月 31 日计提本月固定资产折旧费 25000.00 元，其中基本生产车间折旧 20000.00 元，行政管理部门固定资产折旧费 5000.00 元，请代填写固定资产折旧明细表。

固定资产折旧明细表

2020 年 12 月 31 日

类别	部门	资产名称	原值	使用年限	残值率	净残值	年折旧率	年折旧额	月折旧额
	生产部	生产设备	2,400,000.00	10	0	0	10%	240,000.00	20,000.00
	行政部	办公设备	600,000.00	10	0	0	10%	60,000.00	5,000.00
合计	—	—	3,000,000.00	—	—	0.00	—	300,000.00	25,000.00

审核：梁强　　　　制表：周建

图 4—15　固定资产折旧明细表

（7）2020 年 12 月 31 日结转本月制造费用 50000.00 元，其中 SB301 灯具生产工人工资 70000.00 元，SB302 灯具生产工人工资 30000.00 元，请按生产工人的工资标准分配本月制造费用，并填写下列表格。

制造费用分配表

车间：　　　　2020 年 12 月 31 日

产品名称	分配标准（生产工人工资）	分配总额	分配率	分配金额
SB301灯具	70000.00	50,000.00	0.5	35,000.00
SB302灯具	30000.00		0.5	15,000.00
合计	100000	50,000.00	0.5	50,000.00

制表：周建　　　　审核：梁强

图 4—16　制造费用分配表

（8）2020 年 12 月 31 日，本月产品完工入库，其中 SB301 产品 2500 台，每台成本价 2000.00 元，SB302 产品 2400 台，每台成本价 1000.00 元，请代填写产成品入库单。

产成品入库单

仓库：乙仓库

交库单位：生产车间　　　　2020 年 12 月 31 日　　　　编号：547

产品编号	产品名称	规格	计量单位	数量		单位成本	总成本	备注
				送检	实收			
	SB301灯具		台	2500	2500	2000.00	5000000.00	
	SB302灯具		台	2400	2400	1000.00	2400000.00	

仓库主管：张阳　　保管员：赵雄　　记账：周建　　制单：赵雄

图 4—17　产成品入库单

（四）销售过程原始凭证的填制与审核

（1）2020 年 12 月 11 日收到大东公司（开户行：工行江阴支行，账号:78965789765），归还的前欠货款 65000.00 元，请出纳填写进账单。

中国工商银行　进账单（收账通知）　3

2020 年　12 月　11 日　№ 80907757

出票人	全　称	大东公司	收款人	全　称	江阴光华有限责任公司
	账　号	78965789765		账　号	23468908567
	开户银行	工行江阴支行		开户银行	中国农业银行江阴支行
金额	人民币（大写）	陆万伍仟元整		亿千百十万千百十元角分	¥ 6 5 0 0 0 0 0
票据种类		票据张数			
票据号码					
复核	记账		中国农业银行江阴支行 转讫		收款人开户银行签章

此联是收款人开户银行交给收款人的收账通知

图 4－18　进账单

（2）2020 年 12 月 11 日，销售给大兴公司 SB301 灯具 1000 台，单价 160.00 元；SB302 灯具 1500 台，售价 200.00 元，增值税税率均为 13%，款项尚未收到，请填写增值税专用发票。（大兴公司纳税人识别号：5656667777，地 址、电 话：滨海市泥塘路 60 号 46028846，开户行及账号：中国工商银行滨海市分行 301256）。

3200191140　江苏　增值税专用发票　№ 65624659　3200191140　65624659

机器编号：982888812388　此联不作报销、扣税凭证使用　开票日期：2020年12月11日

购买方　名　称：大兴公司
纳税人识别号：5656667777
地 址、电 话：滨海市泥塘路60号 46028846
开户行及账号：中国工商银行滨海市分行 301256

密码区　5-6701263656 4#7-0#*#219830#-
5#>*6>547#2%—87%-4002623796
-25>87%5162052>34665>04-9>>
3#6>2%-*207>54>2%32#82#9**1-

货物或应税劳务、服务名称	规格型号	单位	数量	单价	金额	税率	税额
SB301		台	1000	160.00	160,000.00	13%	20,800.00
SB302		台	1500	200.00	300,000.00	13%	39,000.00
合　计					¥460,000.00		¥59,800.00
价税合计（大写）	⊗ 伍拾壹万玖仟捌佰元整				（小写）¥519,800.00		

销售方　名　称：江阴光华有限责任公司
纳税人识别号：3456778
地 址、电 话：江阴市花园路100号64789466
开户行及账号：中国农业银行江阴支行23468908567

备注　校验码 52118 02817 08248 65199　（江阴光华有限责任公司 3456778 发票专用章）

收款人：　复核：周建　开票人：李明　销售方：（章）

第一联：记账联　销售方记账凭证

税总函[202X]××号××××公司

图 4－19　增值税专用发票

（3）2020 年 12 月 17 日，销售给江阴路明有限公司（开户行：中国工商银行江阴支行，账号:98765890）灯具有 100 套，每套售价 2000.00 元，计货款 200000.00 元，增值税销项税额 26000.00 元，款项已通过银行办妥托收手续，请填写托收凭证及开具增值税专用发票（略）。

同城委托收款凭证（回单）1　第 90371194 号

委托日期 2020 年 12 月 17 日　单位编号：21791375

付款人	全称	江阴路明有限公司	收款人	全称	江阴光华有限责任公司
	账号	98765890		账号	23468908567
	开户银行	中国工商银行江阴支行		开户银行	中国农业银行江阴支行
金额	人民币（大写）	贰拾贰万陆仟元整		千百十万千百十元角分	¥226000.00
收费项目名称	货款	债务证明种类		寄附单证张数	1

备注：

款项内容	人数	单位交	个人交	滞纳金	手续费

中国工商银行江阴支行 2020.12.17 转讫

付款人开户银行盖章　2020 年 12 月 17 日

单位主管　会计　复核　记账

此联是付款人开户银行支付款项后给付款人的回单

图 4—20　委托收款凭证

(4) 2020 年 12 月 31 日，结转本月已销产出成本，请填写产品出库单。其中 SB301 灯具 1000 台，成本 100.00 元，SB302 产品 2000 台，成本 120.00 元。

出库单

出货单位：江阴光华有限责任公司　日期：2020年12月31日　单号：019

提货单位（部门）：销售部　销售单号：031　发货仓库：乙仓库　出库日期：2020年12月31日

编码	名称	规格	单位	数量 应发	数量 实发	单价	金额
	SB301		台	1000	1000	100.00	100,000.00
	SB302		台	2000	2000	120.00	240,000.00
合计	人民币（大写）：叁拾肆万元整						¥340,000.00

部门经理：张阳　会计：周建　仓库：赵雄　经办人：赵雄

会计联

图 4—21　出库单

（五）利润形成及分配过程原始凭证的填制与审核

(1) 2020 年 12 月 31 日，结转本月收入类账户余额，其中主营业务收入 200000.00 元，其他业务收入 1000.00 元，营业外收入 3000.00 元；2020 年 12 月 31 日，结转本月支出类账户余额，其中主营业务成本 100000.00 元，税金及附加 1000.00 元，销售费用 3000.00 元，其他业务成本 200.00 元，财务费用 2000.00，管理费用 4000.00 元，请填写下列表格。

损益类账户累计发生额

2020 年 12 月

账户	本年发生额	
	借方	贷方
主营业务收入		200,000.00
其他业务收入		1,000.00
营业外收入		3,000.00
主营业务成本	100,000.00	
税金及附加	1,000.00	
销售费用	3,000.00	
其他业务成本	200.00	
财务费用	2,000.00	
管理费用	4,000.00	
合　计	110,200.00	204,000.00

会计主管：梁强　　　　制单：周建

图 4—22　损益类账户累计发生额

（2）2020 年 12 月 31 日，本年利润总额 1000 万元，请按 25％计提企业所得税，并填制下列表格。

应交所得税计算表

2020 年 12 月 31 日　　　　单位：元

项目	本期利润总额	所得税税率	本期应交所得税
金额	10,000,000.00	25%	2,500,000.00

审核：梁强　　　　制单：周建

图 4—23　应交所得税计算表

【思考】所有原始凭证都要审核吗？外来原始凭证外单位填制时已审核，流转至本公司还需审核吗？

4.3 记账凭证

记账凭证，又称为记账凭单，是指会计人员根据审核无误的原始凭证或汇总原始凭证，按照经济业务的内容加以归类，并据以确定会计分录后填制的会计凭证，作为登记账簿的直接依据。

一、记账凭证种类

（一）按内容分类

记账凭证按其适用的经济业务内容不同可分为：通用记账凭证和专用记账凭证。通用记账凭证是指用来反映所有经济业务的记账凭证，为各类经济业务所共同使用。一般适用于规模小、业务量不多的单位。

通用记账凭证样式如图 4－24 所示，实务中一般中小企业常用通用式的记账凭证。

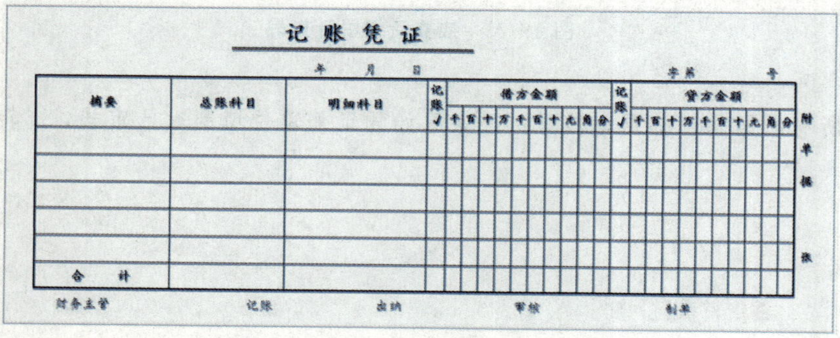

记账凭证

年　月　日　　　　字第　号

摘要	总账科目	明细科目	记账√	借方金额										记账√	贷方金额									
				千	百	十	万	千	百	十	元	角	分		千	百	十	万	千	百	十	元	角	分
合　计																								

附单据　张

财务主管　　记账　　出纳　　审核　　制单

图 4－24　记账凭证

专用记账凭证指分类反映经济业务的记账凭证。专用记账凭证按其反映经济业务内容的不同，又可以分为收款凭证、付款凭证、转账凭证三种。专用记账凭证（收、付、转凭证）一般适用于规模较大，收付业务较多的单位。

1.收款凭证

收款凭证是指专门用于记录库存现金和银行存款收款业务的记账凭证。它是根据有关库存现金和银行存款收入业务的原始凭证填制，是登记现金日记账、银行存款日记账以及有关明细分类账和总分类账等账簿的依据，收款凭证的格式如图 4－25 所示。

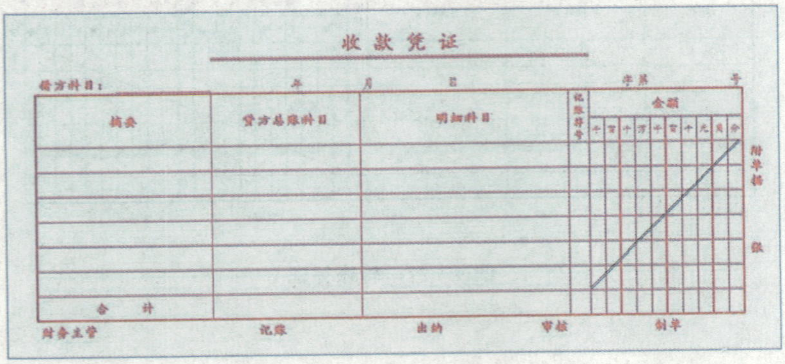

图 4－25　收款凭证

2.付款凭证

付款凭证是指专门用于记录库存现金和银行存款付款业务的记账凭证。它是根据有关库存现金和银行存款支付业务的原始凭证填制，是登记现金日记账、银行存款日记账以及有关明细分类账和总分类账等账簿的依据，付款凭证的格式如图 4－26 所示。

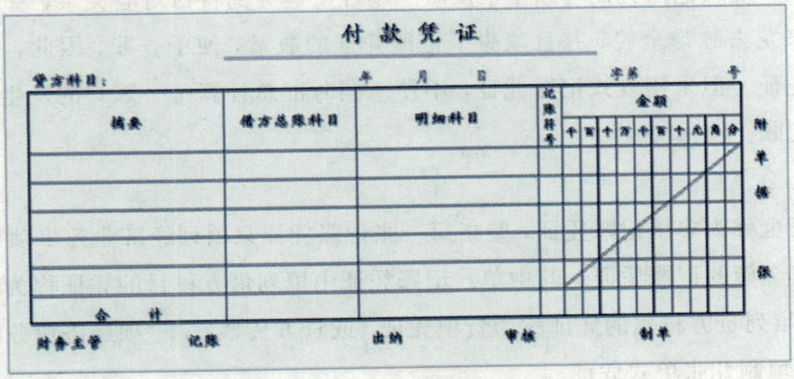

图 4－26　付款凭证

3.转账凭证

转账凭证是指记录不涉及库存现金和银行存款业务的记账凭证。转账业务是指经济业务中不涉及库存现金和银行存款收付的业务，比如计提无形资产摊销、赊购原材料等业务。转账凭证是根据有关转账业务的原始凭证填制，其格式如图 4－27 所示。

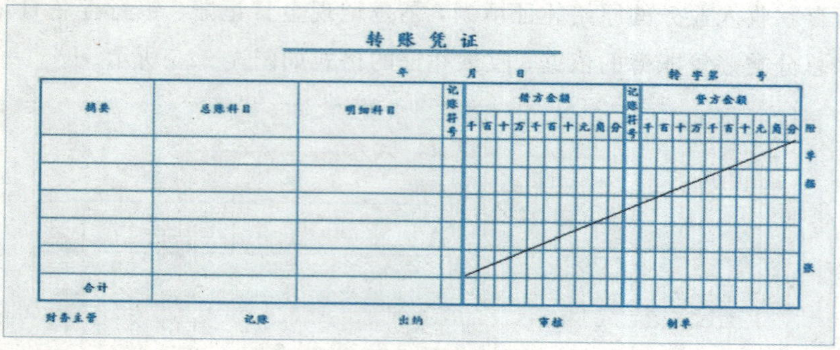

图 4—27 转账凭证

（二）按填制方式分类

记账凭证按填制方式分类，可分为复式凭证和单式凭证。

1.复式凭证

复式凭证也称为多项记账凭证，是将一项经济业务所涉及的全部会计科目及其发生额都集中填列在一张凭证上的记账凭证。收款凭证、付款凭证、转账凭证以及通用记账凭证都是复式记账凭证。复式记账凭证可以集中反映一项经济业务的科目对应关系，有利于了解一项经济业务的来龙去脉与全貌，并且减少了记账凭证的数量，便于查账，因此，实际工作中广泛使用复式凭证。但采用复式记账凭证，不便于同时汇总计算每一账户的发生额，不利于会计人员分工记账。

2.单式凭证

单式凭证也称为单项记账凭证，是指每一张记账凭证只填列经济业务事项所涉及的一个会计科目及其金额的记账凭证。其中单式记账凭证中填列借方科目的凭证称为借项凭证（或借方传票），填列贷方科目的凭证称为贷项凭证（或贷方传票），一项经济业务涉及几个会计科目，就需要填制几张单式凭证。

采用单式记账凭证，便于会计人员汇总每一个会计科目的借方发生额和贷方发生额，便于分工记账，但单式记账凭证不能在一张凭证上反映一项经济业务的全貌，导致其不便于检验会计分录的正确性，不便于查账工作的开展。

【思考】对照空白记账凭证，谈谈记账凭证填制时应注意哪些问题。

二、记账凭证的基本内容

记账凭证是登记账簿的直接依据，为了保证账簿记录的正确性，记账凭证需要具备以下的基本内容：

1.填制记账凭证的日期；

2.记账凭证的编号；

3.经济业务内容摘要；

4.经济业务所涉及的会计科目及其记账方向；

5.经济业务的金额；

6.记账标记；

7.所附原始凭证张数；

8.填制、审核、记账、会计主管等有关人员的签名或者盖章。收款凭证和付款凭证还应当由出纳人员签名或盖章。

三、记账凭证的填制要求

（一）基本要求

记账凭证的填制需符合下列基本要求：

1.记账凭证各项内容必须完整。

2.记账凭证应连续编号。一项经济业务需要填制两张以上的记账凭证，可以采用分数编号法编号。例如一项经济业务需要编制三张转账凭证，且该转账凭证的顺序号为 2 号，则这笔经济业务可以分别编制转字第 $2\frac{1}{3}$ 号、转字第 $2\frac{2}{3}$ 号和转字第 $2\frac{3}{3}$ 号。

3.记账凭证的书写应清楚、规范。相关要求同原始凭证。

4.审核无误的原始凭证是编制记账凭证的依据，记账凭证可以根据每一张原始凭证填制，或根据若干张同类原始凭证汇总编制，也可以根据原始凭证汇总表填制；但不得将不同内容和类别的原始凭证汇总填制在一张记账凭证上。

5.除结账和更正错误的记账凭证可以不附原始凭证外，其他记账凭证必须附有原始凭证。记账凭证上应标明所附原始凭证张数，以便查验。

6.填制记账凭证时若发生错误，应当重新填制。已登记入账的记账凭证在当年内发现填写错误时，可以用红字填写一张与原内容相同的记账凭证，在摘要栏注明“注销某月某日某号凭证”字样，同时再用蓝字重新填制一张正确的记账凭证，注明“订正某月某日某号凭证”字样。如果会计科目没有错误，只是金额错误，也可将正确数字与错误数字之间的差额另编一张调整的记账凭证，调增金额用蓝字，调减金额用红字。发现以前年度记账凭证有错误的，应当用蓝字填制一张更正的记账凭证。

7.记账凭证填制完经济业务事项后，如有空行，应当自金额栏最后一笔金额数字下的空行处至合计数上的空行处划线注销。

（二）通用记账凭证的填制要求

通用记账凭证是指用来反映所有经济业务的记账凭证。日期要按填制凭证时的日期填写。凭证右上角“记字第　号”填制记账凭证的顺序号。“摘要”填写对所记录的经济业务的简要说明。填制时，将经济业务事项中所涉及全部会计科目按照先借后贷的顺序记入记账凭证“会计科目”栏中的“一级科目”和“二级及明细科目”，并按应借、应贷方向分别记入“借方金额”或“贷方金额”栏。“记账”是该凭证已登记账簿的标记，防止经济业务事项重记或漏记。“附件　张”是指本记账凭证所附原始凭证的张数。凭证最下边分别由有关人员签章，以明确经济责任。填制通用记账凭证时要做到以上各项内容完整、书写清楚和规范。

【例4－18】根据所给经济业务的原始凭证填制通用记账凭证。

2022年2月1日，上海市信诚有限公司从上海长江有限公司处购买原材料A材料数量35000千克，不含税单价50元，当天收到上海长江有限公司开来的增值税专用发票，2022年2月5日A材料到达公司，验收无误后收到01仓库。

3100191140　上海　增值税专用发票　№ 39788306　3100191140　39788306

机器编号：982888812388　此联不作报销、扣税凭证使用　开票日期：2022年02月01日

购买方	名　称：上海市信诚有限公司 纳税人识别号：234567895678765 地址、电话：上海市解放街208号0136－3133666 开户行及账号：上海市工商银行　180100112200100888				密码区	%7-7365%8-*-3%8860#154242699 1*3-%6-##78093674%%95806907# 6%834>374644%133#73800%1-2*6 631>>7>--554800*655%88>>375>	
货物或应税劳务、服务名称	规格型号	单位	数量	单价	金额	税率	税额
A材料		千克	35000	50.00	1,750,000.00	13%	227,500.00
合　计					¥1,750,000.00		¥227,500.00
价税合计（大写）	⊗壹佰玖拾柒万柒仟伍佰元整				（小写）¥1,977,500.00		
销售方	名　称：上海长江有限公司 纳税人识别号：111111223333333 地址、电话：上海市平和路10号627890981 开户行及账号：工商银行江宁分行4567890542222222				备注	校验码 52118 02[illegible] 08248 65[illegible]	

收款人：　复核：　开票人：李立　销售方：（章）

税总函〔202X〕××号×××公司　第一联：记账联　销售方记账凭证

图4－28　增值税专用发票

收　料　单

供应单位：上海长江有限公司　收料单编号：790

材料类别：原材料　2022 年 02 月 05 日　收料仓库：01

材料编号	名称	规格	单位	数量		实际成本				
				应收	实收	买价		运杂费	其他	合计
						单价	金额			
	A材料		千克	35000	35000	50.00	1,750,000.0			¥1,750,000.00
合　计				35000	35000		1,750,000.0			¥1,750,000.00
备　注										

仓库主管：张阳　记账：周建　收料：赵雄　制单：周建

第三联　记账联

图4－29　收料单

根据上面的原始凭证填制通用式记账凭证如下：

记 账 凭 证

2022 年 02 月 05 日　　　　记字第 001 号

摘要	总账科目	明细科目	记账√	借方金额（千百十万千百十元角分）	记账√	贷方金额（千百十万千百十元角分）
采购A材料，材料已入库，款未付	原材料	A材料		1 7 5 0 0 0 0 0 0		
	应交税费	应交增值税（进项税额）		2 2 5 0 0 0 0 0		
	应付账款	上海长江有限公司				1 9 7 5 0 0 0 0 0
合　计				¥ 1 9 7 5 0 0 0 0 0		¥ 1 9 7 5 0 0 0 0 0

附单据 2 张

财务主管 梁强　记账 周建　出纳 李明　审核 梁强　制单 周建

图 4—30　记账凭证

（三）收款凭证的填制要求

收款凭证是用于记录库存现金及银行存款收入业务的记账凭证。如果为现金收款业务，则在左上角“借方科目”填写“库存现金”科目，如果为银行存款收款业务，则在左上角“借方科目”填写“银行存款”科目。日期填写填制本凭证的日期。右上角填写本凭证在收款凭证中的顺序号。“附件 张”是指该张收款凭证所附的原始凭证的张数。“摘要”填写对所记录经济业务的简要说明。“贷方科目”填写收款业务中与“库存现金”或者“银行存款”对应的会计科目。“记账”是该收款凭证已登记账簿的标记，防止经济业务事项重记或漏记。“金额”是该项收款经济业务的发生额。最下边分别由有关人员签章，以明确经济责任。

【例 4—19】根据所给经济业务的原始凭证填制收款凭证。

2022 年 3 月 20 日上海市信诚有限公司收到北京宏鑫有限公司通过银行转账方式支付的上月货款 50000 元。

中国工商银行　进账单（收账通知） 3

2022 年 03 月 20 日　　　　№ 33691206

出票人	全　称	北京宏鑫有限公司	收款人	全　称	上海市信诚有限公司
	账　号	180102115900100321		账　号	180100112200100888
	开户银行	中国工商银行北京市海淀区分行		开户银行	中国工商银行上海市分浦东区分行
金额	人民币（大写）	伍万元整		亿千百十万千百十元角分	¥ 5 0 0 0 0 0 0
票据种类		票据张数			
票据号码					
	复核　记账			中国工商银行上海市分浦东区分行 2020.03.20 转讫　收款人开户银行签章	

此联是收款人开户银行交给收款人的收账通知

图 4—31　进账单

根据上面的原始凭证填制收款凭证如下：

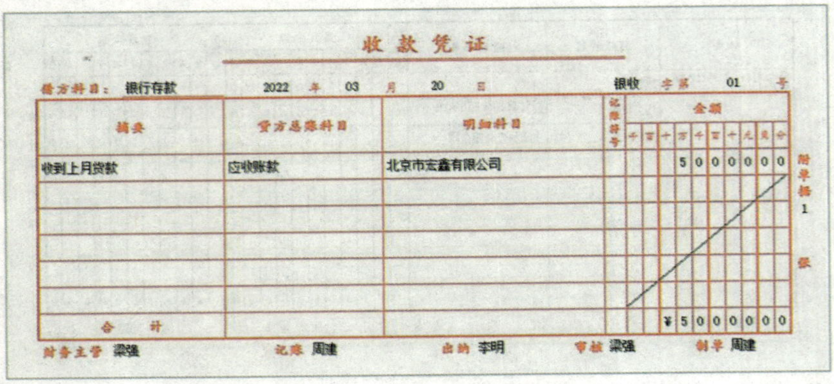

收款凭证

借方科目：银行存款　　2022 年 03 月 20 日　　银收 字第 01 号

摘要	贷方总账科目	明细科目	记账符号	金额
收到上月货款	应收账款	北京市宏鑫有限公司		5000000
合计				¥5000000

附单据 1 张

财务主管 梁强　记账 周建　出纳 李明　审核 梁强　制单 周建

图 4—32　收款凭证

（四）付款凭证的填制要求

付款凭证是用于记录库存现金及银行存款付出业务的记账凭证。如果为现金付款业务，则在左上角“贷方科目”填写“库存现金”科目，如果为银行存款付款业务，则在左上角“贷方科目”填写“银行存款”科目。日期填写填制本凭证的日期。右上角填写本凭证在付款凭证中的顺序号。“附件 张”是指该张付款凭证所附的原始凭证的张数。“摘要”填写对所记录经济业务的简要说明。“借方科目”填写付款业务中与“库存现金”或者“银行存款”对应的会计科目。“记账”是该付款凭证已登记账簿的标记，防止经济业务事项重记或漏记。“金额”是该项付款经济业务的发生额。最下边分别由有关人员签章，以明确经济责任。

对于涉及“库存现金”和“银行存款”之间进行划转的业务，为了避免重复记账，一般只填制付款凭证，不再填制收款凭证，例如从银行提取现金作为企业的备用金，只需要填制银行存款的付款凭证即可。

【例 4—20】根据所给经济业务的原始凭证填制付款凭证。

2022 年 3 月 26 日上海市信诚有限公司从银行提取备用金 20000 元。

中国工商银行
现金支票存根
10201110
50597853
附加信息
出票日期 2022 年 03 月 26 日
收款人：上海市信诚有限公司
金 额：¥20,000.00
用 途：备用金
单位主管 刘吉　会计 朱亚

图 4—33　现金支票

根据上面的原始凭证填制付款凭证如下：

付款凭证

贷方科目：银行存款　　2022 年 03 月 26 日　　银付 字第 02 号

摘要	借方总账科目	明细科目	记账符号	千	百	十	万	千	百	十	元	角	分
提取备用金	库存现金							2	0	0	0	0	0
合　计							¥	2	0	0	0	0	0

附单据 1 张

财务主管 梁强　记账 周建　出纳 李明　审核 梁强　制单 周建

图 4－34　付款凭证

（五）转账凭证的填制要求

转账凭证是用于记录与库存现金和银行存款收付无关的转账业务的记账凭证。转账凭证将经济业务事项中所涉及全部会计科目按照先借后贷的顺序填入记账凭证“会计科目”栏中的“总账科目”和“明细科目”，并按应借、应贷方向分别记入“借方金额”或“贷方金额”栏。其余项目与收款凭证、付款凭证填写相同。

【例 4－21】根据所给经济业务的原始凭证填制转账凭证。

2022 年 3 月 28 日，上海市信诚有限公司从上海红星材料有限公司购入 B 材料 10000 千克，单价 10 元，价税合计 113000 元，已收到上海红星材料有限公司送来的增值税专用发票以及材料，材料验收无误已经入库，款项尚未支付。

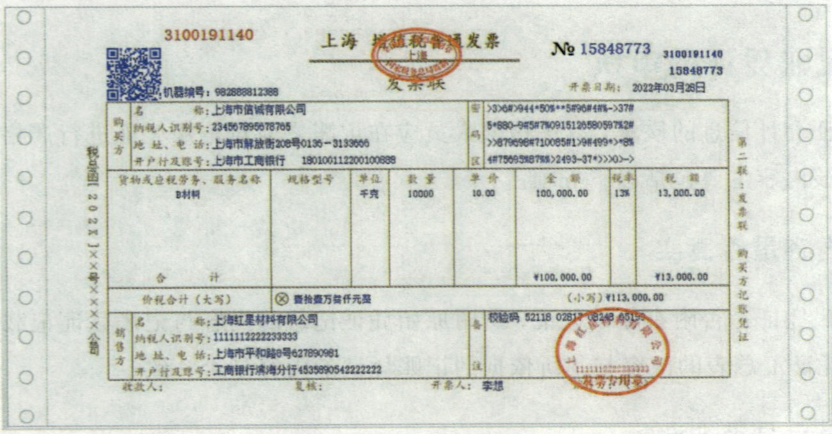
3100191140

上海 增值税普通发票

№ 15848773　3100191140　15848773

发票联

机器编号：982888812388　　开票日期：2022年03月28日

购买方　名　　称：上海市信诚有限公司
纳税人识别号：234567895678765
地 址、电 话：上海市解放街208号0136－3133666
开户行及账号：上海市工商银行　180100112200100888

密码区　>3>6#>944*50%**5#96#4#%->37#
5*880-9#5#7%09151265805 97%2#
>>879698#710085#1>9#499*>*8%
4#75695%87%%>2493-37*>>>0>->

货物或应税劳务、服务名称	规格型号	单位	数量	单价	金额	税率	税额
B材料		千克	10000	10.00	100,000.00	13%	13,000.00
合　计					¥100,000.00		¥13,000.00
价税合计（大写）	⊗壹拾壹万叁仟元整				（小写）¥113,000.00		

销售方　名　　称：上海红星材料有限公司
纳税人识别号：111111222233333
地 址、电 话：上海市平和路8号627890981
开户行及账号：工商银行滨海分行4535890542222222

备注　校验码 52118 02817 08248 6519

收款人：　复核：　开票人：李想

第二联：发票联　购买方记账凭证

图 4－35　增值税专用发票

收　料　单

供应单位：上海红星材料有限公司　　　　收料单编号：799

材料类别：56789049　　2022 年 03 月 28 日　　收料仓库：02

材料编号	名称	规格	单位	数量		实际成本				
				应收	实收	买价		运杂费	其他	合计
						单价	金额			
	B材料		千克	10000	10000	10.00	100,000.00			¥100,000.00
合　计				10000	10000		100,000.00			¥100,000.00
备　注										

第三联　记账联

仓库主管：张阳　　记账：周建　　收料：赵雄　　制单：周建

图 4—36　收料单

根据上面的原始凭证填制转账凭证如下：

转 账 凭 证

2022 年 03 月 28 日　　转字第 02 号

摘要	总账科目	明细科目	记账符号	借方金额（千百十万千百十元角分）	记账符号	贷方金额（千百十万千百十元角分）
采购B材料	原材料	B材料		1 0 0 0 0 0 0 0		
	应交税费	应交增值税（进项税额）		1 3 0 0 0 0 0		
	应付账款	上海红星材料有限公司				1 1 3 0 0 0 0 0
合计				¥ 1 1 3 0 0 0 0 0		¥ 1 1 3 0 0 0 0 0

附单据 2 张

财务主管 梁强　　记账 周建　　出纳　　审核 梁强　　制单 周建

图 4—37　转账凭证

四、记账凭证的审核

为了保证会计信息的质量，有关稽核人员应在记账之前对记账凭证进行严格的审核。记账凭证的审核内容主要包括以下五项。

（一）内容是否真实

审核记账凭证是否附有原始凭证，所附原始凭证记载的内容与记账凭证记载的内容是否一致，记账凭证汇总表的内容与其所依据的记账凭证的内容是否一致。

（二）项目是否齐全

审核记账凭证各项目是否填制齐全，如日期、凭证编号、摘要、会计科目、金额、附原始凭证张数及有关人员签章等。

(三) 科目是否正确

审核记账凭证的应借、应贷科目是否填制正确，是否有明确的账户对应关系，所使用的会计科目是否符合有关会计准则和国家统一的会计制度的规定。

(四) 金额是否正确

审核记账凭证所记录的金额与原始凭证的有关金额是否一致，记账凭证汇总表的金额与记账凭证的金额合计是否相符。

(五) 书写是否正确

审核记账凭证中的记录是否文字工整、数字清晰，是否按规定使用蓝黑墨水，是否按规定进行更正等。

出纳员在办理收款或付款业务后，应在原始凭证上加盖“收讫”或“付讫”的戳记，以免重收重付。

在审核过程中，如果发现差错，应及时查明原因，按规定办法及时处理和更正，只有经过审核无误的记账凭证，才能据以登记账簿。如果发现尚未入账的记账凭证填制有误，应当重新填制记账凭证。

【思考】(1) 编制记账凭证的目的是什么?

(2) 记账凭证编制过程中需要注意什么问题?

【案例链接】

江苏某上市公司，从事机器设备的生产与制造，2020 年 12 月企业有一批产品在仓库积压半年有余，2020 年会计年度即将结束，2020 年 12 月 21 日该企业总经理授意财会部门凭空填制了记账凭证，将积压在仓库的产品虚列为销售，将虚假的记账凭证登记入账，虚增了几百万的“销售收入”，借此粉饰了 2020 年的财务报告。后被证监会查处，受到了严厉的处罚。

请问：上述公司哪些行为存在问题?

练习题

一、单项选择题

1.下列各项中属于汇总凭证的是(　)。

A.限额领料单

B.差旅费报销单

C.购买材料时取得的增值税专用发票

D.职工出差取得的火车票

2.原始凭证按取得的来源不同，可以分为（ ）。

A.累计凭证和汇总凭证

B.一次凭证和专用凭证

C.自制原始凭证和外来原始凭证

D.通用凭证和专用凭证

3.下列关于原始凭证上小写金额标准写法的表述中，错误的是（ ）。

A.以元为单位的阿拉伯数字，除表示单价之外一律写到角分

B.有角无分的，分位可以不写“0”，用“—”代替

C.没有角、分的角位和分位可写出“00”或“—”

D.只有分位有金额的，在元和角位上各写一个“0”，并在元和角之间点一个小数点

4.原始凭证金额有错误的，正确的处理方法是（ ）。

A.由本单位代为更正

B.由本单位负责人更正

C.由出具单位重开，不得在原始凭证上更正

D.由出具单位更正并在更正处应加盖出具单位印章

5.下列表示方法，正确的是（ ）。

A.人民币捌万肆仟柒佰肆拾玖元捌角玖分整

B.¥805.7—

C.人民币陆万伍仟肆佰叁拾玖

D.¥680.—

6.企业购入原材料5900元，款项尚未支付，该笔经济业务应编制的记账凭证是（ ）。

A.收款凭证　　B.转账凭证　　C.付款凭证　　D.以上均可

7.从银行提取备用金，需要编制的记账凭证是（ ）。

A.转账凭证　　B.收款凭证　　C.付款凭证　　D.收款凭证与付款凭证

8.下列各项经济业务中，需要编制收款凭证的是（ ）。

A.企业收到上月销售商品的款项

B.企业销售一批商品，收到一张商业承兑汇票

C.企业用银行存款购入一台生产设备

D.企业将库存现金送存银行

9.下列各项中，可以不附原始凭证的记账凭证是（ ）。

A.以银行存款发放职工工资的记账凭证

B.更正错账的记账凭证

C.购买原材料的记账凭证

D.偿还银行借款的记账凭证

10.下列各项中，不属于原始凭证审核内容的是（　）。

A.会计分录的正确性　　B.合法性　　C.合理性　　D.客观真实性

11.甲企业购入原材料，款项尚未支付，材料已验收入库，该笔经济业务取得或填制的原始凭证有：增值税专用发票 1 张；收料单 6 张；收料凭证汇总表 1 张，则在填制记账凭证时，附件张数应为（　）。

A.7 张　　B.6 张　　C.8 张　　D.2 张

12.现金付款凭证的日期应填制的是（　）。

A.付出现金的日期　　B.原始凭证上注明的日期

C.登记现金日记账的日期　　D.填制本凭证的日期

13.如果一项经济业务需要编制三张转账凭证，且该转账凭证的顺序号为 9 号，则这笔经济业务的第三张转账凭证的字号为（　）。

A.转字第 $9\frac{3}{3}$ 号　　B.转字第 9 号　　C.转字第 9—3 号　　D.转字第 3 号

14.收款凭证左上角“借方科目”可能登记的科目是（　）。

A.预收账款　　B.其他应收款　　C.应收账款　　D.银行存款

15.在一定时期内多次记录发生的同类型经济业务的原始凭证是（　）。

A.一次凭证　　B.累计凭证　　C.记账凭证　　D.汇总原始凭证

二、多项选择题

1.按照其填制程序和内容不同，可将原始凭证分为（　）。

A.外来凭证　　B.累计凭证　　C.一次凭证　　D.汇总凭证

2.下列各项关于会计凭证作用的表述中，表述正确的有（　）。

A.会计凭证可以监督经济活动

B.会计凭证可以明确经济责任

C.会计凭证可以强化内部控制

D.会计凭证可以记录经济业务

3.原始凭证的基本内容中包含（　）。

A.原始凭证名称

B.记账标记

C.填制凭证的日期及凭证的编号

D.经济业务所涉及的会计科目及其记账方向

4.下列各项关于记账凭证审核的表述中，正确的有（　）。

A.审核记账凭证的应借、应贷科目是否填制正确

B.审核记账凭证所记录的金额与原始凭证的有关金额是否一致

C.审核记账凭证中的记录是否文字工整、数字清晰

D.审核记账凭证各项目是否填制齐全

5.下列各项表述中，正确的有（ ）。

A.原始凭证记载的各项内容均不得涂改

B.原始凭证金额有错误的，应当由出具单位重开，不得在原始凭证上更正

C.出纳员在办理收款或付款业务后，应在记账凭证上加盖“收讫”或“付讫”的戳记，以免重收重付

D.如果发现尚未入账的记账凭证填制有误，应当重新填制记账凭证

6.下列各项中属于自制原始凭证的有（ ）。

A.购买固定资产取得的增值税专用发票

B.限额领料单

C.工资结算单

D.收料单

7.下列各项经济业务中，需要填制转账凭证的有（ ）。

A.计提本月固定资产折旧金额

B.支付上月采购材料款

C.赊销一批商品

D.提取备用金

8.下列关于记账凭证的表述中，正确的有（ ）。

A.填制记账凭证时若发生错误，应当重新填制

B.转账凭证是指记录不涉及库存现金和银行存款业务的记账凭证

C.对于涉及“库存现金”和“银行存款”之间进行划转的业务，为了避免重复记账，只填制收款凭证

D.付款凭证是用于记录库存现金及银行存款付出业务的记账凭证

9.填制记账凭证时，下列做法正确的有（ ）

A.根据每一张原始凭证填制

B.根据若干张同类原始凭证汇总编制

C.根据原始凭证汇总表填制

D.将不同内容和类别的原始凭证汇总填制在一张记账凭证上

10.记账凭证按填制方式分类，可以分为（ ）

A.通用凭证　　B.复式凭证　　C.专用凭证　　D.单式凭证

三、判断题

1.审核无误的原始凭证是编制记账凭证的依据。（ ）

2.记账凭证是在经济业务发生或完成时取得或填制的。（ ）

3.企业计提本月短期借款利息，需要编制付款凭证。(　)

4.记账凭证是介于原始凭证与财务报告之间的中间环节，将原始凭证中的一般数据转化为会计语言，是编制资产负债表的直接依据。(　)

5.会计凭证是记录经济业务发生或完成情况、明确经济责任，并据此登记账簿的书面证明，是登记账簿的依据。(　)

6.原始凭证记载的各项内容均不得涂改。(　)

7.专用记账凭证一般适用于规模小、业务量不多的单位。(　)

8.从外单位取得的原始凭证，必须盖有填制单位的公章。(　)

9.记账凭证中的“记账”是该凭证已登记账簿的标记，防止经济业务事项重记或漏记。(　)

10.记账凭证填制完经济业务事项后，如有空行，应当自金额栏最后一笔金额数字下的空行处至合计数上的空行处划线注销。(　)

四、综合题

2020 年 12 月 5 日，江阴光华有限公司开出 20000 元转账支票，向北京红星公司支付上月购买材料欠款。公司详细信息如下，付款银行：中国工商银行江阴支行；账号：23468908567；密码：0419474578639355。请完成与该笔经济业务有关的原始凭证与记账凭证的填写工作。

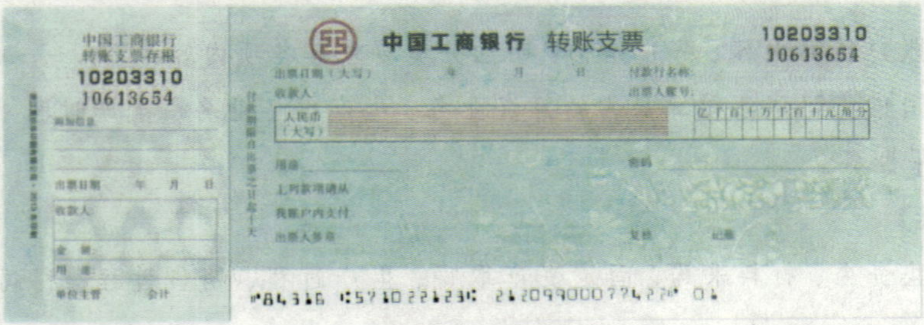

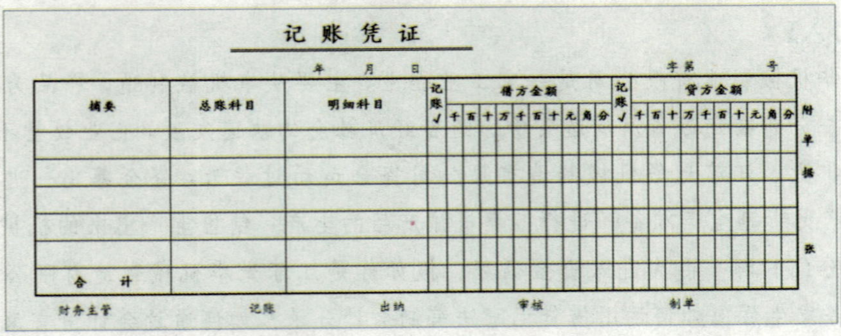

第5章 借贷记账法在工业企业中的应用

5

【知识目标】

·认知典型业务的原始凭证；

·理解筹资业务、生产准备业务、生产过程业务、销售过程业务、财务成果业务的内容。

【能力目标】

·掌握各账户核算内容、账户结构、明细分类要求等各项内容；

·掌握使用借贷记账法核算日常的筹资业务、生产准备业务、生产过程业务、销售过程业务、财务成果业务。

【素质目标】

·掌握筹集资金、材料采购、固定资产取得、生产过程、销售过程、利润分配等业务的核算；

·掌握材料采购成本、产品生产成本、营业利润、利润总额、所得税及净利润的计算。

【案例导入】

江苏光华机械制造有限公司是一家工业企业，主要从事机械制造，产品为各类机械设备。主要客户分布在江苏省及周边省份。随着经济社会的快速发展，企业数量不断增加，生产规模不断扩大。江苏光华机械制造有限公司资金运动过程为：资金筹集—进行原材料购买、固定资产更新等生产准备—进行各类机械产品的生产—销售生产出来的机械产品—进行利润计算并分配利润—再次进入资金循环。假如你是江苏光华机械制造有限公司的会计人员，上述业务发生后应如何运用借贷记账法编制会计分录？如何通过会计语言反映企业资金的来龙去脉？

5.1 企业筹资业务

企业在生产经营活动中，需要一定数量的经营资金，以作为从事生产经营活动的物质基础。企业的筹资业务是指企业从不同的资金来源渠道取得企业经营所需的资金。企业资金的主要来源有两个方面：一是投资者投入的资金；二是从金融机构或其他单位借入的资金。

一、投资者投入的资金的核算

(一) 企业按照章程规定或合同、协议约定，接受投资者投入企业的资本，称为实收资本

对于股份有限公司而言，实收资本又可称为股本。实收资本（或股本）是企业注册登记的法定资本总额的来源，它表明所有者对企业的基本产权关系。投资者投入的资本按照投资主体的不同，可分为国家资本金、法人资本金、外商资本金和个人资本金等。从资本投入的形式来看，又可分为货币资金投资、实物投资和无形资产投资等。

(二) 设置和运用的主要账户

1.“实收资本”或“股本”账户

“实收资本”或“股本”(有限公司通过“实收资本”账户核算，股份有限公司通过“股本”账户核算）账户用于反映投资者投入资本的增减变动情况及其结果，它是所有者权益中的重要组成部分。该账户贷方登记企业接受投资者投入资本金的增加数，借方登记投资者投入资本的减少数，期末余额在贷方，表示企业期末实收资本的实有数额。本账户可以按照投资者设置明细分类账户，进行明细分类的核算。

2.“资本公积”账户

为了反映和核算资本的溢价，即企业投入的资金超过其在注册资本中所占份额的部分，应当设置“资本公积”账户。“资本公积”属于所有者权益类，其贷方登记企业取得的资本公积数额，借方登记资本公积的减少数。期末贷方余额表示企业资本公积的实际结存数。

【例 5－1】接受现金投资的核算

【实训资料】2021 年 12 月 1 日，接受一笔现金投入。

股东出资明细表

日期：2021 年 12 月 01 日

公司名称：江苏光华机械制造有限公司　　　　货币单位：人民币（万元）

股东名称	认缴新增注册资本	货币	实物	无形资产	净资产	合计	其中：实缴新增注册资本
江苏大成冶金机械集团有限公司	1300	1300				1300	1300
合计	1300	1300				1300	1300

中国注册会计师事务所（签章）　　中国注册会计师（签字）

图 5－1

中国工商银行 进账单（回 单） 1

2021 年 12 月 01 日　　№ VX02564501

出票人	全称	江苏大成冶金机械集团有限公司	收款人 全称	江苏光华机械制造有限公司
	账号	30235000291301020 52	账号	579017802553968235
	开户银行	工行江苏省分行南京九湖支行	开户银行	中国工商银行南京市江宁区支行
金额	人民币（大写）	壹仟叁佰万元整	亿千百十万千百十元角分	¥1300000000
票据种类	支票	票据张数 1		
票据号码	27081370			
复核	记账		开户银行签章	

中国工商银行南京市江宁区支行 2021.12.01 转讫

此联是开户银行交给持（出）票人的回单

图 5－2

【实训要求】编制收到注册资本的会计分录。

接收货币投资

借：银行存款　　13000000.00

　　贷：实收资本——江苏大成冶金机械集团有限公司　　13000000.00

【例 5－2】接受设备投资的核算

【实训资料】12 月 1 日，接受一项设备投资。

股东出资明细表

日期：2021 年 12 月 01 日

公司名称：江苏光华机械制造有限公司　　　　货币单位：人民币（万元）

股东名称	认缴新增注册资本	货币	实物	无形资产	净资产	合计	其中：实缴新增注册资本
江苏明德材料有限公司	690		690			690	690
合计	690	690				690	690

中国注册会计师事务所（签章）　　　　中国注册会计师（签章）

图 5—3

科技伴随 高效学习

固定资产验收单

公司名称：江苏明德材料有限公司

资产编号	G0011	资产名称	设备		
规格(编号)	GB2850	资产代码		管理人	王玉
计量单位	LINE	单价(元)		金额(元)	陆佰玖拾万元整
出厂日期	2021 年 07 月 03 日	购置日期	年 月 日		
生产厂家	江苏明德材料有限公司	安装地点	组装车间		
附件情况					

固定资产验收情况说明：
良好

验收确认：

验收日期：2021 年 12 月 01 日

管理部门负责人签字：

公司总经理签字：

注：此表一式三份，使用部门、保管部门、财务部门各一份。

图 5—4

【实训要求】编制收到注册资本的会计分录。

接收固定资产投资

借：固定资产——设备　　6900000.00

　　贷：实收资本——江苏明德材料有限公司　　6900000.00

【例 5—3】接受材料投资的核算

【实训资料】12 月 1 日，接受一批材料投资。

股东出资明细表

日期：2021 年 12 月 01 日

公司名称：江苏光华机械制造有限公司　　货币单位：人民币（万元）

股东名称	认缴新增注册资本	货币	实物	无形资产	净资产	合计	其中：实缴新增注册资本
江苏顺途机械制造有限公司	345		345			345	345
合计	345	345				345	345

中国注册会计师事务所（签章）　　中国注册会计师（签字）

李爱英印　王群萍印

图 5—5

材料入库单

科技伴随 高效学习

发票号码：

供应单位：江苏顺途机械制造有限公司　　收料单编号：0000862

材料类别：原材料　　2021 年 12 月 01 日　　收料仓库：

编号	名称	规格	单位	数量		实际成本				
				应收	实收	买价		运杂费	合计	单位成本
						单价	金额			
1	螺纹钢	2号	吨	150	150	23,000.00	3,450,000.00		3,450,000.00	23,000.0000
合计				150	150		¥3,450,000.00		¥3,450,000.00	¥23,000.000
备注										

采购员：赵欢　　检验员：欧阳秋　　记账员：赵德安　　保管员：严保锁

图 5—6

【实训要求】编制收到注册资本的会计分录。

接收原材料投资

借：原材料——螺纹钢　　3450000.00

　　贷：实收资本——江苏顺途机械制造有限公司　　3450000.00

二、借入资金的核算

（一）借入资金的分类

企业在生产经营的过程中，当企业的自有资金不足以满足企业的经营运转时，需要向银行或其他单位借入资金，以弥补经营资金的不足。借款按其借用期限长短分为长期借款和短期借款。企业向银行或其他金融机构借入的期限一年以下（含一年）的借款称为短期借款。企业向银行或其他金融机构借入的期限一年以上（不含一年）的借款称为长期借款。企业借入的款项应按规定的用途使用，按期支付利息和本金。

（二）设置和运用的主要账户

企业应设置“长期借款”、“短期借款”、“财务费用”和“应付利息”账户，用于反映借入款项的取得和归还以及利息的支付结算情况。

1.“短期借款”和“长期借款”账户

“短期借款”和“长期借款”账户属于负债类科目，贷方登记取得借款数额，借方登记归还借款数额，期末余额在贷方，表示期末尚未归还的借款数额。

2.“财务费用”账户

借款利息费用一般应在“财务费用”账户核算，借方登记企业为筹集生产经营资金等发生的筹资费用（如利息、汇兑损益、手续费等），贷方登记财务费用冲销金额或期末结转入“本年利润”的数额，期末本账户无余额。

3.“应付利息”账户

“应付利息”账户用来核算企业按合同约定应支付的利息金额。贷方登记应付但尚未支付的利息，借方登记实际支付的利息，期末余额在贷方，表示企业按照合同约定应支付但尚未支付的利息金额。

【例 5－4】取得长期借款的核算

【实训资料】12 月 1 日，取得一笔借款。

借款合同

合同编号：61876209

经 中国工商银行南京市江宁区支行 （以下简称贷款方）与 江苏光华机械制造有限公司 （以下简称借款方）充分协商，签订本合同，共同遵守。

第一，由贷款方提供贷款人民币大写 叁佰万元整 （ ¥3,000,000.00 ）给借方，贷款期限自 2021 年 12 月 01 日至 2024 年 12 月 01 日。

第二，贷款方应按期、按额向借款方提供贷款，否则，按违约数额和延期天数，付给借款方违约金。违约金数额的计算，与逾期贷款罚息相同，即为______。

第三，贷款月利率为银行同期年月利率 0.83%，每月 1 日结息，如遇调整，按调整的新利率和计息办法执行。

第四，借款方应按协议使用贷款，不得转移用途。否则，贷款方有权停止发放新贷款，直至收回已发放的贷款。

第五，借款方保证按借款契约所订期限归还贷款本息。如需延期，借款方最迟在贷款到期前 3 天，提出延期申请， 经贷款方同意，办理延期手续。但延期最长不得超过原订期限的一半。贷款方未同意延期或未办理延期手续的逾期贷款，加收罚息。

第六，贷款到期后 1 个月，如借款方不归还贷款，贷款方有权依照法律程序处理借款方作为贷款抵押的物资和财产，抵还借款本息。

第七，本协议书一式 2 份，借贷款双方各执正本 1 份。自双方签字起即生效。

……

第十一，合同争议的解决方式

本合同在履行过程中发生的争议，由借贷双方协商解决；协商不成的依法向人民法院提起诉讼。

贷款方：（中国工商银行南京市江宁区支行 合同专用章）
法定代表人：（吴明富印）
签订日期：____年____月____日

借款方：（江苏光华机械制造有限公司 合同专用章）
法定代表人：（王伟印）
签订日期：____年____月____日

图 5—7

中国建设银行 借款凭证

2021 年 12 月 01 日　　1266739

借款人	江苏光华机械制造有限公司	贷款账号	98350087	存款账号	579017802553968235
贷款金额	人民币（大写）叁佰万元整				¥300000000（千百十万千百十元角分）
用途	发展规划项目	期限	约定还款日期	2024 年 12 月 01 日	
			贷款利率	10%	借款合同号码

千	百	十	万	千	百	十	元	角	分
¥	3	0	0	0	0	0	0	0	0

上列贷款已转入借款人指定的账户。

（中国工商银行江宁区支行 2021.12.01 业务专用章）

复核　　记账

第一联 回单

图 5—8

【实训要求】编制取得借款的会计分录。

借入长期借款

借：银行存款　　　　　　　　　　　3000000.00

　　贷：长期借款——建行　　　　　　　　　3000000.00

【例 5—5】取得短期借款的核算

【实训资料】12 月 1 日，取得一笔借款。

借款合同

合同编号：62088260

经　中国工商银行南京市江宁区支行　（以下简称贷款方）与　江苏光华机械制造有限公司　（以下简称借款方）充分协商，签订本合同，共同遵守。

第一，由贷款方提供贷款人民币大写　贰拾伍万元整　（　¥250,000.00　）给借方，贷款期限自 2021 年 12 月 01 日至 2022 年 10 月 01 日。

第二，贷款方应按期、按额向借款方提供贷款，否则，按违约数额和延期天数，付给借款方违约金。违约金数额的计算，与逾期贷款罚息相同，即为　20%　。

第三，贷款月利率为银行同期年月利率　1%　，每月　1　日结息，如遇调整，按调整的新利率和计息办法执行。

第四，借款方应按协议使用贷款，不得转移用途。否则，贷款方有权停止发放新贷款，直至收回已发放的贷款。

第五，借款方保证按借款契约所订期限归还贷款本息。如需延期，借款方最迟在贷款到期前　3　天，提出延期申请，经贷款方同意，办理延期手续。但延期最长不得超过原订期限的一半。贷款方未同意延期或未办理延期手续的逾期贷款，加收罚息。

第六，贷款到期后　1　个月，如借款方不归还贷款，贷款方有权依照法律程序处理借款方作为贷款抵押的物资和财产，抵还借款本息。

第七，本协议书一式　2　份，借贷款双方各执正本　1　份。自双方签字起即生效。

……

第十一，合同争议的解决方式

本合同在履行过程中发生的争议，由借贷双方协商解决；协商不成的依法向人民法院提起诉讼。

中国工商银行南京市江宁区支行 合同专用章　吴明富印　　　　江苏光华机械制造有限公司 合同专用章　王伟印

贷款方：＿＿＿＿＿＿　　　　借款方：＿＿＿＿＿＿

法定代表人：＿＿＿＿＿＿　　　　法定代表人：＿＿＿＿＿＿

签订日期：＿＿年＿＿月＿＿日　　　　签订日期：＿＿年＿＿月＿＿日

图 5—9

中国建设银行 借款凭证

2794589

2021 年 12 月 01 日

借款人	江苏光华机械制造有限公司	贷款账号	98350087	存款账号	579017802553968235
贷款金额	人民币（大写）贰拾伍万元整			千百十万千百十元角分	¥ 2 5 0 0 0 0 0 0
用途	周转资金	期限	约定还款日期	2022 年 10 月 01 日	
			贷款利率	12%	借款合同号码

上列贷款已转入借款人指定的账户。

中国工商银行南京市江宁区支行 2021.12.01 业务专用章

复核 回广捷 记账

第一联 回单

图 5—10

【实训要求】编制取得借款的会计分录。

借入短期借款

借：银行存款　　250000.00

　　贷：短期借款——建行　　250000.00

【例 5—6】长、短期借款利息的计提

【实训资料】12 月 31 日，计提本月应负担的借款利息。

银行借款利息计算表

2021 年 12 月 31 日

借款名称	借款金额	计息月份	借款利率	借款利息
短期借款	250,000.00	2021年12月	年利率12%	2,500.00
长期借款	3,000,000.00	2021年12月	年利率10%	25,000.00
合计				27,500.00

会计主管：梁强　　制单：周建　　复核：梁强

图 5—11

【实训要求】编制计提借款利息的会计分录。

计提本月借款利息

借：财务费用——利息支出　　27500.00

　　贷：应付利息——短期借款利息　　2500.00

　　　　应付利息——长期借款利息　　25000.00

5.2 生产准备业务

生产准备过程经济业务是指企业在生产准备过程中发生的相关经济业务，如企业的物资采购及验收入库、机器设备等固定资产的取得及构建过程。生产准备过程经济业务的核算主要包括材料采购业务的核算、材料采购成本的计算以及固定资产等相关生产资料入账价值的确定。

一、设置和运用的账户

(一)“在途物资”账户

“在途物资”账户，属于资产类账户，用于核算企业购入的在途且尚未验收入库的材料物资的实际采购成本。借方登记材料物资采购过程中发生的买价、运杂费等实际采购成本，贷方登记已经验收入库的材料物资的实际成本，期末借方余额表示已经采购但尚未验收入库的在途物资实际成本。

(二)“原材料”账户

“原材料”账户，属于资产类账户，用于核算企业库存原材料的入库、出库以及结存情况。借方登记已验收入库的原材料的实际成本，贷方登记发出、盘亏、毁损等原因减少原材料的实际成本，期末借方余额表示库存原材料的实际成本。

(三)“固定资产”账户

企业为核算固定资产及其成本，应设置“固定资产”账户，该账户属于资产类账户，用于核算企业持有的固定资产的原价。借方登记增加的固定资产的原价，贷方登记减少的固定资产的原价，期末借方余额，表示企业所持有的固定资产的账面原价。

(四)“应付账款”账户

“应付账款”账户是用来核算企业因购买材料、商品或接受劳务供应等经营活动与供应单位发生的结算债务的增减变动及其结余情况的账户。该账户属于负债类，其贷方登记应付供应单位款项的增加，借方登记应付供应单位款项的减少。期末余额一般在贷方，表示尚未偿还的结余额。该账户应按照供应单位设置明细账户，进行明细分类核算。

（五）“预付账款”账户

“预付账款”账户是用来核算企业按照合同规定向供应单位预付购货款而与供应单位发生结算债权的增减变动及其结余情况的账户。该账户属于资产类，其借方登记结算债权的增加即预付款的增加，贷方登记收到供应单位提供的材料物资而应冲销的预付债权。期末余额一般在借方，表示尚未结算的预付款的期末结余额。该账户应按照供应单位的名称设置明细账户，进行明细分类核算。

（六）“应付票据”账户

“应付票据”账户是用来核算企业采用商业汇票结算方式购买材料物资等而开出、承兑商业汇票的增减变动及其结余情况的账户。该账户属于负债类，其贷方登记企业开出、承兑商业汇票的增加，借方登记到期商业汇票的减少。期末余额在贷方，表示尚未到期的商业汇票的期末结余额。该账户按照供应单位设置明细账户，进行明细分类核算。

（七）“应交税费——应交增值税（进项税额）”账户

“应交税费——应交增值税（进项税额）”账户，属于负债类账户。用来核算一般纳税人企业按税法规定，在购入原材料、固定资产等财产物资时向销售方支付的增值税进项税额。该账户借方登记企业购入财产物资时向销售方支付的增值税进项税额，该部分金额未来可从当期销售商品所产生的“应交税费——应交增值税（销项税额）”中进行抵扣。增值税应纳税额的基本计算公式为：当期应纳税额＝当期增值税销项税额－可供抵扣的增值税进项税额。

二、材料采购及其成本的确定

材料是指直接用于制造产品并构成产品的实体，或有助于产品形成但不构成产品实体的物品。外购材料物资的采购成本应以实际成本入账，具体包括以下内容：买价，指购入材料物资时供货单位开出的发票价格（不包含增值税）；运杂费，包括运输费、装卸费、保险费、包装费、仓储费等；运输途中的合理损耗；材料物资入库前的挑选整理费用，包括挑选整理中发生的人员工资、费用支出和必要的损耗等；购入的材料物资负担的税金，主要包括价内税、小规模纳税企业购料时支付的增值税等。

材料采购过程中发生的采购费用，有的是专门为采购某种材料而发生的，有的是为了采购几种材料发生的。凡是专为采购一种材料发生的费用，应直接计入该种材料的采购成本。对于不能直接归属于某一种材料的采购费用，必须按照一定的标准在几种材料之间进行分配。分配的标准有多种，实际应用时应根据具体情况加以选择。例如，运输、装卸等费用一般按重量或体积的比例分配，其他各种费用一般可按材料买价的比例进行分配。计算公式如下：

采购费用分配率＝采购费用总额/分配标准总额

三、固定资产及其成本的确定

固定资产是指企业为生产产品、提供劳务或经营管理而持有的，使用寿命超过一年的有形资产。比如使用期限超过一年的房屋建筑物、机器设备、运输工具以及其他与生产经营相关的设备、工具等。外购固定资产的成本包含实际支付的购买价款，即购入时销售单位开出的发票价格（不包含增值税）。相关税费，以及在固定资产到达预定可使用状态前发生的可归属于该项资产的运输费、装卸费、安装费等合理支出。

【例 5—7】采购无须安装设备的核算

【实训资料】12 月 3 日，购入组装生产线 1 条（无须安装）。

采购　　　合同

合同编号

购货单位（甲方）：　江苏光华机械制造有限公司

供货单位（乙方）：　江苏大威冶金机械集团有限公司

根据《中华人民共和国合同法》及国家相关法律、法规之规定，甲乙双方本着平等互利的原则，就甲方购买乙方货物一事达成以下协议。

一、货物的名称、数量及价格

货物名称	规格型号	单位	数量	单价	金额	税率	价税合计
总装生产线	HOZZSCX-12F	台	1	100000	100000	13%	113000
合计（大写）							113000.00

二、交货方式和费用承担：交货方式：　物流到货　　　　，交货时间：2021年12月03日前，交货地点：江苏光华机械制造有限公司　　　　，运费由 购货单位 承担。

三、付款时间与付款方式：

四、质量异议期：订货方对供货方的货物质量有异议时，应在收到货物后 3 天内提出，逾期视为货物质量合格。

五、未尽事宜经双方协商可作补充协议，与本合同具有同等效力。

六、本合同自双方签字、盖章之日起生效；本合同壹式贰份，甲乙双方各执壹份。

甲方（签章）：江苏光华机械制造有限公司（合同专用章）
授 权 代 表：王伟
地　　址：南京市江宁区育红路785号
电　　话：025-6876457
2021年　年11　月03　日

乙方（签章）：江苏大威冶金机械集团有限公司（合同专用章）
授 权 代 表：周武
地　　址：江苏省南京市九湖路688号
电　　话：025-68766873
2021　年11　月03

图 5—12

5300184130　江苏增值税专用发票　No09016102

5300184130
09016102

抵扣联

开票日期：2021年12月03日

购买方	名　称：江苏光华机械制造有限公司 纳税人识别号：91320281M561239677 地址、电话：南京市江宁区育红路785号 025-6876457 开户行及账号：工行江宁区支行 579017802553968235					密码区	略
货物或应税劳务、服务名称	规格型号	单位	数量	单价	金额	税率	税额
*冶金专用设备*组装生产线	HQZZSCX-12F	套	1	100000.00	100000.00	13%	13000.00
合　计					¥ 100000.00		¥ 13000.00
价税合计（大写）	⊗壹拾壹万叁仟元整				（小写） ¥ 113000.00		
销售方	名　称：江苏大成冶金机械集团有限公司 纳税人识别号：109873388810103519 地址、电话：江苏省南京市九湖路688号 025-68766873 开户行及账号：工行江苏省分行南京九湖支行 302350002913010205					备注	

收款人：马美兰　　复核：李清宇　　开票人：赵晓岚　　销售方：（章）

国税函（2014）257号浙江印钞厂

第二联：抵扣联　购买方扣税凭证

图 5—13

5300184130　江苏增值税专用发票　No09016102

5300184130
09016102

发票联

开票日期：2021年12月03日

购买方	名　称：江苏光华机械制造有限公司 纳税人识别号：91320281M561239677 地址、电话：南京市江宁区育红路785号 025-6876457 开户行及账号：工行江宁区支行 579017802553968235					密码区	略
货物或应税劳务、服务名称	规格型号	单位	数量	单价	金额	税率	税额
*冶金专用设备*组装生产线	HQZZSCX-12F	套	1	100000.00	100000.00	13%	13000.00
合　计					¥ 100000.00		¥ 13000.00
价税合计（大写）	⊗壹拾壹万叁仟元整				（小写） ¥ 113000.00		
销售方	名　称：江苏大成冶金机械集团有限公司 纳税人识别号：109873388810103519 地址、电话：江苏省南京市九湖路688号 025-68766873 开户行及账号：工行江苏省分行南京九湖支行 302350002913010205					备注	

收款人：马美兰　　复核：李清宇　　开票人：赵晓岚　　销售方：（章）

国税函（2014）257号浙江印钞厂

第三联：发票联　购买方记账凭证

图 5—14

5300184760　江苏增值税专用发票　NO00016324　5300184760 00016324

抵扣联

开票日期：2021年12月03日

购买方	名　称：江苏光华机械制造有限公司 纳税人识别号：91320281M561239677 地址、电话：南京市江宁区育红路785号 025-6876457 开户行及账号：工行江宁区支行 579017802553968235			密码区	略		
货物或应税劳务、服务名称	规格型号	单位	数量	单价	金额	税率	税额
*运输服务*运费		次	1	4000.00	4000.00	9%	360.00
合　计					¥ 4000.00		¥ 360.00
价税合计（大写）	⊗肆仟叁佰陆拾元整				（小写） ¥ 4360.00		
销售方	名　称：无锡高通运输有限公司 纳税人识别号：361020600720103519 地址、电话：江苏省无锡市西城路301号 0510-68764282 开户行及账号：工行江苏省分行无锡西城路支行 2789600152490102			备注	组装生产线		

收款人：李阳　复核：张明　开票人：王顺　销售方：（章）

国税函（2014）257号浙江印钞厂

第二联：抵扣联　购买方抵扣凭证

图 5—15

5300184760　江苏增值税专用发票　NO00016324　5300184760 00016324

发票联

开票日期：2021年12月03日

购买方	名　称：江苏光华机械制造有限公司 纳税人识别号：91320281M561239677 地址、电话：南京市江宁区育红路785号 025-6876457 开户行及账号：工行江宁区支行 579017802553968235			密码区	略		
货物或应税劳务、服务名称	规格型号	单位	数量	单价	金额	税率	税额
*运输服务*运费		次	1	4000.00	4000.00	9%	360.00
合　计					¥ 4000.00		¥ 360.00
价税合计（大写）	⊗肆仟叁佰陆拾元整				（小写） ¥ 4360.00		
销售方	名　称：无锡高通运输有限公司 纳税人识别号：361020600720103519 地址、电话：江苏省无锡市西城路301号 0510-68764282 开户行及账号：工行江苏省分行无锡西城路支行 2789600152490102			备注	组装生产线		

收款人：李阳　复核：张明　开票人：王顺　销售方：（章）

国税函（2014）257号浙江印钞厂

第三联：发票联　购买方记账凭证

图 5—16

图 5—17

固定资产验收单

资产编号	GDZC0039	资产名称	组装生产线		
规格（编号）	GB0012	资产代码		购置日期	2021.12.03
计量单位	套	单价（元）		金额（元）	拾万零肆仟元整
出厂日期	2021 年 7 月 3 日	管理人	王丽		
生产厂家	江苏大成冶金机械集团有限公司		安装使用地点	组装车间	
附件情况					
固定资产全收情况说明：良好					
参加验收人员签字：赵周清 钱焕丽 孙庆云 李四喜 验收日期：2021 年 12 月 3 日					
管理部门经理签字：傅健					
公司总经理签字：周武					

注：此表一式三份，使用部门、管理部门、财务部门各一份。

图 5—18

【实训要求】编制购入设备的会计分录。

购买设备

借：固定资产——组装线　　　　204000.00

　　应交税费——应交增值税（进项税额）　　13360.00

　　贷：银行存款　　　　217360.00

【例 5—8】采购材料的核算

【实训资料】12 月 4 日，购入一批倒视镜，采用实际成本法核算。

采购　　合同

合同编号

购货单位（甲方）：　江苏光华机械制造有限公司

供货单位（乙方）：　江西顺成有色金属有限公司

根据《中华人民共和国合同法》及国家相关法律、法规之规定，甲乙双方本着平等互利的原则，就甲方购买乙方货物一事达成以下协议。

一、货物的名称、数量及价格

货物名称	规格型号	单位	数量	单价	金额	税率	价税合计
倒视镜		套	10000	15	150000	13%	169500
合计（大写）							169500.00

二、交货方式和费用承担：交货方式：　物流到货　　　　，交货时间：2021年12月04日前，交货地点：江苏光华机械制造有限公司　　　　，运费由 购货单位 承担。

三、付款时间与付款方式：

四、质量异议期：订货方对供货方的货物质量有异议时，应在收到货物后 3 天内提出，逾期视为货物质量合格。

五、未尽事宜经双方协商可作处充协议，与本合同具有同等效力。

六、本合同自双方签字、盖章之日起生效；本合同壹式贰份，甲乙双方各执壹份。

甲方（签章）：江苏光华机械制造有限公司
授权代表：王伟
地　　址：南京市江宁区育红路785号
电　　话：025-6876457
2021年　年11　月04　日

乙方（签章）：江西顺成有色金属有限公司
授权代表：周武
地　　址：江西省南昌市红谷滩区会展
电　　话：0791-83855665
2021　年11　月04　日

图 5－19

5300184130　江西增值税专用发票　NO09016108

5300184130
09016108

抵扣联

开票日期:2021年12月04日

购买方	名称：江苏光华机械制造有限公司 纳税人识别号：91320281M561239677 地址、电话：南京市江宁区育红路785号 025-6876457 开户行及账号：工行江宁区支行 579017802553968235				密码区	略	
货物或应税劳务、服务名称	规格型号	单位	数量	单价	金额	税率	税额
*交通运输设备*倒视镜		套	10000	15.00	150000.00	13%	19500.00
合　计					¥ 150000.00		¥ 19500.00
价税合计(大写)	⊗壹拾陆万玖仟伍佰元整				(小写) ¥ 169500.00		
销售方	名称：江西顺成有色金属有限公司 纳税人识别号：91360000158262799N 地址、电话：江西省南昌市红谷滩区会展路29号 0791-83855665 开户行及账号：工行南昌西湖支行 360010501000500004871				备注		

收款人：于友兰　复核：田文英　开票人：文向忠　销售方：

国税函(2014) 257号浙江印钞厂

第二联：抵扣联　购买方抵扣凭证

图 5—20

5300184130　江西增值税专用发票　NO09016108

5300184130
09016108

发票联

开票日期:2021年12月04日

购买方	名称：江苏光华机械制造有限公司 纳税人识别号：91320281M561239677 地址、电话：南京市江宁区育红路785号 025-6876457 开户行及账号：工行江宁区支行 579017802553968235				密码区	略	
货物或应税劳务、服务名称	规格型号	单位	数量	单价	金额	税率	税额
*交通运输设备*倒视镜		套	10000	15.00	150000.00	13%	19500.00
合　计					¥ 150000.00		¥ 19500.00
价税合计(大写)	⊗壹拾陆万玖仟伍佰元整				(小写) ¥ 169500.00		
销售方	名称：江西顺成有色金属有限公司 纳税人识别号：91360000158262799N 地址、电话：江西省南昌市红谷滩区会展路29号 0791-83855665 开户行及账号：工行南昌西湖支行 360010501000500004871				备注		

收款人：于友兰　复核：田文英　开票人：文向忠　销售方：

国税函(2014) 257号浙江印钞厂

第三联：发票联　购买方记账凭证

图 5—21

5300181760 江苏增值税专用发票 NO00014353

抵扣联

5300181760
00014353

开票日期：2021年12月04日

购买方	名称：江苏光华机械制造有限公司 纳税人识别号：91320281M561239677 地址、电话：南京市江宁区宵红路785号 025-6876457 开户行及账号：工行江宁区支行 579017802553968235				密码区	略	
货物或应税劳务、服务名称	规格型号	单位	数量	单价	金额	税率	税额
*运输服务*运费		次	1	2000.00	2000.00	9%	180.00
合计					¥ 2000.00		¥ 180.00
价税合计（大写）	⊗贰仟壹佰捌拾元整				（小写） ¥ 2180.00		
销售方	名称：无锡高通运输有限公司 纳税人识别号：361020600720103519 地址、电话：江苏省无锡市西城路301号 0510-68764282 开户行及账号：工行江苏省分行无锡西城路支行 2789600152490102				备注	倒视镜	

收款人：王通 复核：赵明 开票人：李达 销售方：（章）

国税函（2014）257号浙江印钞厂

第二联：抵扣联 购买方抵扣凭证

图 5—22

5300181760 江苏增值税专用发票 NO00014353

发票联

5300181760
00014353

开票日期：2021年12月04日

购买方	名称：江苏光华机械制造有限公司 纳税人识别号：91320281M561239677 地址、电话：南京市江宁区宵红路785号 025-6876457 开户行及账号：工行江宁区支行 579017802553968235				密码区	略	
货物或应税劳务、服务名称	规格型号	单位	数量	单价	金额	税率	税额
*运输服务*运费		次	1	2000.00	2000.00	9%	180.00
合计					¥ 2000.00		¥ 180.00
价税合计（大写）	⊗贰仟壹佰捌拾元整				（小写） ¥ 2180.00		
销售方	名称：无锡高通运输有限公司 纳税人识别号：361020600720103519 地址、电话：江苏省无锡市西城路301号 0510-68764282 开户行及账号：工行江苏省分行无锡西城路支行 2789600152490102				备注	倒视镜	

收款人：王通 复核：赵明 开票人：李达 销售方：（章）

国税函（2014）257号浙江印钞厂

第三联：发票联 购买方记账凭证

图 5—23

原材料入库单

供料单位：江西顺成有色金属有限公司

地　　址：宜春市孙渡街道15号

No 0000864

请购单位编号：

2021 年 12 月 4 日

种类/品名	规格	单位	数量	买价(元)	采购费用	采购成本	入库仓位
倒视镜		套	10000	150000.0	2000.00	152000.0	
合计			10000			152000.0	

第二联：会计联

仓库主管：严保镇　验收：欧阳秋　复核：回广捷　记账：金庆喜　制单：吴育蕾

图 5－24

【实训要求】编制采购材料的会计分录。

采购倒视镜已入库

借：原材料——倒视镜　　152000.00

　　应交税费——应交增值税（进项税额）　　19680.00

　　贷：应付账款——江西顺成有色金属有限公司　　171680.00

【例 5－9】预付货款的核算（1）

【实训资料】12 月 4 日，采购一批座椅，预付部分材料款。

采购　合同

合同编号

购货单位（甲方）：　江苏光华机械制造有限公司

供货单位（乙方）：　江西顺成有色金属有限公司

根据《中华人民共和国合同法》及国家相关法律、法规之规定，甲乙双方本着平等互利的原则，就甲方购买乙方货物一事达成以下协议。

一、货物的名称、数量及价格

货物名称	规格型号	单位	数量	单价	金额	税率	价税合计
座椅	HQCTDP-12F	套	5	1500	7500	13%	8475
合计（大写）							8475.00

二、交货方式和费用承担：交货方式：　物流到货　　　　　　　　　　，交货时间：2021年12月04日前，交货地点：江苏光华机械制造有限公司　　　　　　　　　，运费由 购货单位 承担。

三、付款时间与付款方式：

四、质量异议期：订货方对供货方的货物质量有异议时，应在收到货物后 3 天内提出，逾期视为货物质量合格。

五、未尽事宜经双方协商可作处充协议，与本合同具有同等效力。

六、本合同自双方签（章）之日起生效；本合同壹式贰份，甲乙双方各执壹份。

甲方（签章）：江苏光华机械制造有限公司
授权代表：王伟
地　　址：南京市江宁区育红路785号
电　　话：025-6876457
2021年　年11　月04　日

乙方（签章）：江西顺成有色金属有限公司
授权代表：周武
地　　址：江西省南昌市红谷滩区会展
电　　话：0791-83855665
2021　年11　月04

图 5－25

中国工商银行 INDUSTRIAL AND COMMERCIAL BANK OF CHINA　　　**业务委托书**

委托日期2021 年 12 月04 日　　　**02985462**

银行打印	略...				
业务类型	☑电汇 □信汇 □汇票申请书 □本票申请书 □其他			汇款方式	☑普通 □加急
委托人 全称	江苏光华机械制造有限公司		收款人 全称	江西顺成有色金属有限公司	
账号或地址	579017802553968235		账号或地址	36001050100050004871	
开户行名称	工行江宁区支行		开户行名称	工行南昌西湖支行	
开户银行	江苏 省南京 市		开户银行	江西 省南昌 市	
金额(大写)人民币	壹仟伍佰元整			亿千百十万千百十元角分	¥150000
支付密码	******		上列款项及相关费用请从我账户内支付:		
加急汇款签字					
用途			中国工商银行江宁区支行 2021.12.04 受理凭证专用章 收妥抵用(26)		
附加信息及用途:			委托人签章		

事后监督:　　会计主管:　　复核:　　记账:

第一联 记账联

图 5—26

【实训要求】编制预付货款的会计分录。

预付材料款

借：预付账款——江西顺成有色金属有限公司　　1500.00

　　贷：银行存款　　1500.00

【例 5—10】预付货款的核算（2）

【实训资料】（承上题）12 月 6 日，该批座椅运达。12 月 3 日已预付部分材料款，剩余款项暂未支付，采用实际成本法进行核算。

5300184130　　**江西增值税专用发票**　　N009016119　　5300184130 09016119

抵扣联

开票日期:2021年12月06日

购买方	名称: 江苏光华机械制造有限公司 纳税人识别号: 91320281M561239677 地址、电话: 南京市江宁区育红路785号 025-6876457 开户行及账号: 工行江宁区支行 579017802553968235			密码区	略		
货物或应税劳务、服务名称	规格型号	单位	数量	单价	金额	税率	税额
*交通运输设备*座椅	JDZY-12F	件	5	1500.00	7500.00	13%	975
合计					¥ 7500		¥ 975
价税合计(大写)	⊗捌仟肆佰柒拾伍元整				(小写) ¥ 8475.00		
销售方	名称: 江西顺成有色金属有限公司 纳税人识别号: 91360000158262799N 地址、电话: 江西省南昌市红谷滩区会展路29号 0791-83855665 开户行及账号: 工行南昌西湖支行 36001050100050004871			备注			

收款人: 于友兰　　复核: 田文英　　开票人: 文向忠　　销售方: (章)

第二联：抵扣联 购买方扣税凭证

图 5—27

5300184130　　江西增值税专用发票　　NO09016119　　5300184130 09016119

发票联

开票日期：2021年12月06日

购买方		密码区
名　　称：	江苏光华机械制造有限公司	
纳税人识别号：	91320281M561239677	
地址、电话：	南京市江宁区育红路785号 025-6876457	
开户行及账号：	工行江宁区支行 579017802553968235	

货物或应税劳务、服务名称	规格型号	单位	数量	单价	金额	税率	税额
*交通运输设备*座椅	JDZY-12F	件	5	1500.00	7500.00	13%	975.00
合　计					¥ 7500.00		¥ 975.00
价税合计（大写）	⊗捌仟肆佰柒拾伍元整				（小写） ¥ 8475.00		

销售方		备注
名　　称：	江西顺成有色金属有限公司	
纳税人识别号：	91360000*58262799N	
地址、电话：	江西省南昌市红谷滩区会展路29号 0791-83855665	
开户行及账号：	工行南昌西湖支行 360010501000500004871	

收款人：于友兰　　复核：田文英　　开票人：文向忠　　销售方：（章）

国税函（2014）257 号浙江印钞厂

第三联：发票联　购买方记账凭证

图 5—28

5300181760　　江苏增值税专用发票　　NO00014355　　5300181760 00014355

抵扣联

开票日期：2021年12月06日

购买方		密码区
名　　称：	江苏光华机械制造有限公司	
纳税人识别号：	91320281M561239677	
地址、电话：	南京市江宁区育红路785号 025-6876457	
开户行及账号：	工行江宁区支行 579017802553968235	

货物或应税劳务、服务名称	规格型号	单位	数量	单价	金额	税率	税额
*运输服务*运费		次	1	2500.00	2500.00	9%	225.00
合　计					¥ 2500.00		¥ 225.00
价税合计（大写）	⊗贰仟柒佰贰拾伍元整				（小写） ¥ 2725.00		

销售方		备注
名　　称：	无锡高通运输有限公司	座椅
纳税人识别号：	361020600720103519	
地址、电话：	江苏省无锡市西城路301号 0510-68764282	
开户行及账号：	工行江苏省分行无锡西城路支行 2789600152490102	

收款人：王通　　复核：赵明　　开票人：李达　　销售方：（章）

国税函（2014）257 号浙江印钞厂

第二联：抵扣联　购买方扣税凭证

图 5—29

5300181760　江苏增值税专用发票　N000014355

5300181760
00014355

开票日期：2021年12月06日

购买方	
名　　称：	江苏光华机械制造有限公司
纳税人识别号：	91320281M561239677
地址、电话：	南京市江宁区育红路785号 025-6876457
开户行及账号：	工行江宁区支行 579017802553968235

密码区

货物或应税劳务、服务名称	规格型号	单位	数量	单价	金额	税率	税额
*运输服务*运费		次	1	2500.00	2500.00	9%	225.00
合　　计					¥ 2500.00		¥ 225.00
价税合计（大写）	⊗贰仟柒佰贰拾伍元整				（小写）¥ 2725.00		

销售方	
名　　称：	无锡高通运输有限公司
纳税人识别号：	361020600720103519
地址、电话：	江苏省无锡市西城路301号 0510-68764282
开户行及账号：	工行江苏省分行无锡西城路支行 2789600152490102

备注：座椅

收款人：王通　复核：赵明　开票人：李达　销售方：（章）

第三联：发票联　购买方记账凭证

国税函（2014）257号浙江印钞厂

图 5—30

原材料入库单

供料单位：江西顺成有色金属有限公司　　No 0000865
地　　址：宜春市孙渡街道15号
请购单位编号：　　2021 年 12 月 6 日

种类/品名	规格	单位	数量	买价(元)	采购费用	采购成本	入库仓位
座椅	JDZY-12F	件	5	7500.00	2500.00	10000.00	
合计			5			10000.00	

仓库主管：严保锁　验收：欧阳秋　复核：回广捷　记账：金庆喜　制单：吴育蕾

第二联：会计联

图 5—31

【实训要求】编制材料入库的记账凭证

采购材料直接入库

借：原材料——座椅　　10000.00

　　应交税费——应交增值税（进项税额）　　1200.00

　　贷：预付账款——江西顺成有色金属有限公司　　11200.00

【例 5—11】在途物资的核算

【实训资料】12 月 4 日，购入挡风玻璃。12 月 6 日验收入库，采用实际成本法核算。

采购　　合同

合同编号

购货单位（甲方）：　江苏光华机械制造有限公司

供货单位（乙方）：　江西顺成有色金属有限公司

根据《中华人民共和国合同法》及国家相关法律、法规之规定，甲乙双方本着平等互利的原则，就甲方购买乙方货物一事达成以下协议。

一、货物的名称、数量及价格

货物名称	规格型号	单位	数量	单价	金额	税率	价税合计
挡风玻璃		套	100	300	30000	13%	33900
合计（大写）							33900.00

二、交货方式和费用承担：交货方式：　物流到货　　　　　　　　，交货时间：2021年12月04日前，交货地点：江苏光华机械制造有限公司　　　　　　　　　　，运费由 购货单位 承担。

三、付款时间与付款方式：　　　　　　　　　　　　　　　　　　。

四、质量异议期：订货方对供货方的货物质量有异议时，应在收到货物后 3 天内提出，逾期视为货物质量合格。

五、未尽事宜经双方协商可作补充协议，与本合同具有同等效力。

六、本合同自双方签字、盖章之日起生效；本合同壹式贰份，甲乙双方各执壹份。

甲方（签章）：江苏光华机械制造有限公司
授权代表：王伟
地　　址：南京市江宁区育红路785号
电　　话：025-6876457
2021年　年11　月04　日

乙方（签章）：江西顺成有色金属有限公司
授权代表：周武
地　　址：江西省南昌市红谷滩区会展
电　　话：0791-83855665
2021　年11　月04　日

图 5—32

5300184130 江西增值税专用发票 N009016109

5300184130
09016109

全国统一发票监制章 江西 国家税务总局监制

抵扣联

开票日期:2021年12月04日

国税函(2014)257号浙江印钞厂

购买方	名称:江苏光华机械制造有限公司 纳税人识别号:91320281M561239677 地址、电话:南京市江宁区育红路785号 025-6876457 开户行及账号:工行江宁区支行 579017802553968235				密码区	略		
货物或应税劳务、服务名称	规格型号	单位	数量	单价	金额	税率	税额	
*交通运输设备*挡风玻璃		套	100	300.00	30000.00	13%	3900.00	
合计					¥ 30000.00		¥ 3900.00	
价税合计(大写)	⊗叁万叁仟玖佰元整				(小写) ¥ 33900.00			
销售方	名称:江西顺成有色金属有限公司 纳税人识别号:91360000158262799N 地址、电话:江西省南昌市红谷滩区会展路29号 0791-83855665 开户行及账号:工行南昌西湖支行 36001050100050004871				备注	江西顺成有色金属有限公司 91360000158262799N 发票专用章		

第二联:抵扣联 购买方抵扣凭证

收款人:于友兰　复核:田文英　开票人:文向忠　销售方:(章)

图 5—33

5300184130 江西增值税专用发票 N009016109

5300184130
09016109

全国统一发票监制章 江西 国家税务总局监制

发票联

开票日期:2021年12月04日

国税函(2014)257号浙江印钞厂

购买方	名称:江苏光华机械制造有限公司 纳税人识别号:91320281M561239677 地址、电话:南京市江宁区育红路785号 025-6876457 开户行及账号:工行江宁区支行 579017802553968235				密码区	略		
货物或应税劳务、服务名称	规格型号	单位	数量	单价	金额	税率	税额	
*交通运输设备*挡风玻璃		套	100	300.00	30000.00	13%	3900.00	
合计					¥ 30000.00		¥ 3900.00	
价税合计(大写)	⊗叁万叁仟玖佰元整				(小写) ¥ 33900.00			
销售方	名称:江西顺成有色金属有限公司 纳税人识别号:91360000158262799N 地址、电话:江西省南昌市红谷滩区会展路29号 0791-83855665 开户行及账号:工行南昌西湖支行 36001050100050004871				备注	江西顺成有色金属有限公司 91360000158262799N 发票专用章		

第三联:发票联 购买方记账凭证

收款人:于友兰　复核:田文英　开票人:文向忠　销售方:(章)

图 5—34

5300181760　　江苏增值税专用发票　　NO00014358　　5300181760 00014358

抵扣联

开票日期：2021年12月04日

国税函〔2014〕257号浙江印钞厂

购买方			密码区
	名　　称：	江苏光华机械制造有限公司	略
	纳税人识别号：	91320281M561239677	
	地址、电话：	南京市江宁区宵红路785号 025-6876457	
	开户行及账号：	工行江宁区支行 579017802553968235	

货物或应税劳务、服务名称	规格型号	单位	数量	单价	金额	税率	税额
*运输服务*运费		次	1	1000.00	1000.00	9%	90.00
合　　计					¥ 1000.00		¥ 90.00
价税合计（大写）	⊗壹仟零玖拾元整				（小写） ¥ 1090.00		

销售方			备注
	名　　称：	无锡高通运输有限公司	挡风玻璃
	纳税人识别号：	361020600720103519	
	地址、电话：	江苏省无锡市西城路301号 0510-68764282	
	开户行及账号：	工行江苏省分行无锡西城路支行 2789600152490102(	

收款人：王通　　复核：赵明　　开票人：李达　　销售方：（章）

第二联：抵扣联　购买方抵扣凭证

图 5—35

5300181760　　江苏增值税专用发票　　NO00014358　　5300181760 00014358

发票联

开票日期：2021年12月04日

国税函〔2014〕257号浙江印钞厂

购买方			密码区
	名　　称：	江苏光华机械制造有限公司	略
	纳税人识别号：	91320281M561239677	
	地址、电话：	南京市江宁区宵红路785号 025-6876457	
	开户行及账号：	工行江宁区支行 579017802553968235	

货物或应税劳务、服务名称	规格型号	单位	数量	单价	金额	税率	税额
*运输服务*运费		次	1	1000.00	1000.00	9%	90.00
合　　计					¥ 1000.00		¥ 90.00
价税合计（大写）	⊗壹仟零玖拾元整				（小写） ¥ 1090.00		

销售方			备注
	名　　称：	无锡高通运输有限公司	挡风玻璃
	纳税人识别号：	361020600720103519	
	地址、电话：	江苏省无锡市西城路301号 0510-68764282	
	开户行及账号：	工行江苏省分行无锡西城路支行 2789600152490102(	

收款人：王通　　复核：赵明　　开票人：李达　　销售方：（章）

第三联：发票联　购买方记账凭证

图 5—36

原材料入库单

供料单位：江西顺成有色金属有限公司　　　　No 0000868

地　　址：宜春市孙渡街道15号

请购单位编号：　　　　2021 年 12 月 6 日

种类/品名	规格	单位	数量	买价(元)	采购费用	采购成本	入库仓位
挡风玻璃		套	100	30000.00	1000.00	31000.00	
合计			100			31000.00	

第二联：会计联

仓库主管：严保镇　验收：欧阳秋　复核：回广捷　记账：金庆喜　制单：吴育蕾

图 5—37

【实训要求】编制材料采购、入库的会计分录。

采购挡风玻璃货尚未到

借：在途物资——挡风玻璃　31000.00

　　应交税费——应交增值税（进项税额）　3990.00

　　贷：应付账款——江西顺成有色金属有限公司　34990.00

采购挡风玻璃入库

借：原材料——挡风玻璃　31000.00

　　贷：在途物资——挡风玻璃　31000.00

【例 5—12】采购材料和运费分配的核算

【实训资料】12 月 7 日，购入材料。12 月 9 日，材料验收入库。采用实际成本法核算。

采购　　合同

合同编号

购货单位（甲方）：　江苏光华机械制造有限公司

供货单位（乙方）：　江西顺成有色金属有限公司

根据《中华人民共和国合同法》及国家相关法律、法规之规定，甲乙双方本着平等互利的原则，就甲方购买乙方货物一事达成以下协议。

一、货物的名称、数量及价格

货物名称	规格型号	单位	数量	单价	金额	税率	价税合计
热轧工字钢	20	千克	1000	25.00	25000.00	13%	28250.00
冷轧工字钢	15	千克	2000	15.00	30000.00	13%	33900.00
合计（大写）							62150.00

二、交货方式和费用承担：交货方式：　物流到货　　　　　　　　、交货时间：2021年12月07日前，交货地点：江苏光华机械制造有限公司　　　　　　　　，运费由 购货单位 承担。

三、付款时间与付款方式：

四、质量异议期：订货方对供货方的货物质量有异议时，应在收到货物后 3 天内提出，逾期视为货物质量合格。

五、未尽事宜经双方协商可作补充协议，与本合同具有同等效力。

六、本合同自双方签字、盖章之日起生效；本合同壹式贰份，甲乙双方各执壹份。

甲方（签章）：江苏光华机械制造有限公司	乙方（签章）：江西顺成有色金属有限公司
授权代表：王伟	授权代表：周武
地　址：南京市江宁区南红路785号	地　址：江西省南昌市红谷滩区会展
电　话：025-6876457	电　话：0791-83855665
2021年　年12　月01　日	2021　年12　月01

图 5—38

5300184130　　江西增值税专用发票　　N009016132

5300184130
09016132

抵扣联

开票日期：2021年12月07日

购买方	名　　称：江苏光华机械制造有限公司 纳税人识别号：91320281M561239677 地址、电话：南京市江宁区育红路785号 025-6876457 开户行及账号：工行江宁区支行 579017802553968235	密码区	略

货物或应税劳务、服务名称	规格型号	单位	数量	单价	金额	税率	税额
*黑色金属冶炼压延品*热轧工字	20	Kg	1000	25.00	25000.00	13%	3250.00
*黑色金属冶炼压延品*冷轧工字	15	Kg	2000	15.00	30000.00	13%	3900.00
合　计					¥ 55000.00		¥ 7150.00
价税合计（大写）	⊗陆万贰仟壹佰伍拾元整				（小写）¥ 62150.00		

销售方	名　　称：江西顺成有色金属有限公司 纳税人识别号：91360000158262799N 地址、电话：江西省南昌市红谷滩区会展路29号 0791-83855665 开户行及账号：工行南昌西湖支行 360010501000500004871	备注	

收款人：于友兰　　复核：田文英　　开票人：文向忠　　销售方：（章）

第二联：抵扣联　购买方抵扣凭证

图 5－39

5300184130　　江西增值税专用发票　　N009016132

5300184130
09016132

发票联

开票日期：2021年12月07日

购买方	名　　称：江苏光华机械制造有限公司 纳税人识别号：91320281M561239677 地址、电话：南京市江宁区育红路785号 025-6876457 开户行及账号：工行江宁区支行 579017802553968235	密码区	略

货物或应税劳务、服务名称	规格型号	单位	数量	单价	金额	税率	税额
*黑色金属冶炼压延品*热轧工字	20	Kg	1000	25.00	25000.00	13%	3250.00
*黑色金属冶炼压延品*冷轧工字	15	Kg	2000	15.00	30000.00	13%	3900.00
合　计					¥ 55000.00		¥ 7150.00
价税合计（大写）	⊗陆万贰仟壹佰伍拾元整				（小写）¥ 62150.00		

销售方	名　　称：江西顺成有色金属有限公司 纳税人识别号：91360000158262799N 地址、电话：江西省南昌市红谷滩区会展路29号 0791-83855665 开户行及账号：工行南昌西湖支行 360010501000500004871	备注	

收款人：于友兰　　复核：田文英　　开票人：文向忠　　销售方：（章）

第三联：发票联　购买方记账凭证

图 5－40

5300181760　江苏增值税专用发票　N000014356　5300181760 00014356

抵扣联

开票日期：2021年12月07日

国税函(2014)257号浙江印钞厂

购买方	名　称：江苏光华机械制造有限公司 纳税人识别号：91320281M561239677 地址、电话：南京市江宁区宵红路785号 025-6876457 开户行及账号：工行江宁区支行 579017802553968235			密码区	略		
货物或应税劳务、服务名称	规格型号	单位	数量	单价	金额	税率	税额
*运输服务*运费		次	1	3000.00	3000.00	9%	270.00
合　计					¥ 3000.00		¥ 270.00
价税合计（大写）	⊗叁仟贰佰柒拾元整				（小写）¥ 3270.00		
销售方	名　称：无锡高通运输有限公司 纳税人识别号：361020600720103519 地址、电话：江苏省无锡市西城路301号 0510-68764282 开户行及账号：工行江苏省分行无锡西城路支行 2789600152490102			备注	热轧工字钢 冷轧工字钢		

第二联：抵扣联　购买方扣税凭证

收款人：王通　复核：赵明　开票人：李达　销售方：（章）

图 5—41

5300181760　江苏增值税专用发票　N000014356　5300181760 00014356

发票联

开票日期：2021年12月07日

国税函(2014)257号浙江印钞厂

购买方	名　称：江苏光华机械制造有限公司 纳税人识别号：91320281M561239677 地址、电话：南京市江宁区宵红路785号 025-6876457 开户行及账号：工行江宁区支行 579017802553968235			密码区	略		
货物或应税劳务、服务名称	规格型号	单位	数量	单价	金额	税率	税额
*运输服务*运费		次	1	3000.00	3000.00	9%	270.00
合　计					¥ 3000.00		¥ 270.00
价税合计（大写）	⊗叁仟贰佰柒拾元整				（小写）¥ 3270.00		
销售方	名　称：无锡高通运输有限公司 纳税人识别号：361020600720103519 地址、电话：江苏省无锡市西城路301号 0510-68764282 开户行及账号：工行江苏省分行无锡西城路支行 2789600152490102			备注	热轧工字钢 冷轧工字钢		

第三联：发票联　购买方记账凭证

收款人：王通　复核：赵明　开票人：李达　销售方：（章）

图 5—42

材料采购费用分配表

2021年12月07日

项目 分配对象	重量（千克）	分配率（元/千克）	分配额（元）
热轧工字钢	1000	1	1000.00
冷轧工字钢	2000		2000.00
合计	3000	—	3000.00

会计主管：金庆喜　审核：回广捷　制表：吴育蕾

图 5—43

材 料 入 库 单

科技伴随 高效学习

供应单位：江西顺成有色金属有限公司　　发票号码：

收发类别：　　收料单编号：

地址：宜春市孙渡街道15号　2021 年 12 月 09 日　收料仓库：

编号	名称	规格	单位	数量		实际成本					
				应收	实收	买价		运杂费	其他	合计
						单价	金额			
	热轧工字钢	20	千克	1000.00	1000.00	25.00	25,000.00	1,000.00		26,000.00
	冷轧工字钢	15	千克	2000.00	2000.00	15.00	30,000.00	2,000.00		32,000.00
合计							¥55,000.00	¥3,000.00		¥58,000.00
备注										

采购员：赵欢　检验员：赵雄　记账员：周建　保管员：赵雄

图 5—44

【实训要求】采购费用分配表中的运费按重量进行分配后将入库单信息补充完整，并编制采购材料的会计分录。

采购材料

借：在途物资——热轧工字钢　26000.00

　　在途物资——冷轧工字钢　32000.00

　　应交税费——应交增值税（进项税额）　7420.00

　　贷：应付账款——江西顺成有色金属有限公司　65420.00

材料验收入库

借：原材料——热轧工字钢　26000.00

　　原材料——冷轧工字钢　32000.00

　　贷：在途物资——热轧工字钢　26000.00

　　　　在途物资——冷轧工字钢　32000.00

5.3 生产过程业务

企业在生产过程中所发生的各种耗费，称为生产费用，主要包括为生产产品所消耗的材料，生产工人的薪酬，厂房和机器设备等固定资产的折旧费，以及管理和组织生产而发生的各种费用。企业在生产经营过程中发生的上述费用，可分为直接费用、间接费用和期间费用。

直接费用是指企业为生产产品所发生的各项直接支出，包括直接材料、直接人工及其他直接支出。间接费用是指企业为生产产品所发生的各项间接支出，包括车间一般消耗的材料、车间管理人员人工费、折旧费和其他间接支出。期间费用是指企业行政管理部门为组织和管理生产经营活动以及为销售产品等所发生的各种费用，包括管理费用、财务费用和销售费用等。其中直接费用和间接费用构成产品的生产成本。

一、材料费用归集与分配

材料费用归集与分配内容是指生产过程中领用原材料，并且按照材料费用发生的地点和经济用途，归集分配到有关成本、费用账户的业务。

设置和运用的账户

1.“生产成本”账户，属于成本类账户，用于归集在生产过程中发生的各种生产费用并计算产品的生产成本，借方登记生产产品所发生的各项费用，贷方登记转入“库存商品”借方的完工入库的产品生产成本，期末借方余额表示未加工完成的各项在产品的成本。

2.“制造费用”账户，属于成本类账户，用于归集和分配各项间接生产费用。借方登记本期发生的各项间接生产费用，贷方登记转入“生产成本”有关明细账的间接生产费用，期末结转后账户无余额。

【例 5—13】领用生产材料的核算

【实训资料】12 月 4 日，根据订单安排，生产 12 方混凝土搅拌运输车和 20 吨多功能绿化洒水车各 1 台，各部门领用原材料。

领　料　单

科技伴随 高效学习

领用部门：组装车间

仓库：　　　　2021 年 12 月 04 日　　　　编号：1

编号	类别	材料名称	规格	单位	数量		实际成本	
					请领	实发	单价	金额
1	标准件	材料	JDYSC系列	千克	560	560	250.00	140,000.00
用途	生产12方混凝土搅拌运输车一台				领料部门		发料部门	
					负责人	领料人	核准人	发料人
					陈岗夏	吴尚方	严保锁	韦向东

第三联 记账联

图 5—45

领　料　单

科技伴随 高效学习

领用部门：组装车间

仓库：　　　　2021 年 12 月 04 日　　　　编号：2

编号	类别	材料名称	规格	单位	数量		实际成本	
					请领	实发	单价	金额
1	标准件	材料	JDYSC系列	千克	360	360	250.00	90,000.00
用途	生产200吨多功能绿化洒水车一台				领料部门		发料部门	
					负责人	领料人	核准人	发料人
					陈岗夏	吴尚方	严保锁	韦向东

第三联 记账联

图 5—46

领　料　单

科技伴随 高效学习

领用部门：组装车间

仓库：　　　　2021 年 12 月 04 日　　　　编号：3

编号	类别	材料名称	规格	单位	数量		实际成本	
					请领	实发	单价	金额
1	标准件	材料	JDYSC系列	千克	1.5	1.5	250.00	375.00
用途	组装车间使用				领料部门		发料部门	
					负责人	领料人	核准人	发料人
					陈岗夏	吴尚方	严保锁	韦向东

第三联 记账联

图 5—47

领　料　单

科技伴随 高效学习

领用部门：厂部

仓库：　　　　2021 年 12 月 04 日　　　　编号：4

编号	类别	材料名称	规格	单位	数量		实际成本	
					请领	实发	单价	金额
1	标准件	材料	JDYSC系列	千克	1.5	1.5	250.00	375.00
用途	厂部使用				领料部门		发料部门	
					负责人	领料人	核准人	发料人
					陈岗夏	吴尚方	严保锁	韦向东

第三联 记账联

图 5—48

【实训要求】编制领用材料的会计分录。

领料

借：生产成本——运输车　　140000.00

　　生产成本——洒水车　　90000.00

　　制造费用——物料消耗　　375.00

　　管理费用——物料消耗　　375.00

　贷：原材料——标准件　　230750.00

【例 5—14】借支差旅费的核算

【实训资料】12 月 5 日，采购员张辉预借差旅费。

借款审批单

2021 年 12 月 05 日

科技体验 高效学习

部　门	物资采购部	借款人	张辉
借款事由	差旅费		
借款金额	（大写金额）￥ 零 拾 零 万 壹 仟 零 佰 零 拾 零 元 零 角 零 分		
预计还款报销日期	2021年12月08日	小写：￥ 1,000.00	
审批意见	同意	借款人签收	

装订线

会计主管：金庆喜　　　　出纳：赵玲玲

图 5—49

【实训要求】编制预借差旅费的会计分录

预借差旅费

借：其他应收款——张辉　　1000.00

　贷：库存现金　　1000.00

【例 5—15】费用报销的核算

【实训资料】12 月 17 日，采购员张辉外地出差归来，报销差旅费。

差旅费报销单

报销部门:采购部门　　报销日期：2021 年 12 月 17 日　　附件共　　张

姓　名	张辉				出差事由	订货				
起止日期 月 日 至 月 日	起讫地点	天数	机票费	车船费	出差补助	住宿费	业务招待费	市内交通费	其他	小计
12月05日～12月17日	江阴-青岛	12		600.00		250.00	150.00			1000.00
合计金额（大写）	人民币壹仟元整							￥ 1000.00		
受款人签字			借款金额 1000.00 元					备注：		

主管领导　　审核 回广捷　　会计 赵德安　　出纳 赵玲玲　　部门主管 金庆喜　　出差人 张　辉

图 5—50

【实训要求】编制报销差旅费的记账凭证

报销差旅费

借：管理费用——差旅费　　1000.00

　　贷：其他应收款——张辉　　1000.00

二、人工费用的核算

人工费用是指企业员工为生产、经营活动所发生的人力耗费。人工费用的货币表现形式为职工薪酬。企业的职工薪酬是指为获得职工提供的服务或解除劳动关系而给予的各种形式的报酬或补偿，包括短期薪酬、带薪缺勤、离职后福利、辞退福利和其他长期职工福利。

账户的设置和运用

“应付职工薪酬”账户，属于负债类账户，用来核算企业为获得职工提供的服务而给予职工的各种形式的报酬以及其他相关支出，比如工资、奖金、津贴等。借方登记实际发放或支付的职工薪酬的数额，贷方登记分配计入有关成本费用项目的职工薪酬的数额。期末贷方余额，反映企业应付未付的职工薪酬。本账户可按“短期薪酬”“带薪缺勤”“离职后福利”“辞退福利”和“其他长期职工福利”等内容进行二级明细核算，并可以根据需要在二级账户下再开设三级明细账户进行核算。

人工费用应按照职工提供服务的受益对象，归集分配到有关成本、费用账户。

（1）生产工人的薪酬支出。直接从事产品生产的工人的职工薪酬称为直接人工。

（2）车间管理人员的薪酬支出。车间管理人员的薪酬支出，是为了车间生产管理而发生的间接费用，应计入“制造费用”账户的借方。

（3）行政管理人员的薪酬支出。行政管理人员的薪酬支出应作为当期费用，直接计入“管理费用”账户。如企业设有专门销售机构，该销售机构人员的薪酬应计入“销售费用”账户。

【例 5—16】计提工资的核算

【实训资料】12 月 31 日，组装车间生产“运输车”和“洒水车”均完工，结算人工费用。

工资费用分配

科技伴随 高效学习

2021 年 12 月 31 日

应借账户		成本项目	应付工资	分配标准（生产工时）	分配率	分配金额
生产成本	运输车	工人1	17,500.00	140	62.5	8,750.00
	洒水车	工人2		140	62.5	8,750.00
制造费用		职工工资	5,250.00			5,250.00
管理费用		职工工资	7,500.00			7,500.00
销售费用		职工工资	6,000.00			6,000.00
合计			36,250.00			36,250.00

审核：梁强　　　　制表：周建

图 5—51

【实训要求】编制计提人工费用的记账凭证

计提人工费

借：生产成本——运输车 8750.00

生产成本——洒水车 8750.00

制造费用——职工薪酬 5250.00

管理费用——职工薪酬 7500.00

销售费用——职工薪酬 6000.00

贷：应付职工薪酬——工资 36250.00

三、其他费用的核算

其他费用主要包括固定资产折旧费、水电费、办公费、差旅费等有关费用。其他费用发生时，应按照发生的地点和用途，归集分配到相关成本、费用账户。

固定资产折旧费的计提

固定资产是指固定资产在使用寿命内，按照确定的方法对应计折旧额进行系统分摊。固定资产折旧是固定资产的耗费，应按固定资产受益对象的不同分别计入“制造费用”“管理费用”“销售费用”等不同成本、费用账户。

1.固定资产应计折旧总额

固定资产应计折旧总额＝固定资产原值－预计净残值（不考虑固定资产减值准备）

固定资产原值是固定资产取得时的入账价值。

固定资产净残值是指预计固定资产报废时可以收回的残余价值扣除预计清理费用后的数额。

2.固定资产的折旧范围

折旧的资产范围：除以下情况外，企业应对所有固定资产计提折旧：已提足折旧仍然继续使用的固定资产；按规定单独计价作为固定资产入账的土地。

折旧的时间范围：固定资产应当按月计提折旧，当月增加的固定资产，当月不计提折旧，从下月起计提折旧；当月减少的固定资产，当月仍计提折旧，从下月起停止计提折旧。

3.固定资产折旧方法

企业应当根据与固定资产有关的经济利益的预期消耗方式，合理选择固定资产折旧方法。可以选择的折旧方法包括年限平均法、工作量法、双倍余额递减法和年数总和法。固定资产的折旧方法一经确定，不得随意变更。

年限平均法是将固定资产的应计折旧额均衡地分摊到各期的一种方法。计算公式如下：

年折旧率＝（1－预计净残值率）/预计使用寿命（年）×100％

月折旧额＝年折旧率/12

月折旧额＝固定资产原值×月折旧额

或，

年折旧额＝（固定资产原值－预计净残值）/预计使用寿命（年）

＝固定资产原值×（1－预计净残值率）/预计使用寿命（年）

月折旧额＝年折旧额/12

4.账户设置

（1）“累计折旧”账户是资产类的备抵调整账户，用来核算固定资产在使用过程中累计损耗的价值，该账户贷方登记本期因固定资产损耗而计提的折旧额，借方登记固定资产累计折旧转销的金额。期末贷方余额，表示企业现已计提的固定资产累计损耗折旧额。

（2）“管理费用”账户，属于损益类账户，用来核算企业为组织和管理企业生产经营活动所发生的管理费用，包括行政管理部门职工薪酬、物料消耗、办公费、差旅费、咨询费、业务招待费、车船税、土地使用税等。该账户的借方登记发生的管理费用；期末，应将本账户的余额转入“本年利润”账户，结转后本账户无余额。“管理费用”可按费用项目进行明细核算。

（3）“销售费用”账户，属于损益类账户，用来核算企业在销售产品、提供劳务过程中发生的各种销售费用。企业设置专门销售部门的，销售部门的材料耗费、人工耗费及其他费用应作为销售费用核算。该账户的借方登记发生的销售费用；期末，应将本账户的余额转入“本年利润”账户，结转后本账户无余额。“销售费用”可按费用项目进行明细核算。

【例5－17】计算分摊水电费业务的核算

【实训资料】12月31日，进行本月水电费的分配。

水电费分摊（简易）

2021年12月31日

部门	类别	用量	单价	分配金额（元）
组装车间	水费	1000吨	1元/吨	1000.00
	电费	6000度	0.25元/度	1500.00
厂部	水费	500吨	1元/吨	500.00
	电费	4000度	0.25元/度	1000.00
合计				4000.00

主管：金庆喜　　复核：回广捷　　制表：吴育蕾

图5－52

【实训要求】编制分配水电费的会计分录。

分配水电费

借：制造费用——水电费　　2500.00

　　管理费用——水电费　　1500.00

　　贷：应付账款——自来水公司　　2500.00

　　　　应付账款——供电公司　　1500.00

【例 5—18】计提折旧费业务核算

【实训资料】12 月 31 日，计提本月固定资产折旧费。

固定资产折旧计算

2021年12月31日　　单位：元

使用单位	原值(残值率0%)	年折旧额	本月应计提折旧额
生产车间	900000.00	90000.00	7500.00
厂部	600000.00	60000.00	5000.00
合计	1500000.00	150000.00	12500.00

会计主管：金庆喜　　审核：回广捷　　制单：吴育普

图 5—53

【实训要求】编制计提折旧的会计分录。

计提折旧

借：制造费用——折旧费　　7500.00

　　管理费用——折旧费　　5000.00

　　贷：累计折旧　　12500.00

四、制造费用的分配与结转

生产过程中发生的生产费用，凡是能区分属于某一产品的，应当在费用发生时直接计入该种产品的成本；凡是因生产多种产品而共同发生的生产费用，应按一定标准在这些产品之间加以分配。对于各种组织和管理生产的费用，应当在发生时根据发生地点和部门，先计入“制造费用”账户进行归集。期末，再按照适当的分配标准（如按生产工人工资比例、生产工人工时等）进行分配，然后将分配数额计入各种产品成本。其计算公式如下：

制造费用分配率＝制造费用总额/生产工时（或生产工人工资）总额

某产品应分配的制造费用＝某产品生产工时（或生产工人工资）×制造费用分配率

企业应根据本单位的特点选择适合的分配标准，做到科学、合理，能够比较确切地体现。

账户设置：

1.“制造费用”账户，属于成本类账户，用来归集和分配各项间接生产费用。借方登记本期发生的各项间接生产费用，贷方登记转入“生产成本”有关明细账的间接生产费用，期末结转后，账户无余额。

2.“库存商品”账户，属于资产类账户，用来核算企业库存的各种商品（完工产品）的成本增减变动情况，包括库存产成品、外购商品，以及寄存在外的商品等变动情况。该账户借方登记已验收入库的库存商品成本，贷方登记发出的库存商品成本。期末借方余额，反映企业期末库存商品的成本。

【例 5—19】分配制造费用的核算

【实训资料】12 月 31 日，将本月制造费用转入生产成本，组装车间发生制造费用 15625.00 元。制造费用按生产工时比例法在“运输车”和“酒水车”两种产品之间进行分配。生产运输车工时 2500 小时，生产酒水车工时 2500 小时。

制造费用分配

车间：　　　　2021 年 12 月 31 日　　　　单位：元

产品名称	分配标准（生产工时）	分配总额	分配率	分配金额
运输车	2500		6.25	7,812.50
酒水车	2500		6.25	7,812.50
合计	5000			15,625.00

制表：吴宥蓄　　　　审核：闫广捷

图 5—54

【实训要求】编制结转制造费用的记账凭证

分配本月制造费用

借：生产成本——运输车　　　　7812.50

　　生产成本——酒水车　　　　7812.50

　　贷：制造费用　　　　15625.00

五、完工产品成本计算与结转

成本计算是会计核算的专门方法之一。工业企业的生产过程是从投入材料到产品完工并验收入库的全过程。生产过程的主要经济业务是对生产费用的归集以及分配。进行产品生产成本的计算就是将企业生产过程中为制造产品所发生的各种费用按照所生产产品的品种、类别等进行归集和分配，计算各种产品的总成本和单位成本。

生产过程各账户的转换关系如图 5—55 所示：

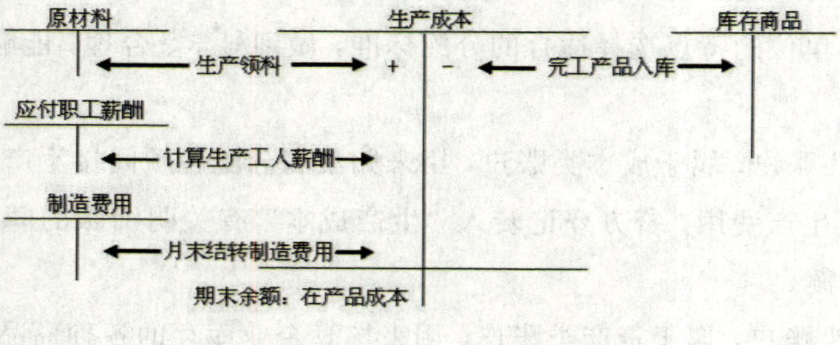

图 5—55

【例 5—20】结转生产成本的业务核算

【实训资料】12 月 31 日，本月产品全部完工验收入库，结转生产成本。

产品成本计算

产品名称：运输车　　2021年12月31日　　单位：元

成本项目	月初在产品成本	本月生产费用	生产费用合计	完工产品成本	单位成本	月末在产品成本
直接材料	—	140000.00	140000.00	140000.00	140000.00	—
直接人工	—	8750.00	8750.00	8750.00	8750.00	—
制造费用	—	7812.50	7812.50	7812.50	7812.50	—
合计	—	156562.50	156562.50	156562.50	156562.50	—

制表：赵德安　　审核：回广捷

图 5—56

产品成本计算

产品名称：洒水车　　2021 年 12 月 31 日　　单位：元

成本项目	月初在产品成本	本月生产费用	生产费用合计	完工产品成本	单位成本	月末在产品成本
直接材料	—	90000.00	90000.00	90000.00	90000.00	—
直接人工	—	8750.00	8750.00	8750.00	8750.00	—
制造费用	—	7812.5	7812.5	7812.5	7812.5	—
合计	—	106562.50	106562.50	106562.50	106562.50	—

制表：赵德安　　审核：回广捷

图 5—57

【实训要求】编制结转产品成本的记账凭证

结转完工产品成本

借：库存商品——运输车　　156562.50

　　库存商品——洒水车　　106562.50

　贷：生产成本——运输车　　156562.50

　　　生产成本——洒水车　　106562.50

5.4 销售过程业务

企业从生产过程制造完成的产品验收入库开始，到销售给购货方为止的过程称为销售过程。销售过程的主要任务是将生产出来的产品销售出去，同时取得销售收入，使企业的生产耗费得到补偿。为了顺利地销售产品，在销售过程中还会发生包装费、广告费、运输费等相关费用即销售费用，同时需按规定缴纳销售税金。

因此，企业销售过程经济业务核算主要包括确认和记录实现的收入、计算和结转销售成本、支付销售费用、计算税金及附加。

一、设置和运用的账户

（一）“主营业务收入”账户

“主营业务收入”账户，用来核算企业在销售商品、提供劳务及让渡资产使用权等日常活动中所实现的收入。贷方反映企业日常活动中所取得的收入，期末应将本账户通过借方转入“本年利润”账户，结转后无余额，本账户可按主营业务的种类进行明细核算。

（二）“主营业务成本”账户

“主营业务成本”账户，是为取得主营业务收入而发生的销售商品或提供劳务等的实际成本。借方登记销售产品、提供劳务等发生的实际成本，贷方登记期末转入“本年利润”的金额，结转后无余额。

（三）“税金及附加”账户

“税金及附加”账户，是指企业经营活动过程中发生的税金及附加，如消费税、资源税、城市维护建设税、教育费附加等。借方登记计算出的应由经营负担的税金及附加，贷方登记期末转入“本年利润”账户的数额，结转后无余额。

（四）“其他业务收入”账户

“其他业务收入”账户，用来核算除主营业务以外的其他销售或其他业务收入，如材料销售收入、包装物出租收入等。贷方登记取得的其他业务收入，借方登记期末结转“本年利润”数额，结转后无余额。

（五）“其他业务成本”账户

“其他业务成本”账户，用于核算企业除主营业务成本以外的其他销售或其他业务所发生的支出。借方登记发生的其他业务支出，贷方登记期末转入“本年利润”账户的数额，结转后无余额。

（六）“销售费用”账户

“销售费用”账户，是指企业在销售商品过程中发生的各项费用以及专设销售机构的各项经费，具体包括包装费、运输费、装卸费、保险费、展览费、广告费，以及为销售本企业商品而专门设置的销售机构的费用。借方登记发生的各种销售过程中发生的相应销售费用，贷方登记期末转入“本年利润”账户的数额，结转后无余额。

（七）“应收账款”账户

“应收账款”账户用来核算企业因销售产品、材料或提供服务等业务，应向购货单位收取的款项。该账户的性质是资产类账户，其借方登记企业应向购货单位收取的销货款及代垫运费等，贷方登记已收回的销货款及代垫运费等，期末余额在借方，表示企业应收而尚未收回的款项。若期末余额在贷方，则表示企业期末预收的款项。该账户可按欠款单位设置明细分类账户，进行明细分类核算。

（八）“应收票据”账户

“应收票据”账户用来核算企业因销售产品或提供服务等而收到的商业汇票。该账户的性质是资产类账户，其借方登记因销售产品等而收到的商业汇票，贷方登记到期收回的票面金额，期末余额在借方，表示尚未到期收回的商业汇票。该账户可按欠款单位设置明细分类账户，进行明细分类核算。

（九）“预收账款”账户

“预收账款”账户用来核算企业按照合同的规定预收购货单位订货款的增减变动及其结余情况。该账户的性质是负债类账户，其贷方登记预收购货单位订货款的增加，借方登记销售实现时冲减的预收货款，期末余额在贷方，表示企业预收款的结余额，期末余额如在借方，表示购货单位应补给本企业的款项。为了加强对预收账款的核算和管理，该账户应按购货单位设置明细分类账户，进行明细分类核算。

【例 5—21】现销业务收入核算及成本结转

【实训资料】12 月 6 日，销售 20 吨多功能绿化洒水车 1 台。

销售　　合同

合同编号

购货单位（甲方）：　上海东方机械有限公司

供货单位（乙方）：　江苏光华机械制造有限公司

根据《中华人民共和国合同法》及国家相关法律、法规之规定，甲乙双方本着平等互利的原则，就甲方购买乙方货物一事达成以下协议。

一、货物的名称、数量及价格

货物名称	规格型号	单位	数量	单价	金额	税率	价税合计
多功能绿化洒水车	20吨	台	1	130000.00	130000.00	13%	146900.00
合计（大写）							146900.00

二、交货方式和费用承担：交货方式：　物流到货　　　，交货时间：2021年12月06日前，交货地点：上海东方机械有限公司　　　，运费由 供货单位 承担。

三、付款时间与付款方式：

四、质量异议期：订货方对供货方的货物质量有异议时，应在收到货物后 3 天内提出，逾期视为货物质量合格。

五、未尽事宜经双方协商可作补充协议，与本合同具有同等效力。

六、本合同自双方签字、盖章之日起生效：本合同壹式贰份，甲乙双方各执壹份。

甲方（签章）：上海东方机械有限公司　　乙方（签章）：江苏光华机械制造有限公司

授权代表：陆继平　　授权代表：王伟

地　址：上海市宝山区富联二路318号　　地　址：南京市江宁区育红路785号

电　话：021-36045533　　电　话：025-6876457

2021年　年11　月20　日　　2021　年11　月20　日

图 5—58

5300184133

江苏增值税专用发票　N009016123

5300184133
09016123

记账联

开票日期：2021年12月06日

购买方	名　称：上海东方机械有限公司 纳税人识别号：9131011376693232XN 地址、电话：上海市宝山区富联二路318号 021-36045533 开户行及账号：上海浦东发展银行宝山支行 31029000006435784412				密码区	略		
货物或应税劳务、服务名称	规格型号	单位	数量	单价	金额	税率	税额	
"机动车"多功能绿化洒水车	20吨	台	1	130000.00	130000.00	13%	16900.00	
合　计					¥ 130000.00		¥ 16900.00	
价税合计（大写）	⊗壹拾肆万陆仟玖佰元整				（小写）¥ 146900.00			
销售方	名　称：江苏光华机械制造有限公司 纳税人识别号：91320281M561239677 地址、电话：南京市江宁区育红路785号 025-6876457 开户行及账号：工行江宁区支行 579017802553968235				备注			

收款人：赵玲玲　　复核：金庆喜　　开票人：王开金　　销售方：（章）

国税函（2014）257号浙江印钞厂

第一联：记账联　销售方记账凭证

图 5—59

收款回单　中国工商银行

日期：2021 年 12 月 06 日　业务类型：企业银行支付　流水号：E77003002574458

付款账号：31029000006435784412

户名：上海东方机械有限公司

开户行：上海浦东发展银行宝山支行

金额（大写）：人民币壹拾肆万陆仟玖佰元整

（小写）：CNY146900.00

收款人户名：江苏光华机械制造有限公司

收款人账号：579017802553968235

收款人开户行：工行江苏省分行江宁区支行

凭证种类：　凭证号码：　业务编号：2021082312350

摘要：往来

经办：197505　第一次打印　8899001033-000124-200808

图 5—60

出库单　No

会计部门编号
仓库部门编号

2021 年12　月06　日

编号	名称	规格	单位	出库数量	单价	金额	备注
	多功能绿化洒水车	20吨	台	1	106562.50	106562.50	
合　计						106562.50	

第二联交财务部

生产车间或部门：销售部门　　仓库管理员：杨顺周

图 5—61

【实训要求】编制销售商品、结转销售成本的会计分录。

销售商品

借：银行存款　　　　　　　　　　　　130000.00

　　贷：主营业务收入——洒水车　　　　　　16900.00

　　　　应交税费——应交增值税（销项税额）　146900.00

结转已销商品成本

借：主营业务成本——洒水车　　　　　106562.50

　　贷：库存商品——洒水车　　　　　　　106562.50

【例 5—22】赊销业务收入核算及成本结转

【实训资料】12 月 7 日，销售“农用收割机”的内燃机 3 台。

销售　　合同

合同编号

购货单位（甲方）：　江苏惠能机械有限公司

供货单位（乙方）：　江苏光华机械制造有限公司

根据《中华人民共和国合同法》及国家相关法律、法规之规定，甲乙双方本着平等互利的原则，就甲方购买乙方货物一事达成以下协议。

一、货物的名称、数量及价格

货物名称	规格型号	单位	数量	单价	金额	税率	价税合计
内燃机	1吨	台	3	10000.00	30000.00	13%	33900.00
合计（大写）							33900.00

二、交货方式和费用承担：交货方式：　物流到货　　　　，交货时间：2021年12月07日前，交货地点：江苏惠能机械有限公司　　　　，运费由 供货单位 承担。

三、付款时间与付款方式：　　　　。

四、质量异议期：订货方对供货方的货物质量有异议时，应在收到货物后 3 天内提出，逾期视为货物质量合格。

五、未尽事宜经双方协商可作补充协议，与本合同具有同等效力。

六、本合同自双方签字、盖章之日起生效；本合同壹式贰份，甲乙双方各执壹份。

甲方（签章）：江苏惠能机械有限公司
授权代表：张大发
地　　址：宜兴市宜城街道宜浦路8号
电　　话：0510-87173227
2021年　年12　月06　日

乙方（签章）：江苏光华机械制造有限公司
授权代表：王伟
地　　址：南京市江宁区宜红路785号
电　　话：025-6876457
2021　年12　月06　日

图 5—62

5300184133

江苏增值税专用发票　NO06890338

5300184133
06890338

记账联

开票日期：2021年12月07日

购买方	名　　称：江苏惠能机械有限公司 纳税人识别号：91320282690750385B 地址、电话：宜兴市宜城街道宜浦路8号 0510-87173227 开户行及账号：工行宜兴宜城九滨支行10530230003487325590	密码区	略

货物或应税劳务、服务名称	规格型号	单位	数量	单价	金额	税率	税额
"发动机"内燃机	20吨	台	3	10000.00	30000.00	13%	3900.00
合　计					￥ 30000.00		￥ 3900.00
价税合计（大写）	⊗叁万叁仟玖佰元整				（小写）￥ 33900.00		

销售方	名　　称：江苏光华机械制造有限公司 纳税人识别号：91320281M561239677 地址、电话：南京市江宁区商红路785号 025-6876457 开户行及账号：工行江宁区支行 579017802553968235	备注	

收款人：赵玲玲　复核：金庆喜　开票人：王开金　销售方：（章）

国税函（2014）257号浙江印钞厂

第一联：记账联　销售方记账凭证

图 5—63

出库单　No

会计部门编号
仓库部门编号

2021 年12　月07　日

编号	名称	规格	单位	出库数量	单价	金额	备注
	内燃机	HQFDJZC	台	3	3000.00	9000.00	
合　计						9000.00	

第二联交财务部

生产车间或部门：销售部门　　仓库管理员：杨顺周

图 5—64

【实训要求】编制销售原材料、结转销售成本的会计分录。

销售材料

借：应收账款——江苏惠能机械有限公司　33900.00

　　贷：其他业务收入——销售材料收入　30000.00

　　　　应交税费——应交增值税（销项税额）　3900.00

结转已销材料成本

借：其他业务成本——销售材料成本　9000.00

贷：原材料——内燃机　　　　　　　　　　　9000.00

【例 5—23】赊销业务收入核算及成本结转

【实训资料】12 月 8 日，销售“农用收割机”2 台。

销售　　合同

合同编号

购货单位（甲方）：　江苏惠能机械有限公司

供货单位（乙方）：　江苏光华机械制造有限公司

根据《中华人民共和国合同法》及国家相关法律、法规之规定，甲乙双方本着平等互利的原则，就甲方购买乙方货物一事达成以下协议。

一、货物的名称、数量及价格

货物名称	规格型号	单位	数量	单价	金额	税率	价税合计
农用收割机	22吨	台	2	60000.00	120000.00	13%	135600.00
合计（大写）							135600.00

二、交货方式和费用承担：交货方式：　物流到货　　　　，交货时间：2021年12月08日前，交货地点：江苏惠能机械有限公司　　　　　　，运费由 供货单位 承担。

三、付款时间与付款方式：　现金折扣2/10，1/20，n/30（折扣不含增值税）

四、质量异议期：订货方对供货方的货物质量有异议时，应在收到货物后 3 天内提出，逾期视为货物质量合格。

五、未尽事宜经双方协商可作补充协议，与本合同具有同等效力。

六、本合同自双方签字、盖章之日起生效，本合同壹式贰份，甲乙双方各执壹份。

甲方（签章）：江苏惠能机械有限公司
授权代表：张大发
地　　址：宜兴市宜城街道宜浦路8号
电　　话：0510-87173227
2021年　年12　月07　日

乙方（签章）：江苏光华机械制造有限公司
授权代表：王伟
地　　址：南京市江宁区育红路785号
电　　话：025-6876457
2021　年12　月07　日

图 5—65

5300184133　　**江苏增值税专用发票**　N006890388　　5300184133 06890388

记账联

开票日期：2021年12月08日

购买方	名　称：江苏惠能机械有限公司 纳税人识别号：91320282690750385B 地址、电话：宜兴市宜城街道宜浦路8号 0510-87173227 开户行及账号：工行宜兴宜城九滨支行10530230003487325590			密码区	略		
货物或应税劳务、服务名称	规格型号	单位	数量	单价	金额	税率	税额
*机动车*农用收割机	22吨	台	2	60000.00	120000.00	13%	15600.00
合　计					¥ 120000.00		¥ 15600.00
价税合计（大写）	⊗壹拾叁万伍仟陆佰元整				（小写） ¥ 135600.00		
销售方	名　称：江苏光华机械制造有限公司 纳税人识别号：91320281M561239677 地址、电话：南京市江宁区育红路785号 025-6876457 开户行及账号：工行江宁区支行 579017802553968235			备注			

收款人：赵玲玲　　复核：金庆喜　　开票人：王开金　　销售方：（章）

第一联：记账联　销售方记账凭证

图 5—66

出库单　　No

会计部门编号

仓库部门编号

2021 年12　月08　日

编号	名称	规格	单位	出库数量	单价	金额	备注
	农用收割机	22吨	台	2	24600.00	49200.00	
	合　计					49200.00	

生产车间或部门：销售部门　　仓库管理员：杨顺周

第二联交财务部

图 5—67

【实训要求】编制销售商品、结转销售成本的会计分录。

销售商品

借：应收账款——江苏惠能机械有限公司　　135600.00

　　贷：主营业务收入——收割机　　120000.00

　　　　应交税费——应交增值税（销项税额）　　15600.00

结转已销商品成本

借：主营业务成本——收割机　　49200.00

　　贷：库存商品——收割机　　49200.00

【例 5—24】赊销业务收款的核算

【实训资料】（承上题）12 月 16 日，收到销货款。

销售　　合同

合同编号

购货单位（甲方）：　江苏惠能机械有限公司

供货单位（乙方）：　江苏光华机械制造有限公司

根据《中华人民共和国合同法》及国家相关法律、法规之规定，甲乙双方本着平等互利的原则，就甲方购买乙方货物一事达成以下协议。

一、货物的名称、数量及价格

货物名称	规格型号	单位	数量	单价	金额	税率	价税合计
农用收割机	22吨	台	2	60000.00	120000.00	13%	135600.00
合计（大写）							135600.00

二、交货方式和费用承担：交货方式：　物流到货　　　　，交货时间：2021年12月08日前，交货地点：江苏惠能机械有限公司　　　　，运费由 供货单位 承担。

三、付款时间与付款方式：　现金折扣2/10，1/20，n/30（折扣不含增值税）

四、质量异议期：订货方对供货方的货物质量有异议时，应在收到货物后 3 天内提出，逾期视为货物质量合格。

五、未尽事宜经双方协商可作补充协议，与本合同具有同等效力。

六、本合同自双方签字、盖章之日起生效；本合同壹式贰份，甲乙双方各执壹份。

甲方（签章）：　江苏惠能机械有限公司
授权代表：　张大发
地　　址：　宜兴市宜城街道宜浦路8号
电　　话：　0510-87173227
2021年　年12　月07　日

乙方（签章）：　江苏光华机械制造有限公司
授权代表：　王伟
地　　址：　南京市江宁区高红路785号
电　　话：　025-6876457
2021　年12　月07　日

图 5—68

收款回单　　中国工商银行

日期：2021 年 12 月 16 日　　业务类型：企业银行支付　　流水号：E77003002574458

付款账号：10530230003487325590

户名：江苏惠能机械有限公司

开户行：工行江苏省分行宜兴宜城九滨支行

金额（大写）：人民币壹拾叁万叁仟贰佰元整

（小写）：CNY133200.00

收款人户名：江苏光华机械制造有限公司

收款人账号：579017802553968235

收款人开户行：工行江苏省分行江宁区支行

凭证种类：　　凭证号码：　　业务编号：2021082312350

摘要：往来

经办：197505　　第一次打印　　8899001033-000124-200808

图 5－69

【实训要求】编制收回销货款的会计分录。

收到销货款

借：银行存款　　133200.00

　　贷：应收账款——江苏惠能机械有限公司　　133200.00

现金折扣

借：财务费用——现金折扣　　2400.00

　　贷：应收账款　　2400.00

【例 5－25】罚没收入的核算

【实训资料】12 月 15 日，收到员工张某因违反仓库禁止烟火管理规定被处罚的罚款。

罚款通知单

财务科：

张立志违反仓库禁止烟火管理规定，根据本厂管理条例，厂办公室决定对其罚款 50 元。

李明昊

厂长办公室

2021年12月15日

图 5－70

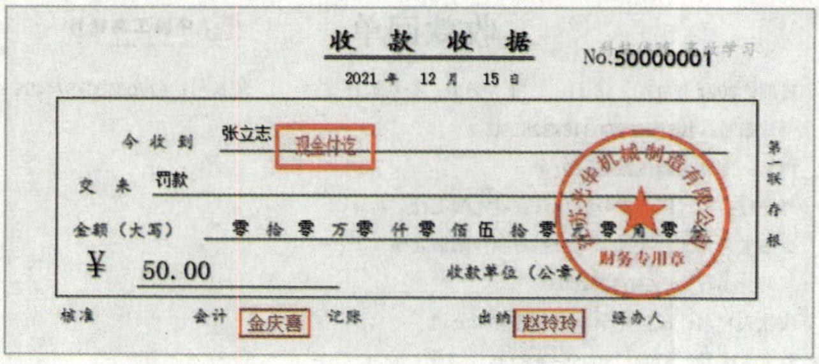

收款收据

No.50000001

2021年12月15日

今收到 张立志 现金付讫

交来 罚款

金额（大写） 零拾零万零仟零佰伍拾零元零角零分

¥ 50.00　　收款单位（公章） 江苏光华机械制造有限公司 财务专用章

核准　　会计 金庆喜　　记账　　出纳 赵玲玲　　经办人

第一联 存根

图 5—71

【实训要求】编制罚没收入的记账凭证。

收到张某罚款

借：库存现金　　　　50.00

　　贷：营业外收入——罚没利得　　　　50.00

【例 5—26】广告费的核算

【实训资料】12 月 16 日，支付产品销售广告费。

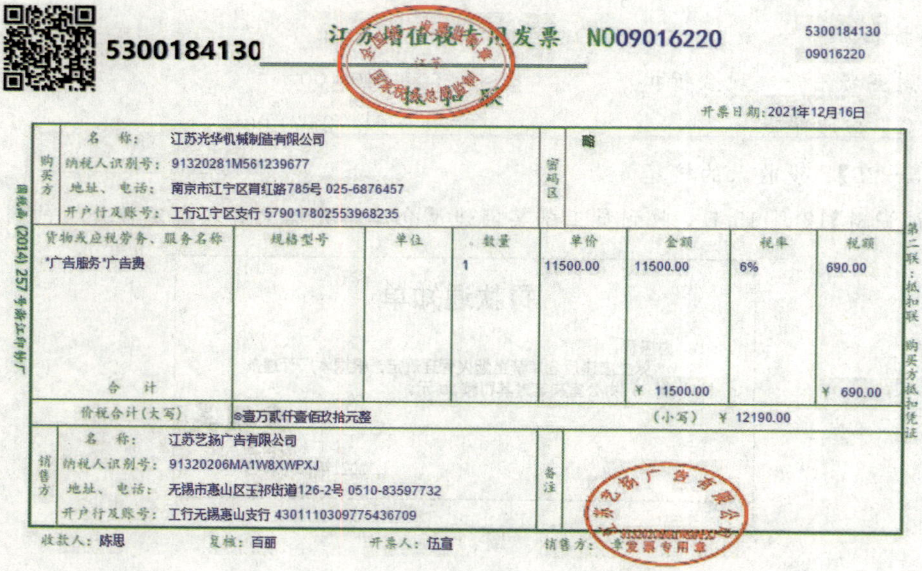

5300184130　江苏增值税专用发票　NO09016220

5300184130
09016220

抵扣联

开票日期：2021年12月16日

购买方	名称：江苏光华机械制造有限公司 纳税人识别号：91320281M561239677 地址、电话：南京市江宁区甬红路785号 025-6876457 开户行及账号：工行江宁区支行 579017802553968235
密码区	略

货物或应税劳务、服务名称	规格型号	单位	数量	单价	金额	税率	税额
*广告服务*广告费			1	11500.00	11500.00	6%	690.00
合计					¥ 11500.00		¥ 690.00
价税合计（大写）	⊗壹万贰仟壹佰玖拾元整				（小写） ¥ 12190.00		

销售方	名称：江苏艺扬广告有限公司 纳税人识别号：91320206MA1W8XWPXJ 地址、电话：无锡市惠山区玉祁街道126-2号 0510-83597732 开户行及账号：工行无锡惠山支行 4301110309775436709
备注	

收款人：陈思　　复核：百丽　　开票人：伍宣　　销售方：（章）

第二联：抵扣联 购买方抵扣凭证

图 5—72

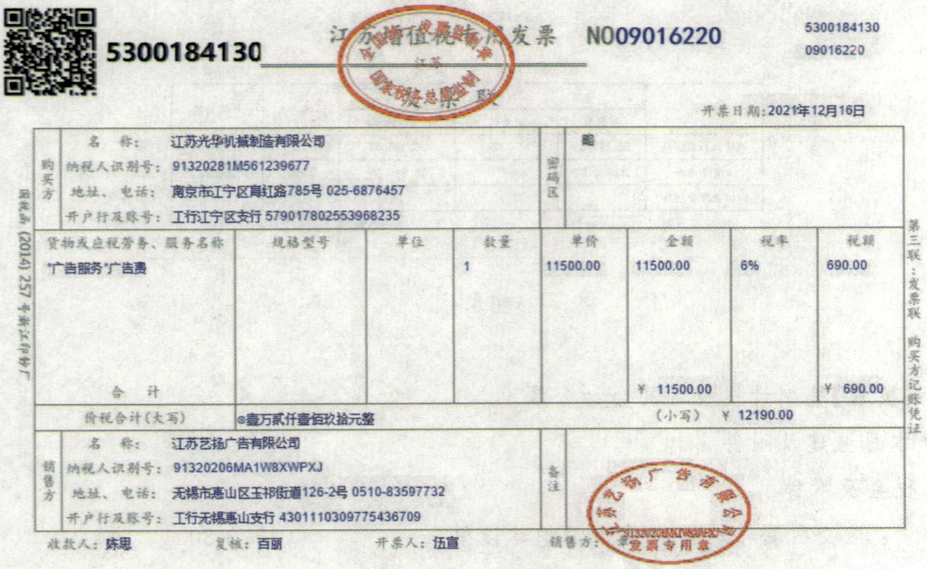

5300184130　江苏增值税专用发票　N009016220　5300184130 09016220

发票联　开票日期：2021年12月16日

购买方	名　称：江苏光华机械制造有限公司 纳税人识别号：91320281M561239677 地址、电话：南京市江宁区宵红路785号 025-6876457 开户行及账号：工行江宁区支行 579017802553968235					密码区	
货物或应税劳务、服务名称	规格型号	单位	数量	单价	金额	税率	税额
*广告服务*广告费			1	11500.00	11500.00	6%	690.00
合　计					¥ 11500.00		¥ 690.00
价税合计（大写）	⊗壹万贰仟壹佰玖拾元整				（小写）¥ 12190.00		
销售方	名　称：江苏艺扬广告有限公司 纳税人识别号：91320206MA1W8XWPXJ 地址、电话：无锡市惠山区玉祁街道126-2号 0510-83597732 开户行及账号：工行无锡惠山支行 4301110309775436709					备注	

收款人：陈思　复核：百丽　开票人：伍宣　销售方：（章）

第三联：发票联　购买方记账凭证

图 5－73

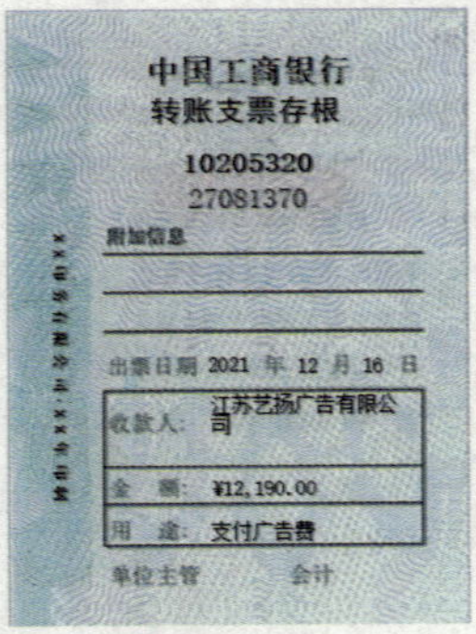

中国工商银行
转账支票存根
10205320
27081370
附加信息
出票日期 2021 年 12 月 16 日
收款人：江苏艺扬广告有限公司
金　额：¥12,190.00
用　途：支付广告费
单位主管　会计

图 5－74

【实训要求】编制支付广告费的会计分录。

支付广告费

借：销售费用——广告费　11500.00

　　应交税费——应交增值税（进项税额）　690.00

　　贷：银行存款　12190.00

【例 5－27】城建税与教育费附加的计提

【实训资料】12 月 31 日，计算本月应交城建税和教育费附加。假定公司在市区，适用的城建税税率为 7%，教育费附加为 3%。

科技伴随 高效学习

税金及附加计算表

2021 年 12 月 31 日　　　　单位：元

项目	计提基数			计提比例	计提金额
	增值税	消费税	合计		
城市维护建设税	25,340.00		25,340.00	7%	1,773.80
教育费附加	25,340.00		25,340.00	3%	760.20
地方教育费附加					

审核：回广捷　　　　制表：王开金

图 5—75

【实训要求】编制计提税费的会计分录。

计提本月城建及附件

借：税金及附件　　　　2534.00

　　贷：应交税费——应交城市维护建设税　　　　1773.80

　　　　应交税费——应交教育费附加　　　　760.20

5.5 财务成果业务

财务成果是企业在一定期间经营活动的最终成果，即产生利润或亏损。财务成果是企业经济活动效率与效益的综合表现，是衡量企业经营成果和经济效益的综合标准。对于利润的确认和计量，是以企业生产经营活动过程中所实现的收入和所发生的费用相配比为基础，同时还要考虑企业发生的一些与生产经营活动没有直接关系的营业外收支等。按照我国企业会计准则的规定，制造业企业的利润一般包括营业利润、利润总额和净利润。

一、财务成果的计算

（一）营业利润

营业利润＝营业收入－营业成本－税金及附加－销售费用－管理费用－研发费用－财务费用－资产减值损失－信用减值损失＋其他收益＋投资收益（－投资损失）＋公允价值变动收益（－公允价值变动损失）＋资产处置收益（－资产处置损失）

（二）利润总额

利润总额＝营业利润＋营业外收入－营业外支出

（三）净利润

净利润＝利润总额－所得税费用

二、设置和运用的账户

第一，“营业外收入”账户，用来核算企业发生的与其生产经营无直接关系的各项收益，包括非流动资产处置利得、非货币性资产交换利得、债务重组利得、政府补助、盘盈利得、捐赠利得等。贷方登记发生的营业外收入，借方登记期末转入“本年利润”账户的数额，结转后无余额。

第二，“营业外支出”账户，用来核算企业发生的与其生产经营无直接关系的各项支出，包括非流动资产处置损失、非货币性资产交换损失、债务重组损失、公益性捐赠支出、盘亏损失、非常损失等。借方登记发生的营业外支出，贷方登记期末转入“本年利润”账户的数额，结转后无余额。

第三，“所得税费用”账户，用来核算企业按规定从当期损益中扣除的所得税费用。借方登记按税法规定计算的应纳所得税额，贷方登记期末转入“本年利润”账户的数额，月末结转后无余额。

第四，“本年利润”账户，用来核算企业在本年度内累计实现的净利润（或未弥补的净亏损）。贷方登记期末由“主营业务收入、其他业务收入、营业外收入、投资收益”等账户转入的利润增加项目的金额，借方登记期末由“主营业务成本、其他业务成本、税金及附加、销售费用、管理费用、财务费用、营业外支出、所得税费用”等账户转入的利润减少项目的金额，借方余额表示截至本期末发生的亏损，贷方余额表示截至本期末实现的净利润。年末将本年发生的净利润或净亏损结转至“利润分配”账户的贷方或借方。

三、利润形成的核算

企业净利润是由利润总额减去所得税费用计算而得的。在利润总额的基础上经过适当的调整，根据企业所得税税率就可以计算所得税，进而确定净利润。

（一）利润总额的计算

利润总额是企业在一定时期内实现的经营成果，由营业利润、营业外收支净额等构成。

【例 5—28】损益类账户的结转业务

【实训资料】12 月 31 日，利润结转采用账结法，期末将本期各损益类账户余额结转到“本年利润”账户。

损益类账户结转前余额

日期：2021年12月31日

账户名称	借方余额	贷方余额
主营业务收入		130000.00
其他业务收入		30000.00
营业外收入		50.00
主营业务成本	106562.50	
税金及附加	2534.00	
其他业务成本	9000.00	
销售费用	11500.00	
管理费用	925.00	
财务费用	27500.00	
合计	158021.50	160050.00

图 5—76

【实训要求】编制结转损益类账户的记账凭证，先结转收入和利得，再结转费用和损失，

月末结转收入

借：主营业务收入	130 000.00
其他业务收入	30 000.00
营业外收入	50.00
贷：本年利润	160050.00

月末结转成本费用

借：本年利润	158021.50
贷：主营业务成本	106562.50
税金及附加	2534.00
其他业务成本	9000.00
销售费用	11500.00
管理费用	925.00
财务费用	27500.00

(二) 所得税费用的核算

所得税是企业按照国家税法的有关规定，对企业某一经营年度实现的经营所得和其他所得，按照规定的所得税税率计算缴纳的一种税金，它是企业的一项支出。企业所得税税率一般为 25%。

企业的所得税通常是按年计算，分期预缴，年末进行汇算清缴，其计算公式为：

应纳所得税税额＝应纳税所得额×所得税税率

应纳税所得额＝利润总额＋所得税前利润中予以调整的项目

【例 5—29】所得税的计算与结转

【实训资料】1 月至 12 月，本年利润借方发生额合计 1000000.00 元，贷方发生额合计 1200000.00 元，贷方余额是 200000.00 元，无纳税调整事项，所得税税率为 25%，12 月 31 日确认所得税费用并结转。

所得税费用计算表　　科技伴随 高效学习

所属日期：自 2021 年 01 月 01 日至 2021 年 12 月 31 日　　单位：元

项目	行次	本期累计金额
1.税前会计利润	1	200,000.00
2.纳税调整增加额	2	
3.纳税调整减少额	3	
4.应纳税所得额	4=1+2-3	200,000.00
5.适用税率	5	25%
6.当前所得税费用	6=4×5	50,000.00
7.递延所得税费用		
（1）递延所得税负债增加额	7	
（2）递延所得税资产减少额	8	
（3）递延所得税资产增加额	9	
（4）递延所得税负债减少额	10	
8.所得税费用	11=6+7+8-9-10	50,000.00

会计主管：梁强　　制单：周建

图 5—77

账户结转前余额

2021 年 12 月 31 日　　单位：元

账户名称	借方余额	贷方余额
所得税费用	50000.00	
合计	50000.00	

图 5—78

【实训要求】编制计提、结转所得税费用会计分录。

计提所得税

借：所得税费用　　50000.00

　　贷：应交税费——应交所得税　　50000.00

结转所得税费用

借：本年利润　　50000.00

　　贷：所得税费用　　50000.00

（三）净利润的核算

净利润是企业的最终财务成果，是将当期企业经营业务与非经营业务所取得的全部收入抵减全部支出后的差额。

四、利润分配的核算

企业实现税后净利润，应按照有关协议、规定进行利润分配。利润分配一般在年终进行，企业当期实现的净利润，加上年初未分配利润（或减去年初未弥补亏损）余额，为可供分配利润。可供分配利润按下列顺序分配：

第一，提取法定盈余公积。法定盈余公积应按照本年实现净利润的 10%提取。

第二，提取任意盈余公积。任意盈余公积一般应按照股东大会决议确定的比例提取。

第三，分配给投资者的利润，作为所有投资者的报酬。

可供投资者分配的利润，经过上述分配之后，是企业的未分配利润（或为弥补亏损），未分配利润可留待以后年度进行分配。企业如发生亏损，可以按照规定用以后年度利润进行弥补。

设置和运用的主要账户如下：

1.“利润分配”账户

“利润分配”账户是用来核算企业一定时期内净利润的分配或亏损的弥补以及历年结存的未分配利润（或为弥补亏损）情况的账户。该账户的性质是所有者权益类，其借方登记实际分配的利润额，贷方登记年末从“本年利润”账户转入全年实现的净利润额。年末余额如果在借方，表示未弥补的亏损额，年末余额如果在贷方，表示未分配利润额。“利润分配”账户可按“提取法定盈余公积”“提取任意盈余公积”“应付利润”“未分配利润”等设置明细分类账户，进行明细核算。年末，应将“利润分配”账户下的其他明细账户的余额转入“未分配利润”明细账户，结转后，除“未分配利润”明细账户外，其他各个明细账户均无余额。

2.“盈余公积”账户

“盈余公积”账户是用来核算企业税后利润中提取的盈余公积金增减变动及其余额情况的账户。该账户的性质是所有者权益类，其贷方登记提取的盈余公积金，借方登记盈余公积金的减少。期末余额在贷方，表示结余的盈余公积金。企业应按盈余公积金的种类如“法定盈余公积”“任意盈余公积”等设置明细账，进行明细分类核算。

3.“应付利润”账户

“应付利润”账户是用来核算企业应分配给投资者利润的增减变动及其结余情况的账户。该账户的性质是负债类，其贷方应付给投资者的利润，借方等级实际支付给投资者的利润。期末余额在贷方，表示尚未支付的利润。该账户可按投资者设置明细分类账户，进行明细分类核算。

【例 5—30】本年利润的结转

【实训资料】12 月 31 日，将本年利润科目贷方余额转入“利润分配——未分配利润”账户。

净利润结转

2021 年 12 月 31 日　　单位：元

账户名称	借方发生额	贷方发生额	余额
本年利润	1050000.00	1200000.00	150000.00

图 5—79

【实训要求】编制结转本年利润的会计分录。

结转全年净利润

借：本年利润　　　　　　　　　　　150000.00

　　贷：利润分配——未分配利润　　　　　150000.00

【例 5—31】盈余公积、现金股利的计提与结转

【实训资料】12 月 31 日，提取法定盈余公积、任意盈余公积。

盈余公积计提

2021 年 12 月 31 日　　单位：元

税前利润总额	所得税费用	计提基数	法定盈余公积金		任意盈余公积金	
			计提比例	计提额	计提比例	计提额
200000.00	50000.00	150000.00	10%	15000.00	5%	7500.00

图 5—80

利润分配计算

2021 年 12 月 31 日　　单位：元

项目	净利润	弥补上年度亏损	提取法定盈余公积	提取任意盈余公积	应付股利	未分配利润
本年实际	150000.00	0.00	15000.00	7500.00	25500.00	102000.00

图 5—81

【实训要求】编制提取盈余公积的会计分录。

计提盈余公积

借：利润分配——提取法定盈余公积金　　　15000.00

　　　　　　——提取任意盈余公积金　　　7500.00

　　贷：盈余公积——法定盈余公积金　　　　　15000.00

　　　　　　　　——任意盈余公积金　　　　　7500.00

分配利润

借：利润分配——应付利润　　　　　　25500.00

　　贷：应付利润　　　　　　　　　　　　25500.00

“利润分配”明细账户结转

借：利润分配——未分配利润　　48000.00

　　贷：利润分配——提取法定盈余公积金　　15000.00

　　　　　　　　——提取任意盈余公积金　　7500.00

　　　　　　　　——应付利润　　25500.00

练习题

一、单项选择题

1.下列账户中，期末应转入“生产成本”账户的是（　）。

A.制造费用　B.管理费用　C.财务费用　D.销售费用

2.下列费用中，不应计入产品成本的是（　）。

A.直接材料费　B.直接人工费　C.管理费用　D.制造费用

3.下列项目中，属于营业外收入的是（　）。

A.销售产品的收入　B.固定资产处置收益

C.对外提供劳务的收入　D.投资收益

4.下列项目中，属于营业外支出的是（　）。

A.无法收回的应收账款　B.支付的广告费

C.固定资产的盘亏和毁损　D.销售多余材料的成本

5.以下账户中期末一般无余额的是（　）。

A.应交税费　B.无形资产　C.应付利息　D.营业外收入

6.下列项目不构成材料采购成本的是（　）。

A.买价　B.可抵扣的增值税税额　C.消费税　D.关税

7.销售产品时应交的消费税，应贷记的账户是（　）。

A.“主营业务收入”　B.“税金及附加”

C.“应交税费”　D.“所得税费用”

8.“应付职工薪酬”是（　）科目。

A.资产类　B.负债类　C.所有者权益类　D.损益类

9.“在途物资”账户期末若有余额，表示（　）。

A.已购入但尚未验收入库的材料

B.企业本月及以前各期累计购买的材料金额

C.企业目前尚存的原材料

D.企业已入库和已耗用材料的差额

10.企业实际收到投资者投入的资金属于企业所有者权益中的（ ）。

A.固定资产　B.银行存款　C.实收资本　D.盈余公积

11.企业的净利润是（ ）。

A.利润总额减所得税费用的差额　B.利润总额减已交所得税的差额

C.利润总额减向投资者分配利润的差额　D.利润总额减提取的盈余公积的差额

12.利润的确认与计量依赖于（ ）。

A.收入与费用的确认与计量　B.收入的确认与计量

C.费用的确认与计量　D.收入、费用和资产的确认与计量

13.“本年利润”账户的期末贷方余额表示（ ）。

A.实现的利润总额　B.截至本期本年累计实现的利润总额

C.实现的净利润额　D.截至本期本年累计实现的净利润额

14.“利润分配”账户年末借方余额表示（ ）。

A.已分配的利润额　B.未分配的利润额

C.未弥补的亏损额　D.已实现的净利润

15.下列各项中应计入管理费用的是（ ）。

A.审计费　B.专设销售机构人员工资　C.材料采购运费　D.自然灾害损失

16.某企业本月发生管理费开支计 85 万元，月末结账后“管理费用”账户（ ）。

A.月末借方余额 85 万元　B.本月贷方发生额为 85 万元

C.月末贷方余额 85 万元　D.以上都不对

二、多项选择题

1.与“在途物资”账户的借方发生对应关系的账户一般有（ ）。

A.银行存款　B.预收账款　C.应付票据　D.应付账款

2.材料采购成本一般包括（ ）等内容。

A.买价　B.采购人员的差旅费　C.装卸费　D.运输费

3.产品的制造成本包括（ ）等项目。

A.构成产品实体的材料消耗　B.生产工人薪酬

C.车间机器设备的折旧费　D.车间照明用电费

4.企业的期间费用包括（ ）。

A.制造费用　B.销售费用　C.管理费用　D.财务费用

5.企业产品的构成项目包括（ ）。

A.生产成本　B.制造费用　C.直接材料　D.直接人工

6.以下费用中应计入销售费用的是（ ）。

A.广告费　B.销售机构人员工资　C.销售机构人员差旅费　D.销售产品运杂费

7.以下费用中应计入财务费用的是（　）。

A.支付给金融机构的手续费　B.利息支出　C.汇兑损益　D.财务人员工资

8.工业企业以下税费中应计入税金及附加的是（　）。

A.增值税　B.消费税　C.所得税　D.城建税

9.计提固定资产折旧可能涉及的账户包括（　）。

A.固定资产　B.累计折旧　C.制造费用　D.销售费用

10.工业企业主要经营过程核算的内容包括（　）等。

A.供应过程的核算　B.生产过程的核算

C.资金筹集业务的核算　D.销售过程的核算

11.下列项目中，与“本年利润”账户的贷方对应的账户有（　）。

A.其他业务收入　B.主营业务成本　C.主营业务收入　D.营业外支出

12.企业实现的净利润要以（　）。

A.利润的形式分配给投资者　B.所得税的形式上交给国家

C.资本公积金的形式留给企业　D.盈余公积金的形式留给企业

三、判断题

1.原材料的单位成本是购进原材料时从供货方取得的发票上列明的原材料的单价。（　）

2.“营业外收入”账户是用来核算企业发生的与企业生产经营无直接关系的各项收入的账户。（　）

3.核算企业向银行或其他金融机构借入的款项，应通过“应付账款”和“其他应付款”两个账户进行核算。（　）

4.财务成果是企业生产经营活动的最终成果，即利润或亏损。（　）

5.“制造费用”和“管理费用”账户的借方发生额都应于期末时采用一定的方法计入产品成本。（　）

6.企业销售产品向国家缴纳的增值税是通过“税金及附加”账户来核算的。（　）

7. 2022年1月31日，“本年利润”账户贷方余额26 000元，表明1月份实现的利润总额。（　）

8.车间领用一般性消耗的材料，在会计处理上应增加管理费用。（　）

9.未分配利润等于“本年利润”账户的贷方余额减去“利润分配”账户的借方余额。（　）

10.盈余公积是从销售收入中提取的公积金。（　）

11.企业专设销售机构的固定资产修理费用应计入销售费用。（　）

12.企业当年可供分配的利润包括当年实现的净利润和年初未分配利润。（　）

13.“制造费用”账户属于费用类即损益类账户，故期末必定没有余额。（　）

14.企业实现利润，首先应按照国家规定提取盈余公积金。（　）

第6章 会计账簿

6

【知识目标】

·了解会计账簿的登记方法，学会如何对账及结账。

【能力目标】

·根据情境的需要选择各类账簿，进行建账；

·根据审核后的记账凭证登记现金日记账、银行存款日记账、各明细分类账；

·按照科目汇总表账务处理程序要求进行科目汇总表的编制，登记总账；

·对发生的错账进行更正；

·对已经登记的账簿进行对账，确保账账相符、账证相符、账实相符；

·规范进行期末结账。

【素质目标】

·学习掌握各种会计账簿的填写方式，培养规范化的会计行为；

·养成严谨的职业态度，做到账证、账账、账实相符；

·树立正确的职业价值观，严格遵守各项会计制度和准则。

【案例导入】

周建大学毕业后在江苏光华机械制造有限公司担任会计工作8年，平时主要负责公司纳税计算和申报。2021年12月，公司来了一名实习生李丽，公司给李丽安排了第一项工作任务，让他根据会计部门的需求采购一些会计凭证和会计账簿。面对这项“棘手”的工作，李丽请教了周建这名老会计。周建陪同李丽到店里购置会计凭证、账簿，李丽看着橱窗里琳琅满目的账页傻了眼，不知该如何选择。请思考：如果你是周建，你该为李丽建议购置哪些格式的账簿，分别用于什么用途？

6.1 会计账簿的基本概念

一、会计账簿的概念和意义

会计账簿（简称账簿）是指由一定格式账页组成的，以经过审核的会计凭证为依据，全面、系统、连续地记录各项经济业务的簿籍。各单位应当按照国家统一的会计制度的规定和会计业务的需要设置会计账簿。

设置和登记账簿是编制会计报表的基础，是连接会计凭证与会计报表的中间环节，在会计核算中具有重要意义。通过账簿的设置和登记，可以记载、储存会计信息，分类、汇总会计信息，检查、校正会计信息，编报、输出会计信息。

【例 6－1】(　)是会计核算的中心环节。

A.填制和审核凭证　　B.设置和登记账簿　　C.成本计算　　D.编制财务会计报告

【解析】B。设置和登记账簿是编制会计报表的基础，是连接会计凭证和会计报表的中间环节。

二、会计账簿的基本内容

在实际工作中，由于各种会计账簿所记录的经济业务不同，账簿的格式也多种多样，但各种账簿都应具备以下基本内容：

1.封面，主要用来标明账簿的名称，如总分类账、各种明细分类账、库存现金日记账、银行存款日记账等。

2.扉页，主要用来列明会计账簿的使用信息，如科目索引、账簿启用和经管人员一览表等。“账簿启用登记和经管人员一览表”格式，如图 6－1 所示。

账簿名称：										单位名称：		
账簿编号：										账簿册数：		
账簿页数：										启用日期：		
会计主管：										记账人员：		

移交日期			移交人		接管日期			接管人		会计主管	
年	月	日	签名	签章	年	月	日	签名	签章	签名	签章

图 6—1　账簿启用登记和经管人员一览表

3.账页，是账簿用来记录经济业务的主要载体，包括账户的名称、日期栏、凭证种类和编号栏、摘要栏、金额栏，以及总页次和分户页次等基本内容。

三、会计账簿与账户的关系

账簿与账户有着十分密切的关系。账簿与账户的关系是形式和内容的关系。账户存在于账簿之中，账簿中的每一账页就是账户的存在形式和载体，没有账簿，账户就无法存在；账簿序时、分类地记载经济业务，是在个别账户中完成的。因此，账簿只是一个外在形式，账户才是它的真实内容。

6.2 会计账簿的种类

一、按用途分类

会计账簿按用途分类，可分为序时账簿、分类账簿和备查账簿。

（一）序时账簿

序时账簿又称日记账，是按照经济业务发生或完成时间的先后顺序逐日逐笔进行登记的账簿。序时账簿按其记录经济业务的范围不同，又可以分为普通日记账和特种日记账。

1.普通日记账

普通日记账是用来序时地反映和逐笔记录全部经济业务的日记账，普通日记账也称分录簿。由于每笔业务只能由一个人逐笔登记到普通日记账中，工作量很大，实际工作中一般很少采用普通日记账。

2.特种日记账

特种日记账是将大量重复发生的同类经济业务，集中在一本日记账中进行登记的账簿。最常见的特种日记账是现金日记账和银行存款日记账，这也是我国企业、行政事业单位中经常使用的两种日记账，如图 6—2 所示。

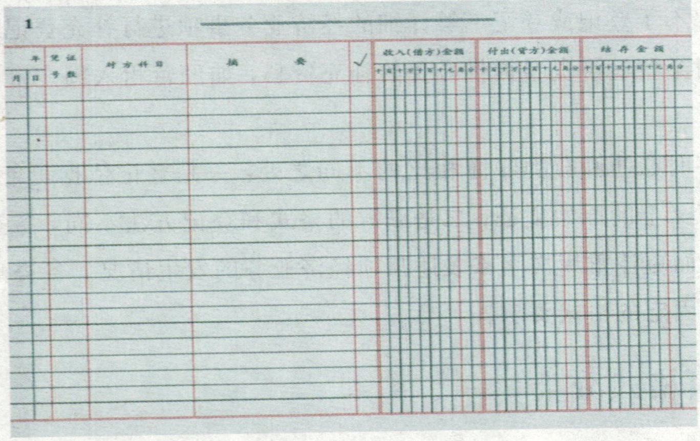

图 6—2　日记账账页

（二）分类账簿

分类账簿是对全部经济业务事项按照会计要素的具体类别而设置的分类账户进行登记的账簿。分类账按账簿反映内容详细程度不同，又分为总分类账簿和明细分类账簿。其中总分类账簿，简称总账，是根据总分类账户设置的，总括地反映某类经济活动，通常采用三栏式，其格式如图 6—3 所示；明细分类账簿，简称明细账，是根据明细分类账户设置的，用来提供明细的核算资料。明细分类账簿可采用的格式主要有三栏式明细账（如图 6—4 所示）、多栏式明细账（如图 6—5 所示）、数量金额式明细账（如图 6—6 所示）等。总分类账簿和所属明细分类账簿的作用各不相同，但又密切联系、互为补充。分类账簿提供的核算信息是编制会计报表的主要依据。

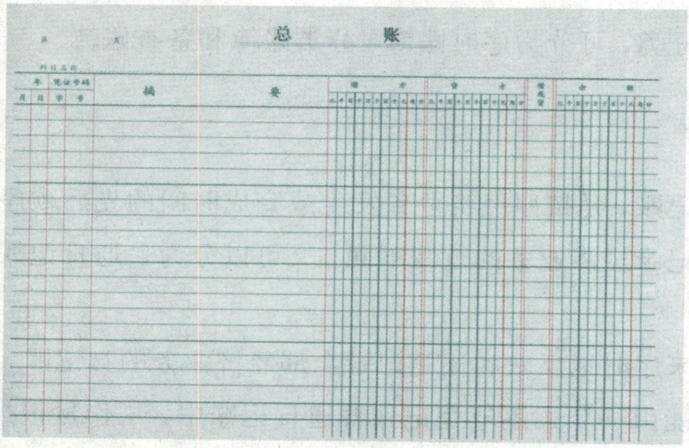

图 6—3　总分类账账页

（三）备查账簿

备查账簿简称备查簿，又称辅助登记账簿或补充登记簿，是对某些在序时账簿和分类账簿等主要账簿中都不予登记或登记不够详细的经济业务事项进行补充登记时使用的账簿。这类账簿主要用于对某些经济资料提供必要的补充资料，如经营租入固定资产登记簿、委托加工材料登记簿等。

备查账簿与序时账簿和分类账簿相比的不同之处：一是登记依据可能不需要记账凭证，甚至不需要一般意义上的原始凭证；二是账簿的格式和登记方法不同，备查账簿的主要栏目一般不记录金额，而更注重用文字来表述某项经济业务的发生情况。备查账簿根据企业的实际需要设置，没有固定的格式要求。

二、按账页格式分类

会计账簿按账页格式不同分类，可分为三栏式账簿、多栏式账簿、数量金额式账簿等。

（一）三栏式账簿

三栏式账簿是设有借方、贷方和余额三个基本栏目的账簿，如图 6－4 所示。各种日记账、总分类账以及资本、债权、债务明细账都可采用三栏式账簿。

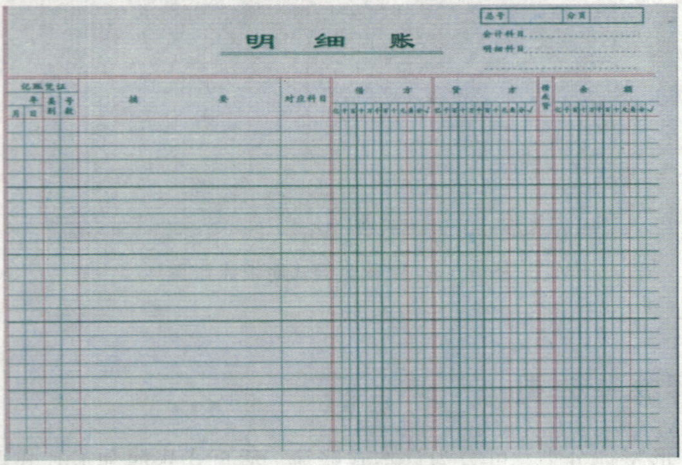

图 6－4　三栏式明细账账页

（二）多栏式账簿

多栏式账簿是在账簿的两个基本栏目借方和贷方按需要分设若干专栏的账簿。收入、成本、费用、利润和利润分配明细账一般均采用这种格式的账簿，如图 6－5 所示。

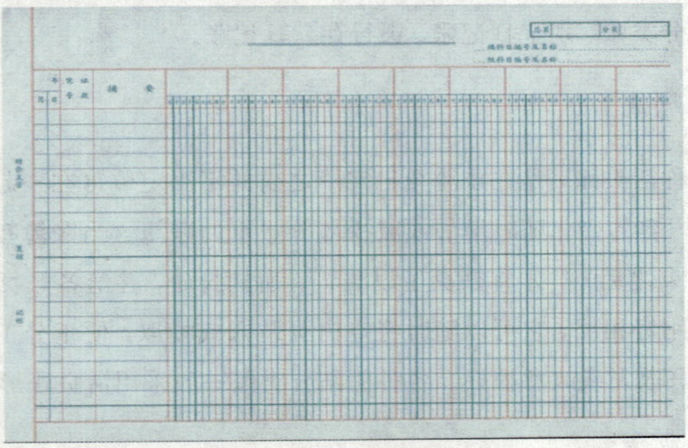

图 6－5　多栏式明细账账页

（三）数量金额式账簿

数量金额式账簿的借方、贷方和余额三个栏目内，都分设数量、单价和金额三小栏，借以反映财产物资的实物数量和价值量，如图 6－6 所示。原材料、库存商品、产成品等存货明细账一般都采用数量金额式账簿。

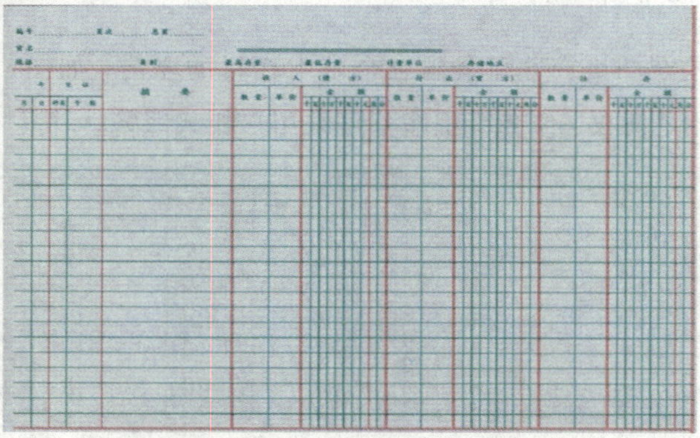

图 6—6　数量金额式明细账账页

三、按外形特征分类

会计账簿按外形特征分类，可分为订本式账簿、活页式账簿和卡片式账簿。

（一）订本式账簿

订本式账簿简称订本账，是启用之前就已将账页装订在一起，并对账页进行了连续编号的账簿。这类账簿的优点是可避免账页丢失，防止随意抽换账页；其缺点是不能准确为各账户预留账页，在同一时间内，只能由一个人登记，不便于分工。这种账簿一般适用于重要的和具有统驭性的总分类账、现金日记账、银行存款日记账。

（二）活页式账簿

活页式账簿简称活页账，是在账簿登记完毕之前并不固定装订在一起，而是装在活页账夹中，可根据记账内容的变化随时增加或减少部分账页的账簿。当账簿登记完毕之后（通常是一个会计年度结束之后），才将账页予以装订，加具封面，并给各账页连续编号。活页式的优缺点与订本式刚好相反，它可以随时将空白页装入或抽取，便于分工记账，但如果保管不善，极易造成账页散失或故意抽换。各种明细分类账一般采用活页账形式。

（三）卡片式账簿

卡片式账簿简称卡片账，是将账户所需格式印刷在硬卡上。严格地说，卡片账也是一种活页账，只不过它不是装在活页账夹中，而是装在卡片箱内。在我国，单位一般只对固定资产明细账采用卡片账形式。卡片式除具有一般活页式的优点外，它不需要每年更换，可以跨年使用。

【例 6—2】下列不适于建立备查账簿的是（　　）。

A.租入的固定资产　　B.应收票据　　C.受托加工材料　　D.购入的固定资产

【解析】D。备查账簿也称辅助账簿，是指对某些在序时账簿和分类账簿等主要账簿中都不予登记或登记不够详细的经济业务事项进行补充登记时使用的账簿。选项 D 已经在分类账中记录充分反映了，不需要建立备查账簿。

【例 6—3】下列说法中不正确的有（　　）。

A.日记账必须采用三栏式

B.总账最常用的格式为三栏式

C.三栏式明细分类账适用于成本费用类科目的明细核算

D.银行存款日记账应按企业在银行开立的账户和币种分别设置，每个银行账户设置一本日记账

【解析】AC。日记账可以采用三栏式也可以采用多栏式，所以 A 选项是错误的。多栏式明细分类账适用于成本费用类科目的明细核算，所以选项 C 也是错误的。

6.3 会计账簿的启用和登记规则

一、会计账簿的启用

启用会计账簿时，应当在账簿封面上写明单位名称和账簿名称，并在账簿扉页上附“账簿启用登记表”，详细载明单位名称、账簿名称、账簿编号、账簿页数、启用日期、经管人员和会计主管人员姓名，并加盖有关人员的签章和单位公章。更换记账人员时，应办理交接手续，在交接记录内填写交接日期和交接人员姓名并签章。启用订本式账簿应当从第一页到最后一页顺序编定页数，不得跳页、缺号。使用活页式账页应当按账户顺序编号，并须定期装订成册；装订后再按实际使用的账页顺序编定页码，另加目录，记明每个账户的名称和页次，如图 6—7 和图 6—8 所示。

【思考】账簿为何要填写启用表，订本式账簿为何要按顺序编页？

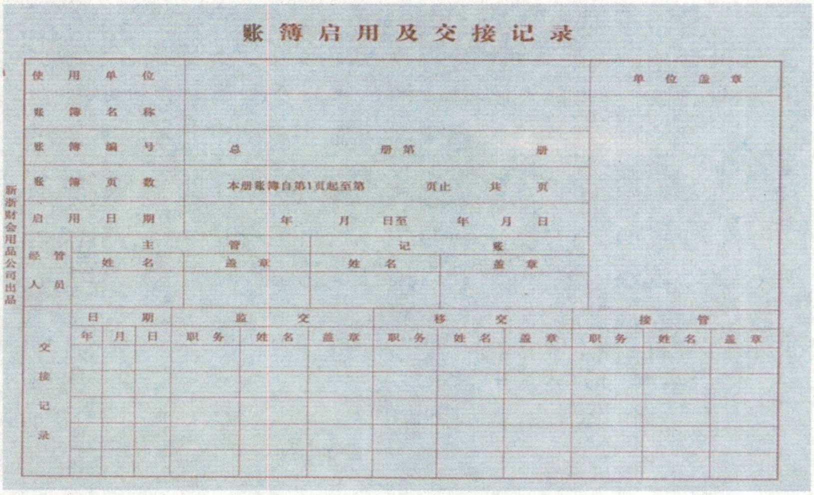
账簿启用及交接记录

使用单位 | 单位盖章
账簿名称
账簿编号　总　册第　册
账簿页数　本册账簿自第1页起至第　页止　共　页
启用日期　年　月　日至　年　月　日
经管人员　主管（姓名　盖章）　记账（姓名　盖章）
交接记录　日期（年　月　日）　监交（职务　姓名　盖章）　移交（职务　姓名　盖章）　接管（职务　姓名　盖章）
新浙财会用品公司出品

图 6—7　账簿启用交接表

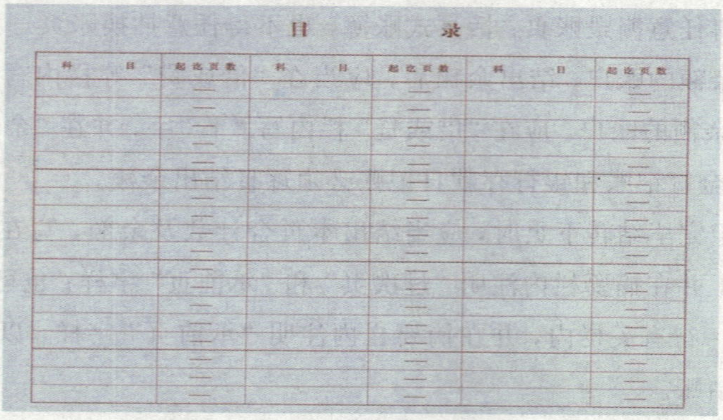
目　录

科　目	起讫页数	科　目	起讫页数	科　目	起讫页数

图 6—8　账簿目录

现金日记账、银行存款日记账、总账应采用订本式账簿。启用订本式账簿应当从第一页到最后一页顺序编定页数，不得跳页、缺号。

明细账宜采用活页式账簿。使用活页式账页应当按账户顺序编号，并须定期装订成册；装订后再按实际使用的账页顺序编定页码，另加目录，记明每个账户的名称和页次。一般财产物资（如材料、库存商品等）明细账使用数量金额式账页，成本费用（如生产成本、制造费用、管理费用等）明细账使用多栏式明细账。其余账页可采用三栏式账页。

【思考】为何不同账户采用不同格式账页？理论上是否通用三栏式？

【思考】相关账户余额登记后如何保证数据登记正确？

二、会计账簿记账规则

1.登记会计账簿时，应当将会计凭证日期、编号、业务内容摘要、金额和其他有关资料逐项记入账内，做到数字准确、摘要清楚、登记及时、字迹工整。

2.登记完毕后，要在记账凭证上签名或者盖章，并注明已经登账的符号表示已经记账。

3.账簿中书写的文字和数字应紧靠底线书写，上面要留有适当空格，不要写满格，一般应占格距的1/2。

4.登记账簿要用蓝黑墨水或者碳素墨水书写，不得使用圆珠笔（银行的复写账簿除外）或者铅笔书写。

5.下列情况，可以用红色墨水记账：

（1）按照红字冲账的记账凭证，冲销错误记录；

（2）在不设借贷等栏的多栏式账页中，登记减少数；

（3）在三栏式账户的余额栏前，如未印明余额方向的，在余额栏内登记负数余额；

（4）根据国家统一的会计制度的规定可以用红字登记的其他会计记录。

6.各种账簿应按页次顺序连续登记，不得跳行、隔页。如果发生跳行、隔页，应当将空行、空页划线注销，或者注明“此行空白”“此页空白”字样，并由记账人员签名或者盖章。

对订本式账簿，不得任意撕毁账页；活页式账簿，也不得任意抽换账页。

7.凡需要结出余额的账户，结出余额后，应当在“借或贷”等栏内写明“借”或者“贷”等字样。对于没有余额的账户，应在“借或贷”栏内写“平”字，并在“余额”栏“元”位处用“0”表示。库存现金日记账和银行存款日记账必须逐日结出余额。

8.每一账页登记完毕结转下页时，应当结出本页合计数及余额，写在本页最后一行和下页第一行有关栏内，并在摘要栏内注明“过次页”和“承前页”字样；也可以将本页合计数及金额只写在下页第一行有关栏内，并在摘要栏内注明“承前页”字样，以保持账簿记录的连续性，便于对账和结账。

对需要结计本月发生额的账户，结计“过次页”的本页合计数应当为自本月初起至本页末止的发生额合计数；对需要结计本年累计发生额的账户，结计“过次页”的本页合计数应当为自年初起至本页末止的累计数；对既不需要结计本月发生额，也不需要结计本年累计发生额的账户，可以只将每页末的余额结转次页。

9.账簿记录发生错误时，不得刮擦、挖补或用褪色药水更改字迹，而应采用规定的方法更正。

三、总账与明细账的平行登记

为了使总账与其所属明细账之间能起到统驭与补充作用，便于核对，并确保核算资料的正确、完整，必须采用平行登记的方法，在总账及其所属的明细账中进行记录。所谓平行登记，是指对所发生的每一项经济业务都要以会计凭证为依据，一方面要记入有关总账，另一方面也要记入有关总账所属明细账的方法。平行登记的要点如下：

1.依据相同

在将发生的交易或事项记入总账及其所属明细账时，所依据的会计凭证（特别是指原始凭证）相同。虽然登记总账及其所属明细账的直接依据不一定相同，但原始依据是相同的。

2.方向相同

在交易或事项记入总账和明细账时，记账方向必须相同。也就是说，如果总账记入借方，所属明细账也应记入借方；如果总账记入贷方，则所属明细账也应记入贷方。

3.期间相同

对每项交易或事项在记入总账和明细账过程中，可以有先有后但必须在同一会计期间（一般在同一月份）全部登记入账。

4.金额相等

记入总账的金额与记入其所属的各明细账的金额合计数相等。总账提供总括指标，明细账提供总账所记内容的具体指标，所以，记入总账的金额与记入其所属各明细账的金额合计数必须相等。企业可以根据总账与其所属的明细账的发生额和余额必然相等的原理，通过总账与明细账的相互核对，来检查总账及其所属的明细账的记录是否正确。

【例 6—4】有关“平行登记”表述正确的是，对发生的每一笔经济业务（　　）。

A.既要记入有关总账，又要记入有关总账所属的明细账

B.登记总账和其所属明细账的依据应当相同

C.登记总账和其所属明细账的借贷方向相同

D.必须在同一天登记总账和其所属明细账

【解析】ABC。对于每项经济业务在记入总账和明细账过程中，可以有先有后，但必须在同一会计期间全部入账，而非同一天。

四、账簿登记

(一) 日记账的格式和登记方法

当审核后的记账凭证按程序传递到会计人员手中，接受凭证的会计人员应做好交接登记，然后按照记账凭证编号顺序，结合原始凭证，登记现金日记账、银行存款日记账、各明细账。

1.现金日记账的格式和登记方法

(1) 现金日记账的格式

现金日记账是用来核算和监督库存现金每天的收入、支出和结存情况的账簿，其格式有三栏式和多栏式两种。无论采用三栏式还是多栏式现金日记账，都必须使用订本账。

(2) 现金日记账的登记方法

现金日记账由出纳人员根据同现金收付有关的记账凭证，按时间顺序逐日逐笔进行登记，并根据“上日余额＋本日收入－本日支出＝本日余额”的公式，逐日结出现金余额，与库存现金实存数核对，以检查每日现金收付是否有误。

借、贷方分设的多栏式现金日记账的登记方法是：先根据有关现金收入业务的记账凭证登记现金收入日记账，根据有关现金支出业务的记账凭证登记现金支出日记账，每日营业终了，根据现金支出日记账结计的支出合计数，一笔转入现金收入日记账的“支出合计”栏中，并结出当日余额。

2.银行存款日记账的格式和登记方法

银行存款日记账是用来核算和监督银行存款每日的收入、支出和结余情况的账簿。银行存款日记账应按企业在银行开立的账户和币种分别设置，每个银行账户设置一本日记账。

银行存款日记账的格式和登记方法与现金日记账相同。

(二) 总分类账的格式和登记方法

1.总分类账的格式

总分类账是按照总分类账户分类登记以提供总括会计信息的账簿。总分类账最常用的格式为三栏式，设置借方、贷方和余额三个基本金额栏目。

2.总分类账的登记方法

总分类账可以根据审核后的记账凭证逐笔登记，也可以根据经过汇总的科目汇总表或汇总记账凭证等登记（本项目以科目汇总表账务处理程序为例）。

科目汇总表账务处理程序又称记账凭证汇总表账务处理程序，它是根据记账凭证定期编制科目汇总表，再根据科目汇总表登记总分类账的一种账务处理程序。其一般程序是：

(1) 根据原始凭证编制汇总原始凭证；

(2) 根据原始凭证或汇总原始凭证编制记账凭证（或收款凭证、付款凭证和转账凭证）；

(3) 根据收款凭证、付款凭证逐笔登记现金日记账和银行存款日记账；

(4) 根据原始凭证、汇总原始凭证和记账凭证登记各种明细分类账；

(5) 根据各种记账凭证定期编制科目汇总表；

(6) 根据科目汇总表登记总分类账；

(7) 期末，现金日记账、银行存款日记账和明细分类账的余额同有关总分类账的余额核对相符；

(8) 期末，根据总分类账和明细分类账的记录，编制会计报表。

科目汇总表账务处理程序减轻了登记总分类账的工作量，并可做到试算平衡，简明易懂，方便易学。其缺点是：科目汇总表不能反映账户对应关系，不便于查对账目。它适用于经济业务较多的单位。

(三) 明细分类账的格式和登记方法

1.明细分类账的格式

明细分类账是根据有关明细分类账户设置并登记的账簿，它能提供交易或事项比较详细、具体的核算资料，以弥补总账所提供核算资料的不足。因此，各单位在设置总账的同时，还应设置必要的明细账。其格式一般有三栏式、多栏式、数量金额式等多种。

(1) 三栏式明细分类账。

三栏式明细分类账是设有借方、贷方和余额三个栏目，用以分类核算各项经济业务，提供详细核算资料的账簿，其格式与三栏式总账格式相同，适用于只进行金额核算的资本、债权、债务明细账。

(2) 多栏式明细分类账。

多栏式明细分类账是将属于同一个总账科目的各个明细科目合并在一张账页上进行登

记，即在这种格式账页的借方或贷方金额栏内按照明细项目设若干专栏。这种格式适用于收入、成本、费用、利润和利润分配明细账。

(3) 数量金额式明细分类账。

数量金额式明细分类账其借方（收入）、贷方（发出）和余额（结存）都分别设有数量、单价和金额三个专栏，适用于既要进行金额核算又要进行数量核算的存货明细账。数量金额式账页提供了企业有关财产物资数量和金额收、发、存的详细资料，有助于加强财产物资的实物管理和使用监督，保证财产物资的安全完整。

2.明细分类账的登记方法

不同类型经济业务的明细分类账可根据管理需要，依据记账凭证、原始凭证或汇总原始凭证逐日逐笔或定期汇总登记。固定资产、债权、债务等明细账应逐日逐笔登记；库存商品、原材料、产成品收发明细账以及收入、费用明细账可以逐笔登记，也可定期汇总登记。

【思考】过账后记账凭证上应如何体现？

6.4 错账的更正方法

在记账过程中，如果发现账簿记录发生错误，必须采用正确的方法予以更正，不准涂改、挖补、刮擦或者用药水去除字迹，不准重新抄写。可以采用的错账更正方法包括：划线更正法、红字更正法和补充登记法等。

一、划线更正法

划线更正法又称红线更正法。在结账前发现账簿记录有文字或数字错误，而记账凭证没有错误，采用划线更正法。

更正方法：更正时，可在错误的文字或数字上划一条红线，在红线的上方填写正确的文字或数字，并由记账及相关人员在更正处盖章。对于错误的数字，应全部划红线更正，不得只更正其中的错误数字，对于文字错误，可只划去错误的部分，如图 6－9 所示。

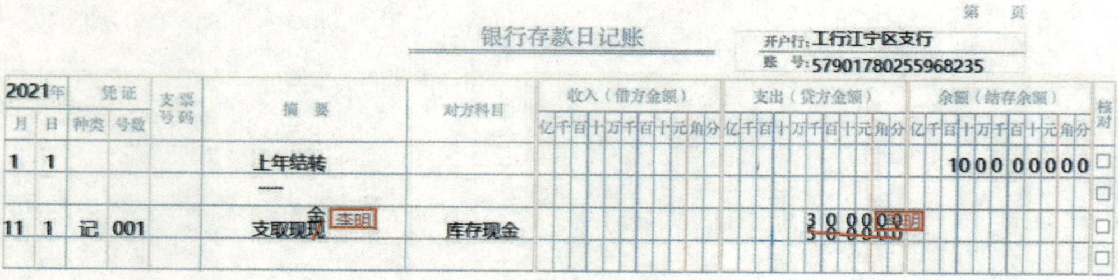
第　页

银行存款日记账

开户行：工行江宁区支行

账　号：57901780255968235

2021年 月	日	凭证 种类	号数	支票号码	摘要	对方科目	收入（借方金额）	支出（贷方金额）	余额（结存余额）	核对
1	1				上年结转				1000 00000	□
					——					□
11	1	记	001		支取现~~现~~ 金 李明	库存现金		~~5 0 0 0 0 0~~ 3 0 0 0 0 0 李明		□
										□

图 6－9　划线更正法运用

二、红字更正法

红字更正法是指用红字冲销原有错误的账户记录或凭证记录，以更正或调整账簿记录的一种方法。适用于以下两种错误的更正：

1.记账后在当年内发现记账凭证所记的会计科目错误，应采用红字更正法

更正方法是：发现原记账凭证会计科目错误时，用红字填写一张与原记账凭证完全相同的记账凭证（只是所记金额为红字），在“摘要”栏注明“注销×年×月×日×号错误凭证”，并用红字登记入账，以示注销原记账凭证。然后用蓝字填写一张正确的记账凭证，在“摘要”

栏注明“更正×年×月×日×号错误凭证”，并据以登记入账。

【例 6—5】江苏光华机械制造有限公司从小规模纳税人处购入原材料 2500 元，材料已入库，款项未付。在填制记账凭证时，贷方科目误记为“银行存款”，并已据以入账。

(1) 原错误分录如下：

借：原材料　　2500

　　贷：银行存款　　2500　　并已登记入账

(2) 用红字更正法更正如下：

①先用红字金额冲销原错误分录：

借：原材料　　2500

　　贷：银行存款　　2500

②再编制一笔正确分录：

借：原材料　　2500

　　贷：应付账款　　2500　　并登记入账

2.记账凭证会计科目无误，而所记金额大于应记金额的，应采用红字更正法

更正方法是：按多记的金额用红字编制一张与原记账凭证应借、应贷科目完全相同的记账凭证，在“摘要”栏注明“冲销×年×月×日×号凭证多记金额”，以冲销多记的金额，并据以登记入账。

【例 6—6】购入办公用品 340 元，用现金付讫，当即由行政部门领用。在填制记账凭证时，金额误记为 430 元，并已据以入账。

(1) 原错误分录如下：

借：管理费用　　430

　　贷：库存现金　　430

(2) 用红字更正法更正如下：

借：管理费用　　90

　　贷：库存现金　　90　　并登记入账

三、补充登记法

记账后发现记账凭证填写的会计科目无误，只是所记金额小于应记金额时，可采用补充登记法。

更正方法是：按少记的金额用蓝字编制一张与原记账凭证应借、应贷科目完全相同的记账凭证，在“摘要”栏注明“补记×年×月×日×号凭证少记的金额”，以补充少记的金额，并据以登记入账。

【例 6—7】江苏光华机械制造有限公司，计提车间固定资产折旧费 6400 元。在填制记账凭证时，金额误记为 4600 元，并已据以入账。

(1) 原错误分录为：

借：制造费用　　　　　　　　4600

　贷：累计折旧　　　　　　　　　4600

(2) 发现错误后，可用蓝字将少记的金额1800元再补作一笔分录如下：

借：制造费用　　　　　　　　1800

　贷：累计折旧　　　　　　　　　1800

6.5 对账与结账

一、对账

对账，是对账簿记录所进行的核对，也就是核对账面。对账工作一般在记账之后结账之前，即在月末进行。对账一般分为账证核对、账账核对、账实核对。

（一）账证核对

账证核对是指将账簿记录与会计凭证核对，核对账簿记录与原始凭证、记账凭证的时间、凭证字号、内容、金额等是否一致，记账方向是否相符，做到账证相符。一般来说，日记账应与收款凭证、付款凭证相核对，总账应与记账凭证相核对，明细账应与记账凭证或原始凭证相核对。

（二）账账核对

账账核对是指核对不同会计账簿之间的账簿记录是否相符。包括：

1.总分类账簿有关账户的余额核对。资产类账户的余额应等于权益类账户的余额，或总账账户的期末借方余额合计数应与贷方余额合计数核对相符。

2.总分类账簿与所属明细分类账簿核对。总分类账户的期末余额应与其所属的各明细分类账户的余额之和核对相符。

3.总分类账簿与序时账簿核对。我国企事业单位必须设置现金日记账和银行存款日记账。现金日记账必须每天与库存现金核对相符，银行存款也必须定期与银行对账。在此基础上，还应检查现金总账和银行存款总账的期末余额，与现金日记账和银行存款日记账的期末余额是否相等。

4.明细分类账簿之间的核对。会计部门有关事务资产的明细账与财产物资保管部门或使用部门的明细账定期核对，以检查其余额是否相符。核对的方法一般是由财产物资保管部门或使用部门定期编制收发结存汇总表报会计部门核对。

(三) 账实核对

1.账实核对是指各项财产物资、债权债务等账面余额与实有数额之间的核对。包括：

(1) 现金日记账账面余额与库存现金数额是否相符；

(2) 银行存款日记账账面余额与银行对账单的余额是否相符；

(3) 各项财产物资明细账账面余额与财产物资的实有数额是否相符；

(4) 有关债权债务明细账账面余额与对方单位的账面记录是否相符。

2.账实核对一般通过财产清查实现，财产清查是指通过对货币资金、实物资产和往来款项的盘点或核对，确定其实存数，查明账存数与实存数是否相符的一种专门方法。加强财产清查工作，对于加强企业管理、充分发挥会计的监督作用具有重要意义。

财产清查按财产清查的范围分为全面清查和局部清查，按财产清查的时间分为定期清查和不定期清查。

企业在编制年度财务会计报告前，应当全面清查财产、核实债务。各单位应当定期将会计账簿记录与实物、款项及有关资料相互核对，保证会计账簿记录与实物及款项的实有数额相符。

二、结账

结账是将账簿记录定期结算清楚的会计工作。在一定时期结束时（如月末、季末或年末），为编制财务报表，需要进行结账，具体包括月结、季结和年结。结账的内容通常包括两个方面：一是结清各种损益类账户，据以计算确定本期利润；二是结出各资产、负债和所有者权益账户的本期发生额合计和期末余额。

(一) 结账的程序

1.将本期发生的经济业务事项全部登记入账，并保证其正确性。若发生漏账、错账，应及时补记、更正，既不能提前结账，又不能将本期发生的经济业务推至下期登账；

2.根据权责发生制的要求，调整有关账项，合理确定本期应计的收入和应计的费用；

3.将损益类科目转入“本年利润”科目，结平所有损益类科目；

4.结算出资产、负债和所有者权益科目的本期发生额和余额，并结转下期。

(二) 结账的方法

1.对不需按月结计本期发生额的账户，每次记账以后，都要随时结出余额，每月最后一笔余额即为月末余额。月末结账时，只需要在最后一笔经济业务事项记录之下划通栏单红线，不需要再结计一次余额。

2.现金、银行存款日记账和需要按月结计发生额的收入、费用等明细账，每月结账时，要结出本月发生额和余额，在摘要栏内注明“本月合计”字样，并在下面划通栏单红线。

3.需要结计本年累计发生额的某些明细账户，每月结账时，应在“本月合计”行下结出自年初起至本月末止的累计发生额，登记在月份发生额下面，在摘要栏内注明“本年累计”字样，并在下面划通栏单红线。12 月末的“本年累计”就是全年累计发生额，全年累计发生额下划通栏双红线。

4.总账账户平时只需结出月末余额。年终结账时，将所有总账账户结出全年发生额和年末余额，在摘要栏内注明“本年合计”字样，并在合计数下划通栏双红线。

5.年度终了结账时，有余额的账户，要将其余额结转下年，并在摘要栏注明“结转下年”字样；在下一会计年度新建有关会计账户的第一行余额栏内填写上年结转的余额，并在摘要栏注明“上年结转”字样。

练习题

一、单项选择题

1.下列账簿中，一般采用活页账形式的是（　）。

A.日记账　　B.总分类账　　C.明细分类账　　D.备查账

2.总分类账一般采用的账页格式为（　）。

A.两栏式　　B.三栏式　　C.多栏式　　D.数量金额式

3.将账簿划分为序时账簿、分类账簿和备查账簿的依据是（　）。

A.账簿的用途　　B.账页的格式　　C.账簿的外形特征　　D.账簿的性质

4.下列各项中，适用于数量金额式账簿的是（　）。

A.现金日记账　　B.管理费用明细账　　C.原材料明细账　　D.应收账款明细账

5.会计账簿按（　）分类，分为序时账簿、分类账簿、备查账簿。

A.用途　　B.性质　　C.格式　　D.外形

6.在登记账簿过程中，每一账页的最后一行及下一页第一行都要办理转页手续，是为了（　）。

A.便于查账　　B.防止遗漏　　C.防止隔页　　D.保持记录的连续性

7.下列各账簿中，必须逐日逐笔登记的是（　）。

A.库存现金总账　　B.银行存款日记账　　C.应收账款总账　　D.应付票据总账

8.下列适合采用多栏式明细账格式核算的是（　）

A.原材料　　B.制造费用　　C.应付账款　　D.库存商品

9.下列对账工作中属于账实核对的是（　）。

A.银行存款日记账与银行对账单核对

B.总分类账与所属明细分类账核对

C.会计部门的财产物资明细账与财产物资保管部门的有关明细账相核对

D.总分类账与日记账核对

10.对账时，账账核对不包括（ ）。

A.总账有关账户的余额核对　　B.总账与明细账之间的核对

C.总账与备查账簿之间的核对　　D.总账与日记账的核对

11.核对会计账簿记录与财产等实有数额是否相符，是对账内容中的（ ）。

A.账实核对　B.账证核对　C.账账核对　D.账表核对

12.在结账前发现账簿记录有文字或数字错误，而记账凭证没有错误应采用（ ）。

A.划线更正法　B.红字更正法　C.补充登记法　D.平行登记法

13.下列各项，只用蓝字笔更正的是（ ）。

A.补充登记法　B.红字冲销法　C.划线更正法　D.以上都不对

14.当会计科目和方向没有错误，所填金额小于应记的金额，导致账簿记录错误时，就用（ ）来更正。

A.补充登记法　B.红字冲销法　C.划线更正法　D.以上都不对

15.企业的结账时间应为（ ）。

A.每项经济业务登账后　B.每日终了时　C.会计期末　D.会计报表编制后

二、多项选择题

1.数量金额式账簿的收入、发出和结存三大栏内，都分设（ ）三个小栏。

A.数量　B.种类　C.单价　D.金额

2.银行存款日记账可以采用的账页格式有（ ）。

A.三栏式　B.多栏式　C.数量金额式　D.横线登记式

3.会计账簿按外形的不同，可分为（ ）。

A.订本式账簿　B.活页式账簿　C.卡片式账簿　D.数量金额式账簿

4.会计账簿按格式的不同，可分为（ ）。

A.三格式账簿　B.数量金额式账簿　C.多栏式账簿　D.订本式账簿

5.下列不符合登记账簿要求的有（ ）。

A.为防止篡改，文字书写要占满格

B.数字书写一般要占格距的1/2

C.将登记中不慎出现的空页划线注销

D.根据红字冲账的记账凭证，用红字冲销错误记录

6.会计账簿的基本构成包括（ ）。

A.封面　B.扉页　C.使用说明　D.账页

7.下列项目中，可以采用数量金额式格式的有（ ）。

A.银行存款日记账　B.应收账款明细分类账

C.库存商品明细分类账　　　　　　D.原材料明细分类账

8.下列情况，可以用红色墨水记账的有（　）。

A.按照红字冲账的记账凭证，冲销错误记录

B.在不设借贷等栏的多栏式账页中，登记减少数

C.在三栏式账户的余额栏前，如未印明余额方向的，在余额栏内登记负数余额

D.根据国家统一会计制度的规定可以用红字登记的其他会计记录

9.对账的内容有（　）。

A.账实核对　　B.账证核对　　C.账账核对　　D.账表核对

10.错账的更正方法有（　）。

A.划线更正法　　B.红字冲销法　　C.原地涂改法　　D.补充登记法

三、判断题

1.账簿只是一个外在形式，账户才是它的真实内容。账簿与账户的关系是形式和内容的关系。（　）

2.费用明细账一般均采用三栏式账簿。（　）

3.会计中的红色数字表示负数。（　）

4.会计账簿登记中，如果不慎发生隔页，应立即将空页撕掉，并更改页码。（　）

5.会计科目和方向没有错误，所填金额小于应记的金额，导致账簿记录错误的，适用于划线更正法。（　）

6.总分类账户平时不必每日结出余额，只需每月结出月末余额。（　）

7.备查账簿不必每年更换新账，可以连续使用。（　）

第7章 财产清查

7

【知识目标】

· 了解财产清查的种类、方法以及相应的账务处理流程。

【能力目标】

· 了解财产清查的种类、方法；

· 学习掌握财产清查的具体账务处理；

· 正确理解未达账项以及掌握银行存款余额调节表的编制；

· 掌握货币资金的清查方法；

· 掌握实物资产的清查方法。

【素质目标】

· 学习财产清查的种类、方法，培养规范化的会计行为；

· 养成严谨的职业态度，保证账实相符；

· 树立正确的职业价值观，严格遵守各项会计制度和准则。

【案例导入】

江苏光华机械制造有限公司的董事会决定，年底对公司进行一次财产清查，总经理王伟把这项工作安排给了会计主管梁强，要求梁强根据公司的具体情况，编写一份合理的财产清查工作计划，并准备好财产清查过程中所需要的相关资料与表格。经过缜密的思考后，梁强打算先弄清楚以下问题：这次财产清查的目的是什么？财产清查包括哪些具体工作？如何与其他部门配合开展相关资产的清查工作？如何记录反映资产清查的结果？对清查的结果应该如何处理？学习完本章以后，相信大家会对财产清查有一个更深层次的理解。

7.1 财产清查的概念和种类

一、财产清查的概念

财产清查是指通过对货币资金、实物资产和往来款项等财产物资进行盘点或核对，确定其实存数，查明账存数与实存数是否相符的一种专门方法。

实际工作中，企业财产物资的账存数与实存数常常出现不符的状况。造成账实不符的原因很多，一般可归纳为以下几种情况：

(1) 财产物资在保管过程中发生的自然损溢；

(2) 在收发财产、物资时，由于计量、计算、检验不准确而发生的品种、数量、质量上的差错；

(3) 在财产物资增减变动时，由于没有及时办理手续或在计算、登记上发生了差错；

(4) 由于管理不善、制度不严造成财产物资的损坏、丢失、被盗；

(5) 在账簿记录中发生的重记、漏记、错记；

(6) 由于自然灾害造成的非常损失；

(7) 未达账项引起的账账、账实不符等。

为了保证会计信息的真实性，企业必须定期或不定期地对实物财产进行盘点，并与账存数进行核对，做到账实相符。适当运用财产清查的方法，对保证账簿记录与财产物资的实际状况相符合，并提供内容完整、数字准确、资料可靠的会计信息，具有重要意义：

(1) 通过财产清查，可以查明各项财产物资的实有数量，确定实有数量与账面数量之间的差异，查明原因和责任，以便采取有效措施，消除差异，改进工作，从而保证账实相符，提高会计资料的准确性。

(2) 通过财产清查，可以查明各项财产物资的保管情况是否良好，有无因管理不善，造成霉烂、变质、损失浪费，或者被非法挪用、贪污盗窃的情况，以便采取有效措施，改善管理，切实保障各项财产物资的安全完整。

(3) 通过财产清查，可以查明各项财产物资的库存和使用情况，合理安排生产经营活动，充分利用各项财产物资，加速资金周转，提高资金使用效果。

二、财产清查的种类

（一）按财产清查的范围分类

按财产清查的范围可分为全面清查和局部清查。

1.全面清查

全面清查是指对所有财产进行全面盘点和核对。全面清查涉及企业全部财产，包括资产、负债和所有者权益的所有有关项目。由于全面清查具有内容多、范围广、工作量大等特点，不可能经常进行，一般只在下列情况下进行：（1）在年终结算之前；（2）单位撤销、合并或改变隶属关系前；（3）中外合资、国内合资前；（4）企业股份制改制前；（5）开展全面的资产评估、清产核资前；（6）单位主要领导调离工作前等进行。

2.局部清查

局部清查是指根据需要对部分财产进行盘点和核对。局部清查主要是对货币资金、存货等流动性较大的财产的清查，例如，现金应每日清点一次；银行存款每月至少同银行核对一次；债权债务每年至少核对一至两次；各项存货应有计划、有重点地抽查；贵重物品每月清查一次等。局部清查的特点是：清查范围小、内容少、时间短、参与人员少，专业性强。

（二）按财产清查的时间分类

按财产清查的时间可分为定期清查和不定期清查。

1.定期清查

定期清查是指按照预先计划安排的时间对财产物资进行的清查。各单位应当定期将会计账簿记录与实物、款项及有关资料相互核对，保证会计账簿记录与实物及款项的实有数额相符。定期清查根据不同需要，可以全面清查，也可以局部清查。

企业在编制年度财务会计报告前，应当全面清查财产、核实债务。各单位应当定期将会计账簿记录与实物、款项及有关资料相互核对，保证会计账簿记录与实物及款项的实有数额相符。定期清查一般在年末、季末、月末进行。

2.不定期清查

不定期清查是指事先并无规定的清查时间，而是根据实际需要对财产物资进行临时性清查。如更换仓库保管员时，对其所保管的库存进行的清查；发生非常灾害和意外损失时，对非常损失进行的清查；上级主管、财政、审计和银行等部门，对本单位进行会计检查，应按检查的要求和范围对财产物资进行清查，以验证会计资料的可靠性等。

（三）按财产清查的执行系统分类

按财产清查的执行系统可分为内部清查和外部清查。

1.内部清查

内部清查是指由本单位内部自行组织清查工作小组所进行的财产清查工作。大多数财产清查都是内部清查。

2.外部清查

外部清查是指由上级主管部门、审计机关、司法部门、注册会计师等根据国家有关规定或情况需要对本单位进行的财产清查。一般来讲，进行外部清查时应有本单位相关人员参加。

三、财产物资的盘存制度

企业各项财产物资的数量需要通过盘存来确定，常用的盘存方法有永续盘存制和实地盘存制两种。

（一）永续盘存制

永续盘存制也叫账面盘存制，它是根据各种财产物资的收发业务，在账簿中逐笔或逐日地详细登记，并随时结出账面余额的一种方法。采用永续盘存制，需要对每一品种、规格的财产物资开设明细账，通过对财产物资的收发进行明细分类核算，平时逐日或者逐笔在明细账中记增加数和减少数，并随时结出结存数。

期末结存数＝期初结存数＋本期增加数－本期减少数

在永续盘存制下，通过账簿记录可以随时反映各种财产物资的增减变动与结存情况，有利于加强财产物资的管理，为正确计算耗用和销售成本提供保证；通过账面结存数量与实地盘点数量的核对，还可以及时发现和解决财产短缺、毁损等现象，有利于保护企业财产物资的安全与完整。但对于财产物资品种繁多、收发业务频繁的企业，若采用这种方法，工作量较大。

（二）实地盘存制

实地盘存制也叫定期盘存制或以存计耗制，它是通过对各种财产物资的定期清查、盘点来确定其期末数量的一种方法。在实地盘存制下，平时只登记增加数，不登记减少数，月末通过对财产物资的实地盘点来取得账面结存数，然后再倒挤出本期减少数。

本期减少数＝期初结存数＋本期增加数－期末结存数（盘点数）

采用实地盘存制，可以简化日常核算工作，但由于日常核算中不反映各项财产物资的减少与结存情况，很难对财产物资进行控制和管理。同时，采用此法，企业的耗用或销售成本是以倒推的方法推算出来的，这样就会把计量、收发、保管中产生的差错、浪费，以及被盗等各种非销售和领用的损耗，全部计入了成本，所以，它影响成本核算的正确性，不利于保护企业财产物资的安全与完整。因此，该方法只适用于财产物资品种多、价值低、收发频繁、损耗大，以及不便于实行永续盘存制的企业。

（三）永续盘存制与实地盘存制的比较

1.永续盘存制与实地盘存制的相同点

（1）两者均要求对财产物资设置数量金额式明细账。

（2）对于财产物资增加都要求根据有关凭证及时入账。

2.永续盘存制与实地盘存制的不同点

（1）对于财产物资的减少业务，永续盘存制要求及时登记明细账，实地盘存制不在明细账上作记录。

（2）永续盘存制下能够随时结计财产物资的账面结存资料，而实地盘存制下平时没有财产物资的账面结存记录。

（3）永续盘存制下可以将账存情况与盘点实际结存进行核对，有利于加强对财产物资的核算和管理；实地盘存制期末先盘点实际结存，然后通过以存计耗的方式计算减少数，是不完善的财产物资核算和管理制度。

【思考】财产清查是一种会计核算方法，还是一项管理制度？

7.2 财产清查的方法

一、货币资金的清查方法

1.现金的清查。采用实地盘点的方法来确定库存现金的实存数，然后再与现金日记账的账面余额核对，以查明账实是否相符及盈亏情况。库存现金清查一般由主管会计或财务负责人和出纳人员共同清点出各种纸币的张数和硬币的个数，并填制库存现金盘点报告表。

现金收支业务繁杂，容易出错，每日业务终了，出纳人员应将库存现金日记账的账面余额与现金的实存数进行核对，做到账实相符；同时，还应成立清查小组，对库存现金进行定期或不定期清查。在清查小组盘点时，出纳人员必须在场，现金应逐张查点。清查人员还应认真审核现金收付凭证和有关账簿，检查账务处理是否合理合法，账簿记录有无错误，有无白条抵库、挪用舞弊等情况，以确定账存与实存是否相符等。

盘点完成后，应编制“库存现金盘点报告表”如表 7－1 所示，并由盘点人员和出纳人员共同签章，作为重要的原始凭证，并据以调整现金日记账的账面记录。

表 7－1　　库存现金盘点报告表

年　月　日

实存金额	账存金额	实存与账存对比		备注
		盘盈	盘亏	

负责人签章：　　盘点人签章：　　出纳员签章：

2.银行存款的清查。通过与开户银行转来的对账单进行核对，查明银行存款的实有数额。银行存款的清查一般在月末进行。银行存款日记账与对账单不一致的原因有两个方面：一是双方或一方记账有误；二是存在未达账项。

如果对账中发现属于企业和银行双方的记账错误或其中一方记账错误的，应立即更正。如果双方均无记账错误，而银行存款日记账与对账单仍不一致，则一般是由于未达账项造成的。所谓未达账项，是指由于企业与银行取得有关凭证的时间不同，发生的一方已经取得凭证登记入账，而另一方由于未取得凭证尚未入账的款项。具体有以下四种情况：

(1) 企业已收，银行未收；即企业已收款入账，银行尚未收款入账。例如，企业已将收到的购货单位开出的转账支票送存银行并且入账，但是，银行尚未办妥转账手续而没有入账。

(2) 企业已付，银行未付；即企业已付款入账，银行尚未付款入账。例如，企业开出的转账支票已经入账，但是，因收款单位尚未到银行办理转账手续或银行尚未办妥转账付款手续而没有入账。

(3) 银行已收，企业未收；即银行已收款入账，企业尚未收款入账。例如，企业委托银行代收的款项，银行已经办妥收款手续并且入账，但是，因收款通知尚未到达企业而使企业没有入账。

(4) 银行已付，企业未付；即银行已付款入账，企业尚未付款入账。例如，企业应付给银行的借款利息，银行已经办妥手续并且入账，但是，因付款通知尚未到达企业而使企业没有入账。

如果发现企业银行存款日记账余额与银行对账单余额不符，首先检查记账有否差错，如果有差错，先更正差错，然后在记账正确的前提下再对未达账进行调节。对未达账项应通过编制“银行存款余额调节表”进行检查核对，调节后的双方余额应相等。

【例 7—1】编制银行存款余额调节表

江苏光华机械制造有限公司 2021 年 7 月 31 日银行存款日记账余额为 143900 元、银行对账单余额为 152000 元、经逐笔核对查明有下列未达账项：

(1) 企业于 7 月 27 日开出转账支票一张，金额 4500 元，银行尚未入账。

(2) 7 月 29 日银行代企业收回销货款 7500 元，企业尚未收到收款通知。

(3) 7 月 31 日，银行代扣企业借款利息 600 元，企业尚未接到付息通知。

(4) 企业在 7 月 31 日收到转账支票一张、金额为 3300 元，送存银行，银行尚未入账。

要求：对上述未达账项进行分析后编制银行存款余额调节表。

【解析】分析未达账项：(1) 为企业已付，银行未付；(2) 为银行已收，企业未收；(3) 为银行已付，企业未付；(4) 企业已收，银行未收。根据分析后结果编制银行存款余额调节表如表 7—2 所示。

表 7—2 银行存款余额调节表

2021 年 7 月 31 日

项目	金额	项目	金额
银行对账单余额	152000	企业银行存款日记账余额	143900
加：企业已收，银行未收	3300	加：银行已收，企业未收	7500
减：企业已付，银行未付	4500	减：银行已付，企业未付	600
调整后余额	150800	调整后余额	150800

通过以上计算调整，企业与银行方面的余额是相等的，说明双方关于银行存款的账簿记

录是一致的。需要注意的是，“银行存款余额调节表”只是为了核对科目，不能作为调整企业银行存款账面记录的记账依据。

二、实物的清查方法

实物资产的清查主要包括存货和固定资产的清查。对这些物资的清查，不仅要从数量上核对账面数与实物数是否相符，而且应查明是否有损坏、变质情况。实物资产具有种类繁多、数量大、储存情况复杂、计量单位不统一等特点，在清查时往往需要结合实际情况，合理选择清查范围，针对不同的清查对象，选用不同的清查方法。实物资产的清查方法最常用的有实地盘点法和技术推算法。

1.实地盘点法

实地盘点法是指在财产物资存放现场逐一清点数量或用计量仪器确定其实存数的一种方法。这种方法适用于固定资产、原材料、在产品、半成品、商品等个大或包装完整的实物财产清查。这种方法数字准确可靠，但是工作量比较大。为提高清查的速度和质量，应事先按财产物资的实物形态进行科学的码放，如五五排列、三三制码放等。

2.技术推算法

技术推算法是指利用技术方法（包括量方、计尺等技术方法）推算财产物资实存数的方法。这种方法适用于大量散装、成堆或难以逐一清点的财产物资，如堆放的砂石、煤炭、黄沙等大宗物资，优点是工作量小，但是数字不够准确。

对于实物的质量，应根据不同实物的性质或特征，采用物理或化学方法，来检查实物的质量。

实物清查的过程中，实物保管人员和盘点人员必须同时在场。应当根据实际清查结果填写盘存单（如表 7—3 所示）。盘存单既是记录盘点结果的书面证明，也是反映财产物资实存数的原始凭证。

表 7—3 **盘存单**

存货类别：

存放地点： 年 月 日 编号：

序号	名称	规格型号	计量单位	实存数量	单价	金额	备注

备注盘点人： 实物保管人：

为了查明实存数与账存数是否一致，应根据盘存单和账面记录填写实存账存对比表（如表 7—4 所示）。实存账存对比表是用以调整账簿记录的重要原始凭证，也是分析差异产生、明确经济责任的重要依据。

表 7—4 实存账存对比表

填报部门： 年 月 日

<table>
<tr><td rowspan="2">序号</td><td rowspan="2">名称</td><td rowspan="2">规格</td><td rowspan="2">计量单位</td><td rowspan="2">单价</td><td colspan="2">实存</td><td colspan="2">账存</td><td colspan="2">盘盈</td><td colspan="2">盘亏</td><td rowspan="2">备注</td></tr>
<tr><td>数量</td><td>金额</td><td>数量</td><td>金额</td><td>数量</td><td>金额</td><td>数量</td><td>金额</td></tr>
<tr><td></td><td></td><td></td><td></td><td></td><td></td><td></td><td></td><td></td><td></td><td></td><td></td><td></td><td></td></tr>
</table>

主管： 稽核： 制单：

三、往来款项的清查方法

往来款项的清查即债权债务的清查，主要指对各种应收款、应付款、预收款、预付款等的清查。往来款项的清查一般采用发函询证的方法进行核对，包括信函、电函、传真、电子邮件等方式查询与对方单位核对账目。

往来款项清查以后，将清查结果编制“往来款项清查报告单”，填列各项债权、债务的余额。对于有争执的款项，应在报告单上详细列明情况，并及时采取措施，避免或减少坏账损失。

【思考】企业采用信函、电函、传真、电子邮件等方式查询往来款项时，应采用何种适当的方式收集、保存核对往来款项的合法原始凭证。

四、财产清查结果的处理

1.审批之前的处理

根据“清查结果报告表”“盘点报告表”等已经查实的数据资料，编制记账凭证，记入有关账簿，使账簿记录与实际盘存数相符，同时根据企业的管理权限，将处理建议报股东大会或董事会，或经理（厂长）会议或类似机构批准。

2.审批之后的处理

根据审批的意见，进行差异处理，调整账项。

（1）库存现金清查结果处理，如表 7—5 所示。

表 7—5 库存现金盘盈盘亏的处理

步骤	盘盈	盘亏
审批前	借：库存现金 　　贷：待处理财产损益	借：待处理财产损益 　　贷：库存现金
审批后	借：待处理财产损益 　　贷：营业外收入	借：管理费用 　　贷：待处理财产损益

(2) 存货清查结果处理，如表 7—6 所示。

表 7—6　存货盘盈盘亏的处理

步骤	盘盈	盘亏
审批前	借：原材料等 　贷：待处理财产损益	借：待处理财产损益 　贷：原材料等
审批后	借：待处理财产损益 　贷：管理费用	借：管理费用 　其他应收款（应收赔偿款） 　营业外支出（非常损失） 　贷：待处理财产损益

(3) 固定资产清查结果处理，如表 7—7 所示。

表 7—7　固定资产盘盈盘亏的处理

步骤	盘盈	盘亏
审批前	前期差错更正调整： 借：固定资产 　贷：以前年度损益调整	借：累计折旧 　待处理财产损益 　贷：固定资产
审批后	借：以前年度损益调整 　贷：盈余公积——法定盈余公积 　　利润分配——未分配利润	借：营业外支出 　贷：待处理财产损益

【例 7—2】江苏光华机械制造有限公司盘点库存商品发现下列问题，原因待查：A 商品盘亏 10 件，每件 30 元；B 商品盘亏 110 打，每打 19 元；C 商品盘盈 2 千克，每千克 26.50 元；D 商品盘亏 3 千克，每千克 48 元。

上述盘盈盘亏经查明原因，批准处理如下：A 商品盘亏是由于保管人员过失造成，应由过失人赔偿；B 商品盘亏系火灾引起，列作营业外支出；C 商品盘盈属于商品自然升溢，作冲减管理费用处理；D 商品盘亏属于商品自然损耗，作管理费用处理。

要求：根据上述资料编制会计分录。

【解析】根据资料编制会计分录如下：

(1) 批准处理以前：

借：待处理财产损益　　　　2534

　贷：库存商品　　　　　　　2534

借：库存商品　　　　　　　53

　贷：待处理财产损益　　　　　53

(2) 批准处理以后：

借：其他应收款　　300

　　营业外支出　　2090

　　管理费用　　144

　　贷：待处理财产损益　　2534

借：待处理财产损益　　53

　　贷：管理费用　　53

【例 7—3】江苏光华机械制造有限公司在财产清查中发现盘亏设备一台，账面原值 20000 元，已提折旧 12000 元；根据有关部门批复的结果，盘亏设备，列作营业外支出。

【解析】审批前的会计分录：

借：待处理财产损益——待处理固定资产损益　　8000

　　累计折旧　　12000

　　贷：固定资产　　20000

审批后的会计分录：

借：营业外支出　　8000

　　贷：待处理财产损益——待处理固定资产损益　　8000

练习题

一、单项选择题

1.企业年终决算前，需要（　）。

A.对所有财产进行实物盘点　　B.对重要财产进行局部清查

C.对所有财产进行全面清查　　D.对流动性较大的财产进行重点清查

2.大堆、笨重物资的实物数量的清查方法，常用的是（　）。

A.永续盘存制　　B.实地盘存制

C.实物盘点法　　D.技术推算法

3.银行存款的清查是将银行存款日记账记录与（　）核对。

A.银行存款收款，付款凭证　　B.总分类账银行存款科目

C.银行对账单　　D.开户银行的会计记录

4.采用实地盘存制时，财产物资的期末结存数就是（　）。

A.账面结存数　　B.实地盘存数

C.收支抵减数　　D.滚存结余数

二、多项选择题

1.采用实物盘点法的清查对象有（　）。

A.固定资产　　B.材料　　C.银行存款　　D.现金

2.通过财产清查要求做到（　）。

A.账实相符　　B.账款相符　　C.账账相符　　D.账证相符

3.企业银行存款日记账账面余额大于银行对账单余额的原因有（　）。

A.企业账簿记录有差错　　B.银行账簿记录有差错

C.企业已作收入入账，银行未达　　D.银行已作支出入账，企业未达

4.财产清查中遇到有账实不符时，用以调整账簿记录的原始凭证有（　）。

A.实存账存对比表　　B.现金盘点报告表

C.银行对账单　　D.银行存款余额调节表

5.查询核对法一般适用于（　）的清查。

A.债权债务　　B.银行存款　　C.现金　　D.往来款项

三、判断题

1.全面清查可以定期进行，也可以不定期进行。（　）

2.通过银行存款余额调节表可以检查账簿记录上存在的差错。（　）

3.对于银行存款的未达账项应编制银行存款进行调节，同时将未达账项编成记账凭证登记入账。（　）

4.进行财产清查，如发现账面数小于实存数，即为盘亏。（　）

四、计算分析题

资料：江苏光华机械制造有限公司 2021 年 1 月 30 日银行存款日记账余额为 80000 元，银行对账单上的余额为 82425 元，经过逐笔核对发现有下列未达账项：

企业于 1 月 30 日存入从其他单位收到的转账支票一张计 8000 元，银行尚未入账；

企业于 1 月 30 日开出的转账支票 6000 元，现金支票 500 元，持票人尚未到银行办理转账和取款手续，银行尚未入账；

委托银行代收的外埠货款 4000 元，银行已经收到入账，但收款通知尚未到达企业；

银行受运输机构委托代收运费，已经从企业存款中付出 150 元，但企业尚未接到转账付款通知；

银行计算企业的存款利息 75 元，已经记入企业存款账户，但企业尚未入账。

要求：编制“银行存款余额调节表”。

五、会计分录题

资料：某工厂年终进行财产清查，在清查中发现下列事项：

盘亏水泵一台，原价 5200 元，账面已提折旧 1400 元。

发现账外机器一台，估计重置价值为 10000 元，净值为 6000 元。

甲材料账面余额 455 千克，价值 19110 元，盘存实际存量 445 千克，经查明其中 7 千克为定额损耗，3 千克为日常收发计量差错。

乙材料账面余额为 156 千克，价值 4992 元，盘存实际存量为 151 千克，缺少数为保管人员失职造成的损失。

第8章 会计报表

8

【知识目标】

· 熟悉财务报告的构成与编制要求；

· 掌握资产负债表的格式与内容；

· 掌握利润表的格式与内容。

【能力目标】

· 能够编制简单的资产负债表；

· 能够编制简单的利润表。

【素质目标】

· 熟悉会计准则，诚实守信，严守职业道德。

【案例导入】

乐视网十年造假

2021 年证监会对乐视网合计罚款 2.41 亿元、对贾跃亭合计罚款 2.41 亿元，公司相关责任人被处以 3 万元至 60 万元不等的罚款。乐视网在 2007 年至 2016 年财务造假，其间，乐视网报送、披露的 IPO 文件及 2010 年至 2016 年年报存在虚假记载。经查，乐视网在这期间虚增收入 18.72 亿元，虚增利润 17.37 亿元，即，虚增的收入大多转化成了利润。在首次发行阶段（2007—2009 年），乐视网通过虚构业务及虚假回款等方式虚增业绩以满足上市发行条件，并持续到上市后。2010 年上市后，乐视网除了利用自有资金循环和串通“走账”虚构业务收入外，还通过伪造合同、以未实际执行框架合同或单边确认互换合同方式继续虚增业绩。除财务造假之外，乐视网还存在未按规定披露关联交易、未披露为乐视控股等公司提供担保事项等相关违规操作。

同学们，从上述案例中，我们可以吸取到什么教训？如何运用财务会计报告的专门知识和方法识别财务造假？在编制财务报表的过程中我们应遵循什么原则？如何反映企业财务状况、经营成果等信息？这些问题都会在本章的学习中得到解答。

8.1 会计报表的概念和种类

一、财务会计报告的概念

财务会计报告是指企业对外提供的反映企业某一特定日期的财务状况和某一会计期间的经营成果、现金流量等会计信息的书面文件。它是企业根据日常会计核算资料归集、加工和汇总后形成的，是会计核算循环程序的最后一个步骤，又是连接下一个会计期间的起点。

财务会计报告包括会计报表及其附注和其他应当在财务报告中披露的相关信息和资料。会计报表是财务会计报告的主要组成部分，会计报表附注是对资产负债表、利润表、现金流量表、所有者权益变动表等报表中列示项目所作的进一步说明，以及对未能在这些报表中列示项目的说明等。

企业编制财务会计报告的目标是向财务会计报告使用者提供与企业财务状况、经营成果和现金流量等有关的会计信息，反映企业管理层受托责任履行情况，有助于财务会计报告使用者作出经济决策。

【思考】什么是财务会计报告？有何作用？

二、财务报表

（一）概念及构成

财务报表是对企业财务状况、经营成果和现金流量的结构性表述。一套完整的财务报表至少应当包括资产负债表、利润表、现金流量表、所有者权益（或股东权益）变动表及其附注。

资产负债表、利润表和现金流量表分别从不同角度反映企业的财务状况、经营成果和现金流量。资产负债表反映企业特定日期所拥有的资产、需偿还的债务以及股东（投资者）拥有的净资产情况；利润表反映企业一定期间的经营成果即利润或亏损的情况，表明企业运用所拥有的资产的获利能力；现金流量表反映企业在一定会计期间现金和现金等价物流入和流出的情况。

所有者权益变动表反映构成所有者权益的各组成部分当期的增减变动情况。企业的净利润及其分配情况是所有者权益变动的组成部分，相关信息已经在所有者权益变动表及其附注中反映，企业不需要再单独编制利润分配表。

附注是财务报表不可或缺的组成部分，是对在资产负债表、利润表、现金流量表和所有者权益变动表等报表中列示项目的文字描述或明细资料，以及对未能在这些报表中列示项目的说明等。

【思考】什么是财务报表？财务报告和财务报表的联系是什么？我国需要编制的财务报表有哪些？

（二）财务报表的分类

财务报表可以按不同标志进行分类：

（1）按所反映经济内容不同，分为静态报表和动态报表。静态报表是综合反映企业在某一时点资产、负债和所有者权益的报表，如资产负债表是反映某一特定日期财务状况的报表；动态报表是反映一定时期内经营成果和现金流量情况的报表，如利润表是反映一定会计期间的经营成果的报表，现金流量表是反映一定时期现金流入、流出以及增减净额的报表。

（2）按编制财务报表的时间不同，分为中期财务报表和年度财务报表。中期财务报表是以短于一个完整会计年度的报告期为基础编制的财务报表，包括月报、季报和半年报。其中月报要求简明扼要、及时反映；年报要求披露完整、反映全面；季报在财务信息的详细程度方面，介于月报和半年报之间。

（3）按编制报表的会计主体，分为个别财务报表和合并财务报表。个别财务报表是指会计核算只以一个特定的会计主体的核算范围所编制而成的财务报表，仅包括企业本身的财务数字。合并财务报表是由母公司编制的，把母公司及所有控股子公司视为一个整体，在母公司本身的财务报表和所属子公司的财务报表的基础上，合并编制而成的财务报表，它可以向报表使用者提供公司集团总体的财务状况和经营成果。

（4）按会计资料服务的对象，分为对外报表和对内报表。对外报表是为了满足投资者、债权人、财税部门等有关各方需要，由财政部统一规定，由单位编制报送的财务报表。对内报表是为了满足企业内部自身管理需要，由企业会计部门自行设置并编制的财务报表。

【思考】财务报表的分类有哪些？

（三）财务报表编制的基本要求

1.遵循企业会计准则

企业应当根据实际发生的交易和事项，遵循《企业会计准则——基本准则》和其他各项会计准则的规定进行确认和计量，并在此基础上编制财务报表。企业应当在附注中对遵循企业会计准则编制的财务报表做出声明。只有遵循了企业会计准则的所有规定，财务报表才能声明“遵循了企业会计准则”。

企业不应以在附注中披露代替对交易和事项的确认和计量。也就是说，企业采用的不恰当的会计政策，不得通过在附注中披露等其他形式予以更正，企业应当对交易和事项进行正确的确认和计量。

2.以持续经营为基础编制

《企业会计准则》规定，企业应当以持续经营为基础编制财务报表。持续经营是会计的基本前提，是会计确认、计量及编制财务报表的基础。企业会计准则规范的是持续经营条件下企业对所发生交易和事项确认、计量及报表列报；相反，如果企业经营出现了非持续经营的情况，致使以持续经营为基础编制财务报表不再合理的，企业应当采用其他基础编制财务报表，并在附注中声明财务报表未以持续经营为基础编制的事实、披露未以持续经营为基础编制的原因和财务报表的编制基础。

3.以权责发生制为编制基础

《企业会计准则》规定，除现金流量表按照收付实现制原则编制外，企业应当按照权责发生制原则编制财务报表。

4.报告期间

《企业会计准则》规定，企业至少应当按年编制财务报表。年度财务报表涵盖的期间短于一年的，应当披露年度财务报表的涵盖期间、短于一年的原因以及报表数据不具可比性的事实。

5.遵循重要性原则

重要性是指在合理预期下，财务报表某项目的省略或错报会影响使用者据此作出经济决策的，该项目具有重要性。企业在进行重要性判断时，应当根据所处环境，从项目的性质和金额大小两方面予以判断：一方面，应当考虑该项目的性质是否属于企业日常活动、是否对企业的财务状况和经营成果具有较大影响等因素；另一方面，判断项目金额大小的重要性，应当通过单项金额占资产总额、负债总额、所有者权益总额、营业收入总额、营业成本总额、净利润、综合收益总额等直接相关项目金额的比重加以确定。

性质或功能不同的项目，一般应当在财务报表中单独列报，但是不具有重要性的项目可以合并列报；性质或功能类似的项目，一般可以合并列报，但是对其具有重要性的类别应该单独列报；某些项目的重要性程度不足以在资产负债表、利润表、现金流量表或所有者权益变动表中单独列示，但是可能对附注而言却具有重要性的，在这种情况下，这些项目应当在附注中单独披露。

总的原则是，如果某项目单看不具有重要性，则可将其与其他项目合并列报；如具有重要性，则应当单独列报。

6.保证列报的一致性

财务报表项目的列报应当在各个会计期间保持一致，除非变更能够提供更可靠、更相关的会计信息，否则不得随意变更。这一要求不仅针对财务报表中的项目名称，还针对财务报表项目的分类、排列顺序等方面。

7.保证披露金额准确

财务报表中的资产项目和负债项目的金额、收入项目和费用项目的金额、直接计入当期利润的利得项目和损失项目的金额不得相互抵销，但其他会计准则另有规定的除外。

资产项目应当按扣除减值准备后的净额列示，这样才能反映资产当时的真实价值，不属于抵销；非日常活动产生的损益应当以同一交易形成的收益扣减相关费用后的净额列示，不属于抵销。

8.遵循可比性原则

当期财务报表的列报，至少应当提供所有列报项目上一可比会计期间的比较数据，以及与理解当期财务报表相关的说明，但其他会计准则另有规定的除外。通常情况下，企业列报所有列报项目的上一个可比会计期间的比较数据，至少包括两期各报表及相关附注。

财务报表项目的列报发生变更的，应当对上期比较数据按照当期的列报要求进行调整，并在附注中披露调整的原因和性质，以及调整的各项目金额。对上期比较数据进行调整不切实可行的，应当在附注中披露不能调整的原因。

9.在财务报表表首位置披露重要信息

企业应当在财务报表的显著位置至少披露下列各项：（1）编报企业的名称；（2）资产负债表日或财务报表涵盖的会计期间；（3）人民币金额单位；（4）财务报表是合并财务报表的，应当予以标明。

【例 8—1】将分散的零星的日常会计资料归纳整理为更集中、更系统、更概括的会计资料，以总括反映企业财务状况和经营成果的方法是（　）。

A.编制会计凭证　　B.编制记账凭证　　C.编制财务报表　　D.登记会计账簿

【解析】C。本题的理解点为财务报表的概念。

【思考】编制财务报表有哪些要求？

8.2 资产负债表的编制方法

一、资产负债表认知

1.资产负债表的定义

资产负债表是指反映企业在某一特定日期的财务状况的会计报表。资产负债表属于静态报表，主要反映某一特定日期关于企业资产、负债、所有者权益及其相互关系。资产负债表可以提供某一日期资产的总额及其结构，表明企业拥有或控制的资源及其分布情况，使得报表使用者可以一目了然地从资产负债表上了解企业在某一特定日期所拥有的资产总量及其结构；可以提供某一日期的负债总额及其结构，表明企业未来需要用多少资产或劳务清偿债务以及清偿时间；可以反映所有者所拥有的权益，据以判断资本保值、增值的情况以及对负债的保障程度。此外，资产负债表还可以提供进行财务分析的基本资料，即报表使用者可以利用报表数据，计算出流动比率、速动比率等，从而有助于报表使用者作出经济决策。

2.资产负债表的编制理论依据

"资产＝负债＋所有者权益"这一会计恒等式所包含的经济内容和数学上的等量关系，是建立资产负债表的理论依据。

3.资产负债表的基本结构

资产负债表的格式主要有报告式和账户式两种，报告式资产负债表将资产、负债和所有者权益垂直排列为上下结构，上半部分列示资产，下半部分列示负债和所有者权益。账户式资产负债表分左右两边，左边为资产项目，按资产的流动性大小排列；右边为负债及所有者权益项目，一般按求偿权先后顺序排列。我国企业的资产负债表要求采用账户式。

一张完整的资产负债表的结构由三部分组成：表首、正表、附注及附列资料。

(1) 表首，也称表头。它有五方面内容：编制单位名称，说明责任"法人"是谁；报表名称，说明报表的性质和主题；编报日期，说明该表反映内容的时效性，要注意是某一日期，而不是时期；报表编号；货币计量单位"元"。

(2) 正表，即该表的主体部分或称基本部分，它是该表的核心内容所在。主体部分的格式我国采用账户式，即分为左右两方来排列反映全部项目。其中左方列示资产项目，并按资产流动性或变现能力强弱依次有序排列；右方列示负债和所有者权益项目，先列示负债，并按到期日期有序排列，后列示所有者权益，并按永久性顺序排列。左方合计金额与右方合计金额保持平衡。这种结构直观清晰，便于对比分析，充分体现了“资产＝负债＋所有者权益”这一建表依据的基本要求。

（3）附注及附列材料，主要是补充说明有关表内项目内容。

由于资产负债表是反映企业某一时期期末，即特定日期的财务状况，提供某一时点的静态指标，而这种静态资料又表现为账簿中各个账户一定时期的期末余额。因此，编制资产负债表的数字来源渠道是该报告期账簿中各个账户的期末余额。一般来说，资产负债表大部分项目，可根据试算表中总账账户或明细账账户的期末余额直接填列，但也有些项目要根据总账账户或明细账账户余额分析填列。

表 8－1　　资产负债表　　会企 01 表

编制单位：　　年　月　日　　单位：元

资产	期末余额	年初余额	负债及所有者权益	期末余额	年初余额
流动资产：			流动负债：		
货币资金			短期借款		
交易性金融资产			交易性金融负债		
衍生金融资产			衍生金融负债		
应收票据			应付票据		
应收账款			应付账款		
应收款项融资			预收款项		
预付款项			合同负债		
其他应收款			应付职工薪酬		
存货			应交税费		
合同资产			其他应付款		
持有待售资产			持有待售负债		
一年内到期的非流动资产			一年内到期的非流动负债		
其他流动资产			其他流动负债		
流动资产合计			流动负债合计		
非流动资产：			非流动负债：		
债权投资			长期借款		
其他债权投资			应付债券		
长期应收款			其中：优先股		
长期股权投资			租赁负债		
其他权益工具投资			长期应付款		

续表

资产	期末余额	年初余额	负债及所有者权益	期末余额	年初余额
其他非流动金融资产			预计负债		
投资性房地产			递延收益		
固定资产			递延所得税负债		
在建工程			其他非流动负债		
生产性生物资产			非流动负债合计		
油气资产			负债合计		
使用权资产			所有者权益（或股东权益）：		
无形资产			实收资本（或股本）		
开发支出			其他权益工具		
商誉			其中：优先股		
长期待摊费用			永续债		
递延所得税资产			资本公积		
其他非流动资产			减：库存股		
非流动资产合计			其他综合收益		
			专项储备		
			盈余公积		
			未分配利润		
			所有者权益（或股东权益）合计		
资产总计			负债及所有者权益总计		

【例 8—2】资产负债表中“期末数”的来源是（　）。

A.总账余额　B.明细账余额　C.科目汇总表　D.备查登记账簿记录

【解析】ABD。资产负债表中“期末数”的资料来源有以下几个方面：(1) 根据总账余额填列；(2) 根据明细账余额计算填列。(3) 根据总账科目和明细科目余额分析计算填列；(4) 根据科目余额减去其备抵科目项目后的净额填列；(5) 根据备查登记账簿记录编制。故答案为 ABD。

【思考】什么是资产负债表？其结构和内容有什么特点？资产负债表的理论依据是什么？

二、资产负债表的编制方法

(一)“年初余额”和“期末余额”的填列方法

本表“年初余额”栏内各项目数字，应根据上年末资产负债表“期末余额”栏内所列数字填列。如果本年度资产负债表规定的各个项目的名称和内容同上年度不相一致，应对上年年末资产负债表各项目的名称和数字按本年度的规定进行调整，按调整后的数字填入本表“年初余额”栏内。

“期末余额”是指某一会计期末的数字，即月末、季末、半年末或年末的数字。资产负债表各项目的“期末余额”栏的数字，可通过以下几种方式取得：

1.直接根据总账科目的余额填列

例如，短期借款、应付票据、实收资本、资本公积、盈余公积等项目，应当根据相关总账科目的余额直接填列。

2.根据几个总账科目的余额计算填列

例如，“货币资金”项目，应当根据“库存现金”“银行存款”“其他货币资金”等科目期末余额合计填列。

3.根据有关明细账科目的余额计算填列

例如，“应付账款”项目需要根据“应付账款”和“预付账款”两个科目所属的相关明细科目的期末贷方余额计算填列。

4.根据总账科目和明细科目的余额分析计算填列

例如，“长期借款”项目，应当根据“长期借款”总账科目余额扣除“长期借款”科目所属明细科目中将于一年内到期的部分填列。

5.根据总账科目余额与其备抵科目抵销后的净额填列

例如，“固定资产”项目，应当根据“固定资产”科目期末余额，减去“累计折旧”“固定资产减值准备”等科目期末余额后的金额填列；“存货”项目，应当根据“原材料”“库存商品”“发出商品”“周转材料”等总账科目期末余额的分析汇总数，减去“存货跌价准备”科目期末余额后的金额填列。

(二)资产负债表各项目的填列方法

1.资产项目的列报说明

(1)“货币资金”项目，反映企业库存现金、银行结算户存款、外埠存款、银行汇票存款、银行本票存款、信用卡存款、信用证保证金存款等的合计数。本项目应根据“库存现金”“银行存款”“其他货币资金”科目期末余额的合计数填列。

(2)“交易性金融资产”项目，反映资产负债表日企业分类为以公允价值计量且其变动计入当期损益的金融资产，以及企业持有的指定为以公允价值计量且其变动计入当期损益的金融资产的期末账面价值。该项目应根据“交易性金融资产”科目的相关明细科目的期末余额分析填列。自资产负债表日起超过一年到期且预期持有超过一年的以公允价值计量且其变动计入当期损益的非流动金融资产的期末账面价值，在“其他非流动金融资产”项目反映。

(3)“应收票据”项目，反映资产负债表日以摊余成本计量的、企业因销售商品、提供服务等收到的商业汇票，包括银行承兑汇票和商业承兑汇票。该项目应根据“应收票据”科目的期末余额，减去“坏账准备”科目中相关坏账准备期末余额后的金额分析填列。

(4)“应收账款”项目，反映资产负债表日以摊余成本计量的、企业因销售商品、提供服务等经营活动应收取的款项。该项目应根据“应收账款”科目的期末余额，减去“坏账准备”科目中相关坏账准备期末余额后的金额分析填列。

(5)“预付款项”项目，反映企业按照购货合同规定预付给供应单位的款项等。本项目应根据“预付账款”和“应付账款”科目所属各明细科目的期末借方余额合计数，减去“坏账准备”科目中有关预付款项计提的坏账准备期末余额后的金额填列。如“预付账款”科目所属各明细科目期末有贷方余额的，应在资产负债表“应付账款”项目内填列。

(6)“其他应收款”项目，反映企业除应收票据、应收账款、预付账款等经营活动以外的其他各种应收、暂付的款项。应根据“应收利息”“应收股利”“其他应收款”科目的期末余额合计数，减去“坏账准备”科目中相关坏账准备期末余额后的金额填列。

(7)“存货”项目，反映企业期末在库、在途和在加工中的各种存货的可变现净值。本项目应根据“材料采购”“原材料”“低值易耗品”“库存商品”“周转材料”“委托加工物资”“委托代销商品”“生产成本”等科目的期末余额合计，减去“受托代销商品款”“存货跌价准备”科目期末余额后的金额填列。材料采用计划成本核算，以及库存商品采用计划成本核算或售价核算的企业，还应按加或减材料成本差异、商品进销差价后的金额填列。

(8)“一年内到期的非流动资产”项目，通常反映预计自资产负债表日起一年内变现的非流动资产。对于按照相关会计准则采用折旧（或摊销、折耗）方法进行后续计量的固定资产、使用权资产、无形资产和长期待摊费用等非流动资产，折旧（或摊销、折耗）年限（或期限）只剩一年或不足一年的，或预计在一年内（含一年）进行折旧（或摊销、折耗）的部分，不得归类为流动资产，仍在各该非流动资产项目中填列，不转入“一年内到期的非流动资产”项目。

(9)“其他流动资产”项目，反映企业除货币资金、交易性金融资产、应收票据、应收账款、存货等流动资产以外的其他流动资产。本项目应根据有关科目的期末余额填列。

(10)“长期应收款”项目，反映企业融资租赁产生的应收款项、采用递延方式具有融资性质的销售商品和提供劳务等产生的长期应收款项等。本项目应根据“长期应收款”科目的期末余额，减去相应的“未实现融资收益”科目和“坏账准备”科目所属相关明细科目期末余额后的金额填列。

(11)“长期股权投资”项目，反映企业持有的对子公司、联营企业和合营企业的长期股权投资。本项目应根据“长期股权投资”科目的期末余额，减去“长期股权投资减值准备”科目期末余额后的金额填列。

(12)“固定资产”项目，反映资产负债表日企业固定资产的期末账面价值和企业尚未清理完毕的固定资产清理净损益。该项目应根据“固定资产”科目的期末余额，减去“累计折旧”和“固定资产减值准备”科目的期末余额后的金额，以及“固定资产清理”科目的期末余额填列。

(13)“在建工程”项目，反映资产负债表日企业尚未达到预定可使用状态的在建工程的期末账面价值和企业为在建工程准备的各种物资的期末账面价值。该项目应根据“在建工程”科目的期末余额，减去“在建工程减值准备”科目的期末余额后的金额，以及“工程物资”科目的期末余额，减去“工程物资减值准备”科目的期末余额后的金额填列。

(14)“生产性生物资产”项目，反映企业持有的生产性生物资产。本项目应根据“生产性生物资产”科目的期末余额，减去“生产性生物资产累计折旧”和“生产性生物资产减值准备”科目期末余额后的金额填列。

(15)“使用权资产”项目，反映资产负债表日承租人企业持有的使用权资产的期末账面价值。该项目应根据“使用权资产”科目的期末余额，减去“使用权资产累计折旧”和“使用权资产减值准备”科目的期末余额后的金额填列。

(16)“无形资产”项目，反映企业持有的无形资产，包括专利权、非专利技术、商标权、著作权、土地使用权等。本项目应根据“无形资产”科目的期末余额，减去“累计摊销”和“无形资产减值准备”科目期末余额后的金额填列。

(17)“研发支出”项目，反映企业研发无形资产过程中能够资本化形成无形资产成本的支出部分。本项目应根据“研发支出”科目中所属的“资本化支出”明细科目期末余额填列。

(18)“长期待摊费用”项目，反映企业已经发生但应由本期和以后各期负担的分摊期限在一年以上的各项费用。长期待摊费用中在 1 年内（含 1 年）摊销的部分，在资产负债表“一年内到期的非流动资产”项目填列。本项目应根据“长期待摊费用”科目的期末余额减去将于 1 年内（含 1 年）摊销的数额后的金额填列。

(19)“其他非流动资产”项目，反映企业除长期股权投资、固定资产、在建工程、工程物资、无形资产等资产以外的其他非流动资产。本项目应根据有关科目的期末余额填列。

2.负债项目的列报说明

(1)“短期借款”项目，反映企业向银行或其他金融机构等借入的期限在 1 年以内（含 1 年）的各种借款。本项目应根据“短期借款”科目的期末余额填列。

(2)“应付票据”项目，反映资产负债表日以摊余成本计量的、企业因购买材料、商品和接受服务等开出、承兑的商业汇票，包括银行承兑汇票和商业承兑汇票。该项目应根据“应付票据”科目的期末余额填列。

(3)“应付账款”项目，反映资产负债表日以摊余成本计量的、企业因购买材料、商品和接受服务等经营活动应支付的款项。该项目应根据“应付账款”和“预付账款”科目所属的相关明细科目的期末贷方余额合计数填列。

(4)“预收款项”项目，反映企业按照购货合同规定预付给供应单位的款项。本项目应根据“预收账款”和“应收账款”科目所属各明细科目的期末贷方余额合计数填列。如“预收账款”科目所属各明细科目期末有借方余额，则应在资产负债表“应收账款”项目内作对应填列。

(5)“应付职工薪酬”项目，反映企业根据有关规定应付给职工的工资、职工福利、社会保险费、住房公积金、工会经费、职工教育经费、非货币性福利、辞退福利等各种薪酬。本项目应根据“应付职工薪酬”科目所属各明细科目的期末贷方余额分析填列。

(6)“应交税费”项目，反映企业按照税法规定计算应缴纳的各种税费，包括增值税、消费税、所得税、资源税、土地增值税、城市维护建设税、房产税、土地使用税、车船使用税、教育费附加、矿产资源补偿费等。企业代扣代缴的个人所得税，也通过本项目列示。企业所缴纳的税金不需要预计应交数的，如印花税、耕地占用税等，不在本项目列示。本项目应根据“应交税费”科目的期末贷方余额填列。

(7)“其他应付款”项目，应根据“应付利息”“应付股利”和“其他应付款”科目的期末余额合计数填列。其中的“应付利息”仅反映相关金融工具已到期应支付但于资产负债表日尚未支付的利息。基于实际利率法计提的金融工具的利息应包含在相应金融工具的账面余额中。

(8)“一年内到期的非流动负债”项目，反映企业非流动负债中将于资产负债表日后一年内到期部分的金额，如将于一年内偿还的长期借款。本项目应根据有关科目的期末余额填列。

(9)“其他流动负债”项目，反映企业除短期借款、交易性金融负债、应付票据、应付账款、应付职工薪酬、应交税费等流动负债以外的其他流动负债。本项目应根据有关科目的期末余额填列。

(10)“长期借款”项目，反映企业向银行或其他金融机构借入的期限在 1 年以上（不含 1 年）的各项借款。本项目应根据“长期借款”科目的期末余额填列。

(11)“应付债券”项目，反映企业为筹集长期资金而发行的债券本金和利息。本项目应根据“应付债券”科目的期末余额填列。

(12)“长期应付款”项目，反映资产负债表日企业除长期借款和应付债券以外的其他各种长期应付款项的期末账面价值。该项目应根据“长期应付款”科目的期末余额，减去相关的“未确认融资费用”科目的期末余额后的金额，以及“专项应付款”科目的期末余额填列。

(13)“其他非流动负债”项目，反映企业除长期借款、应付债券等负债以外的其他非流动负债。本项目应根据有关科目的期末余额减去将于 1 年内（含 1 年）到期偿还数后的余额填列。非流动负债各项目中将于 1 年内（含 1 年）到期的非流动负债，应在“一年内到期的非流动负债”项目内单独反映。

3.所有者权益项目的列报说明

(1)“实收资本(或股本)”项目，反映企业各投资者实际投入的资本(或股本)总额。本项目应根据“实收资本”(或“股本”)科目的期末余额填列。

(2)“资本公积”项目，反映企业资本公积的期末余额。本项目应根据“资本公积”科目的期末余额填列。

(3)“盈余公积”项目，反映企业盈余公积的期末余额。本项目应根据“盈余公积”科目的期末余额填列。

(4)“未分配利润”项目，反映企业尚未分配的利润。本项目应根据“本年利润”科目和“利润分配”科目的余额计算填列。未弥补的亏损在本项目内以“—”号填列。

【思考】资产负债表上各项目如何填列?

三、编制资产负债表

(一) 编制资产负债表资料

根据整理好的账簿记录和其他有关资料，按要求编制资产负债表。

资料：台州八达机械有限公司 2021 年 12 月 31 日有关总分类账户和明细分类账户的余额如表 8－2 所示。

表 8－2　　　　账户余额表

单位：元

会计科目	借方余额	贷方余额	会计科目	借方余额	贷方余额
库存现金	3 700.00		短期借款		153 000.00
银行存款	57 800.00		应付票据		114 200.00
交易性金融资产	39 000.00		应付账款		86 000.00
应收票据	43 000.00		——A 单位	4 800.00	
应收账款	62 000.00		——B 单位		90 800.00
——甲单位	67 000.00		预收账款		23 300.00
——乙单位		5 000.00	——C 单位	1 200.00	
其他应收款	6 400.00		——D 单位		24 500.00
应收利息	21 000.00		应交税费		5 000.00
在途物质	34 000.00		应付职工薪酬		36 000.00
原材料	113 000.00		其他应付款		2 600.00
生产成本	39 000.00		应付股利		57 000.00
库存商品	136 000.00		长期应付款		136 000.00

续表

会计科目	借方余额	贷方余额	会计科目	借方余额	贷方余额
长期股权投资	50 000.00		实收资本		800 000.00
固定资产	980 000.00		资本公积		60 000.00
累计折旧		267 000.00	盈余公积		40 000.00
在建工程	45 000.00		本年利润		0
无形资产	175 000.00		利润分配		24 800.00

(二) 编制资产负债表

如表 8—3 所示：

表 8—3　　资产负债表　　会企 01 表

编制单位：台州八达机械有限公司　　2021 年 12 月 31 日　　单位：元

资产	期末余额	年初余额	负债及所有者权益	期末余额	年初余额
流动资产：			流动负债：		
货币资金	61 500.00		短期借款	153 000.00	
交易性金融资产	39 000.00		交易性金融负债		
衍生金融资产			衍生金融负债		
应收票据	43 000.00		应付票据	11 4200.00	
应收账款	68 200.00		应付账款	90 800.00	
应收款项融资			预收款项	29 500.00	
预付款项	4 800.00		合同负债		
其他应收款	27 400.00		应付职工薪酬	36 000.00	
存货	322 000.00		应交税费	5 000.00	
合同资产			其他应付款	59 600.00	
持有待售资产			持有待售负债		
一年内到期的非流动资产			一年内到期的非流动负债		
其他流动资产	565 900.00		其他流动负债		
流动资产合计			流动负债合计	488 100.00	
非流动资产：			非流动负债：		
债权投资			长期借款		
其他债权投资			应付债券		

续表

资产	期末余额	年初余额	负债及所有者权益	期末余额	年初余额
长期应收款			其中：优先股		
长期股权投资	50 000.00		租赁负债		
其他权益工具投资			长期应付款	136 000.00	
其他非流动金融资产			预计负债		
投资性房地产			递延收益		
固定资产	713 000.00		递延所得税负债		
在建工程	45 000.00		其他非流动负债		
生产性生物资产			非流动负债合计	136 000.00	
油气资产			负债合计	624 100.00	
使用权资产			所有者权益（或股东权益）：		
无形资产	175 000.00		实收资本（或股本）	800 000.00	
开发支出			其他权益工具		
商誉			其中：优先股		
长期待摊费用			永续债		
递延所得税资产			资本公积	60 000.00	
其他非流动资产			减：库存股		
非流动资产合计	983000.00		其他综合收益		
			专项储备		
			盈余公积	40 000.00	
			未分配利润	24 800.00	
			所有者权益（或股东权益）合计	924 800.00	
资产总计	1548900.00		负债及所有者权益总计	1548900.00	

【思考】认真审核自己编制的资产负债表，查找差错的原因，并加以更正。

8.3 利润表的编制方法

一、利润表的认知

1.利润表定义

利润表是反映企业在一定会计期间的经营成果的会计报表。例如，反映某年 1 月 1 日至 12 月 31 日经营成果的利润表，它反映的就是该期间的情况。利润表是动态报表，它是根据会计核算的配比原则，把一定时期内的收入和相对应的成本费用配比，从而计算出企业一定时期的各项利润指标。

通过利润表，可以反映企业一定会计期间收入的实现情况，如实现的营业收入有多少、实现的投资收益有多少、实现的营业外收入有多少等；同时通过利润表提供的不同时期（本期金额和上期金额）的数字比较，可以分析企业获利情况及利润发展趋势，据以判断资本保值、增值等情况。利润表中的信息与资产负债表中的信息相结合，还可以提供进行财务分析的基本资料，计算出应收账款周转率、存货周转率、资产收益率等，可以反映企业资金周转情况及企业的盈利能力和水平，便于报表使用者判断企业未来的发展趋势，做出经济决策。由于利润表既是企业经营业绩的综合体现，又是企业进行利润分配的主要依据，因此，利润表是财务报表中的一张基本报表。

2.利润表的格式及内容

利润表由表头、正表和表尾等部分组成。表头部分由编制单位、表名、编制时间、报表编号和货币计量单位五部分组成，其中，编制时间是指一定会计期间，是时期概念而不是时点概念，这一点与资产负债表不同，它充分反映了该表反映内容的动态特征；正表即主体部分或称基本部分，反映利润的构成和形成过程，它是该表的核心内容所在；表尾部分为补充说明。

利润表的格式有多步式利润表和单步式利润表两种。我国企业会计准则规定，我国企业利润表采用多步式。多步式利润表是按照企业利润的构成内容，分层次、分步骤地逐步逐项计算编制而成的报表，充分体现了“收入－费用＝利润”这一理论依据。它根据经营活动与非经营活动对企业利润的贡献情况排列编制。通常分为如下几步：

第一步：从营业收入出发，减去营业成本、税金及附加、销售费用、管理费用、财务费用、资产减值损失、加上公允价值变动损益和投资收益，计算得出营业利润。

第二步：以营业利润为基础，加上营业外收入，减去营业外支出，即可计算得出利润总额。

第三步：以利润总额为基础，减去所得税费用，计算得出净利润。

因此，多步式利润表反映了构成营业利润、利润总额、净利润的各项要素的情况，有助于使用者从不同利润类别中了解企业经营成果的不同来源。

【思考】利润表上各部分是如何计算填列的？

利润表的基本格式如表 8－4 所示。

表 8－4　　利润表　　会企 02 表

编制单位：　　年　月　　单位：元

项目	本期金额	上期金额
一、营业收入		
减：营业成本		
税金及附加		
销售费用		
管理费用		
研发费用		
财务费用		
其中：利息费用		
利息收入		
加：其他收益		
投资收益（损失以“－”号填列）		
其中：对联营和合营企业的投资收益		
以摊余成本计量的金融资产终止确认收益（损失以“－”号填列）		
净敞口套期收益（损失以“－”号填列）		
公允价值变动收益（损失以“－”号填列）		
信用减值损失（损失以“－”号填列）		
资产减值损失（损失以“－”号填列）		
资产处置收益（损失以“－”号填列）		
二、营业利润（亏损以“－”号填列）		
加：营业外收入		
减：营业外支出		
三、利润总额（亏损总额以“－”号填列）		
减：所得税费用		

续表

项目	本期金额	上期金额
四、净利润（净亏损以“—”号填列）		
（一）持续经营净利润（净亏损以“—”号填列）		
（二）终止经营净利润（净亏损以“—”号填列）		
五、其他综合收益的税后净额		
（一）不能重分类进损益的其他综合收益		
（二）将重分类进损益的其他综合收益		
六、综合收益总额		
七、每股收益：		
（一）基本每股收益		
（二）稀释每股收益		

【例 8—3】编制利润表所依据的会计等式是（　）。

A.收入—费用＝利润

B.资产＝负债＋所有者权益

C.借方发生额＝贷方发生额

D.期初余额＋本期借方发生额—本期贷方发生额＝期末余额

【解析】A。编制利润表所依据的会计等式是“收入—费用＝利润”。编制资产负债表的依据是“资产＝负债＋所有者权益”。

【思考】什么是利润表？其结构和内容有什么特点？利润表的理论依据是什么？

二、利润表的编制方法

（一）利润表的编制要求

利润表至少应当单独列示反映下列信息的项目：营业收入；营业成本；营业税金；管理费用；销售费用；财务费用；投资收益；公允价值变动损益；资产减值损失；非流动资产处置损益；所得税费用；净利润；其他综合收益各项目分别扣除所得税影响后的净额；综合收益总额。

利润表各项目均需填列“本期金额”和“上期金额”两栏。“上期金额”栏内各项数字，应根据上年该期利润表的“本期金额”栏内所列数字填列。“本期金额”栏内各数字，除“基本每股收益”和“稀释每股收益”项目外，应当按照相关账户的本年累计发生额分析计算填列。如“营业收入”项目，根据“主营业务收入”“其他业务收入”账户的本年累计发生额分析计算填列；“营业成本”项目，根据“主营业务成本”“其他业务成本”账户的本年累计发生额分析计算填列。其他项目均按照各该账户的本年累计发生额分析填列。

(二) 利润表的编制方法

1.利润表中"上期金额"填列方法

本表"上期金额"栏内各项数字，应根据上期利润表"本期金额"栏内所列数字填列。如果上期利润表规定的各个项目的名称和内容同本期不相一致，应对上期利润表各项目的名称和数字按本期的规定进行调整，填入本表"上期金额"栏内。

2.利润表"本期金额"填列方法

(1)"营业收入"项目，反映企业经营主要业务和其他业务所确认的收入总额。本项目应根据"主营业务收入"和"其他业务收入"科目的发生额分析填列。

(2)"营业成本"项目，反映企业经营主要业务和其他业务发生的实际成本总额。本项目应根据"主营业务成本"和"其他业务成本"科目的发生额分析填列。

(3)"税金及附加"项目，反映企业经营业务应负担的消费税、城市维护建设税、资源税、土地增值税和教育费附加等。本项目应根据"税金及附加"科目的发生额分析填列。

(4)"销售费用"项目，反映企业在销售商品过程中发生的包装费、广告费等费用和为销售本企业商品而专设的销售机构的职工薪酬、业务费等经营费用。本项目应根据"销售费用"科目的发生额分析填列。

(5)"管理费用"项目，反映企业为组织和管理生产经营发生的管理费用。本项目应根据"管理费用"科目的发生额分析填列。

(6)"研发费用"项目，反映企业进行研究与开发过程中发生的费用化支出，以及计入管理费用的自行开发无形资产的摊销。该项目应根据"管理费用"科目下的"研究费用"明细科目的发生额，以及"管理费用"科目下的"无形资产摊销"明细科目的发生额分析填列。

(7)"财务费用"项目，反映企业为筹集生产经营所需资金等而发生的应予费用化的利息支出。该项目应根据"财务费用"科目的相关明细科目的发生额分析填列。其中："利息费用"项目，反映企业为筹集生产经营所需资金等而发生的应予费用化的利息支出，本项目应根据"财务费用"科目的相关明细科目的发生额分析填列。"利息收入"项目，反映企业应冲减财务费用的利息收入，本该项目应根据"财务费用"科目的相关明细科目的发生额分析填列。

(8)"其他收益"项目，反映计入其他收益的政府补助，以及其他与日常活动相关且计入其他收益的项目。该项目应根据"其他收益"科目的发生额分析填列。企业作为个人所得税的扣缴义务人，根据《中华人民共和国个人所得税法》收到的扣缴税款手续费，应作为其他与日常活动相关的收益在该项目中填列。

(9)"投资收益"项目，反映企业以各种方式对外投资所取得的收益。如为净损失，以"—"号填列。

(10)"公允价值变动收益"项目，反映企业按照相关准则规定应当计入当期损益的资产或负债公允价值变动净收益，如交易性金融资产当期公允价值的变动额。如为净损失，以“—”号填列。

(11)“信用减值损失”项目，反映企业计提的各项金融工具信用减值准备所确认的信用损失。该项目应根据“信用减值损失”科目的发生额分析填列。

(12)“资产处置收益”项目，反映企业出售划分为持有待售的非流动资产（金融工具、长期股权投资和投资性房地产除外）或处置组（子公司和业务除外）时确认的处置利得或损失，以及处置未划分为持有待售的固定资产、在建工程、生产性生物资产及无形资产而产生的处置利得或损失。债务重组中因处置非流动资产（金融工具、长期股权投资和投资性房地产除外）产生的利得或损失和非货币性资产交换中换出非流动资产（金融工具、长期股权投资和投资性房地产除外）产生的利得或损失也包括在本项目内。该项目应根据“资产处置损益”科目的发生额分析填列；如为处置损失，以“—”号填列。

(13)“营业利润”项目，反映企业实现的营业利润。如为亏损，本项目以“—”号填列。

(14)“营业外收入”项目，反映企业发生的除营业利润以外的收益，主要包括与企业日常活动无关的政府补助、盘盈利得、捐赠利得（企业接受股东或股东的子公司直接或间接的捐赠，经济实质属于股东对企业的资本性投入的除外）等。该项目应根据“营业外收入”科目的发生额分析填列。

(15)“营业外支出”项目，反映企业发生的除营业利润以外的支出，主要包括公益性捐赠支出、非常损失、盘亏损失、非流动资产毁损报废损失等。该项目应根据“营业外支出”科目的发生额分析填列。“非流动资产毁损报废损失”通常包括因自然灾害发生毁损、已丧失使用功能等原因而报废清理产生的损失。企业在不同交易中形成的非流动资产毁损报废利得和损失不得相互抵销，应分别在“营业外收入”项目和“营业外支出”项目进行填列。

(16)“利润总额”项目，反映企业实现的利润总额。如为亏损总额，以“—”号填列。

(17)“所得税费用”项目，反映企业根据所得税准则确认的应从当期利润总额中扣除的所得税费用。

(18)“净利润”项目，反映企业实现的净利润。如果为净亏损，以“—”号填列。

【思考】利润表上各项目如何填列？

三、编制利润表

（一）编制利润表资料

根据整理好的账簿记录和其他有关资料，按要求编制利润表。

资料：台州八达机械有限公司 2021 年 12 月有关损益账户的发生额如表 8—5 所示。

表 8－5　　2021 年 12 月损益账户发生额

单位：元

账户	借方发生额	贷方发生额
主营业务收入		13500000.00
其他业务收入		365000.00
投资收益		2600000.00
营业外收入		1798000.00
主营业务成本	6890000.00	
税金及附加	450000.00	
其他业务成本	300000.00	
销售费用	350000.00	
管理费用	1090000.00	
财务费用	860000.00	
营业外支出	230000.00	
所得税费用	2023250.00	

（二）编制利润表

如表 8－6 所示。

根据上述资料计算各步骤的利润如下：

营业利润＝13500000＋365000－6890000－300000－450000－350000－1090000－860000＋2600000＝6525000（元）

利润总额＝6525000＋1798000－230000＝8093000（元）

净利润＝8093000－2023250＝6069750（元）

表 8－6　　利润表　　会企 02 表

编制单位：台州八达机械有限公司　　2021 年 12 月　　单位：元

项目	本期金额	上期金额
一、营业收入	13865000.00	
减：营业成本	7190000.00	
税金及附加	450000.00	
销售费用	350000.00	
管理费用	1090000.00	
研发费用		
财务费用	860000.00	

续表

项目	本期金额	上期金额
其中：利息费用		
利息收入		
加：其他收益		
投资收益（损失以"—"号填列）	2600000.00	
其中：对联营和合营企业的投资收益		
以摊余成本计量的金融资产终止确认收益（损失以"—"号填列）		
净敞口套期收益（损失以"—"号填列）		
公允价值变动收益（损失以"—"号填列）		
信用减值损失（损失以"—"号填列）		
资产减值损失（损失以"—"号填列）		
资产处置收益（损失以"—"号填列）		
二、营业利润（亏损以"—"号填列）	6525000.00	
加：营业外收入	1798000.00	
减：营业外支出	230000.00	
三、利润总额（亏损总额以"—"号填列）	8093000.00	
减：所得税费用	2023250.00	
四、净利润（净亏损以"—"号填列）	6069750.00	
（一）持续经营净利润（净亏损以"—"号填列）		
（二）终止经营净利润（净亏损以"—"号填列）		
五、其他综合收益的税后净额		
（一）不能重分类进损益的其他综合收益		
（二）将重分类进损益的其他综合收益		
六、综合收益总额		
七、每股收益：		
（一）基本每股收益		
（二）稀释每股收益		

【思考】认真审核自己编制的利润表，查找差错的原因，并加以更正。

练习题

一、单项选择题

1.编制“资产负债表”的理论依据是（　）。

A.资产＝负债＋所有者权益　　B.有借必有贷，借贷必相等

C.全部账户借方和贷方发生额的平衡相等原理　　D.“收入－费用＝利润”的会计等式

2.资产负债表是用来反映企业（　）的会计报表。

A.一定时期内的财务状况　　B.会计期末的财务状况

C.某一特定日期财务状况　　D.某一特定日期的经营状况

3.资产负债表上“应收账款”项目应根据（　）填列。

A.“应收账款”总账余额

B.“应收账款”所属明细账借方余额合计

C.“应收账款”及“其他应收款”总账余额

D.“应收账款”和“预收账款”所属明细账借方余额合计减去相应的“坏账准备”贷方余额

4.关于资产负债表的格式，下列各项表述中不正确的是（　）。

A.我国企业的资产负债表采用报告式结构

B.资产负债表左方为资产项目，按资产的流动性大小排列

C.资产负债表右方为负债和所有者权益项目

D.资产负债表的平衡等式是：“资产＝负债＋所有者权益”

5.编制利润表的依据是（　）。

A.利润＝收入－费用　　B.资产＝负债＋所有者权益

C.资金来源＝资金占用　　D.利润＝收入－支出

6.利润表中的“净利润”项目是指（　）。

A.应税所得额－所得税费用　　B.利润总额－所得税费用

C.营业利润＋利润总额－所得税费用　　D.分配利润

7.我国企业利润表采用（　）。

A.账户式　　B.报告式　　C.单步式　　D.多步式

8.利润表是通过多步计算求出当期实现的净利润的，即（　）。

A.营业利润、利润总额、净利润

B.营业利润、投资净收益、营业外收支净额

C.毛利、营业利润、利润总额

D.营业利润、利润总额、可分配利润

9.编制利润表的主要依据是（ ）。

A.资产负债及所有者权益各账户的本期发生额

B.资产负债及所有者权益各账户的期末余额

C.损益类各账户的本期净发生额

D.损益类各账户的期末余额

10.资产负债表中期末栏的数字，大多是根据总分类账户和有关明细分类账户的（ ）填列。

A.期初余额　B.期末余额　C.本期发生额合计　D.累积发生额合计

二、多项选择题

1.关于"资产负债表"的表述，其正确的有（ ）。

A.它是反映一定时期内财务成果的报表

B.它是一张静态报表

C.它是根据"资产＝负债＋所有者权益"等式编制的

D.流动资产排在左方，非流动资产排在右方

2.资产负债表的结构有（ ）。

A.账户式　B.报告式　C.多步式　D.单步式

3.会计报表的编制必须做到（ ）。

A.内容完整　B.编报及时　C.数字真实　D.便于理解

4.资产负债表中"存货"项目应根据（ ）总账科目的期末余额之和填列。

A.原材料　B.生产成本　C.短期投资　D.库存商品

5.中期财务报表包括（ ）。

A.月度财务报表　B.半年度财务报表

C.季度财务报表　D.年度财务报表

6."预付款项"项目应根据（ ）总账科目所属明细科目的期末借方余额之和填列。

A.应付账款　B.应收账款　C.预付账款　D.预收账款

7.资产负债表上"货币资金"项目应包括（ ）。

A.库存现金　B.有价证券　C.其他货币资金　D.银行存款

8.下列属于财务报表编制基本要求的有（ ）。

A.以持续经营为基础编制　B.按正确的会计基础编制

C.至少按年编制财务报表　D.项目列报遵守重要性原则

9.企业应当在财务报表的显著位置至少披露的有（ ）。

A.编报企业的名称　B.资产负债表日或财务报表涵盖的会计期间

C.人民币金额单位　D.财务报表是合并财务报表的，予以标明

10.利润表的结构一般有（ ）。

A.平行式　　B.账户式　　C.单步式　　D.多步式

三、判断题

1.资产负债表是以“有借必有贷，借贷必相等”为依据编制的。（ ）

2.资产负债表是反映企业一定时期内资产、负债、所有者权益等会计要素增减变动情况的会计报表。（ ）

3.利润表是反映企业一定会计期间经营成果的报表。（ ）

4.会计报表附注是对企业一定会计期间的财务和经营状况进行分析和总结的一种书面报告，是企业财务会计报告的重要组成部分。（ ）

5.资产负债表中长期负债各项目均应根据各总账余额填列。（ ）

6.通过资产负债表，可了解企业财务状况和经营成果。（ ）

7.利润表的“利润总额”计算公式是：利润总额＝主营业务利润＋投资利润＋补贴收入＋营业外收入－营业外支出。（ ）

8.资产负债表的格式有多步式和单步式两种。（ ）

9.资产负债表的“年初数”栏内各项数字，应根据上年末资产负债表的“期末数”栏内所列数字填列。（ ）

10.利润表中“净利润”项目的金额应该同资产负债表中的“未分配利润”项目期末数一致。（ ）

四、综合训练

资料：通达公司2021年3月31日调整前有关账户的余额如下（单位:元）：

账户	借方余额	账户	贷方余额
库存现金	7500	累计折旧	40000
银行存款	150000	应付账款	120500
原材料	130000	短期借款	120000
库存商品	70000	应交税费	1200
固定资产	560000	实收资本	380000
预付账款——预付保险费	1200	利润分配——未分配利润	20000
管理费用	58000	主营业务收入	1800000
销售费用——广告费	105000		
主营业务成本	1400000		
合计	2481700	合计	2481700

本月底调整事项如下：

(1) 1月份预付的财产保险费，本月应负担100元。

(2) 本月应负担仓库租金6000元。

(3) 本月应收银行存款利息5200元。

(4) 本月企业管理部门应提折旧12000元。

(5) 应计本月借款利息8000元。

要求：(1) 用以上给出的余额开设丁字形账户。

(2) 编制调整分录，并记入丁字形账户。

(3) 编制有关结账分录，记入丁字形账户，并结出每个账户的发生额和余额。

(4) 根据各分类账资料编制3月份资产负债表和利润表。

第9章 账务处理程序

9

【知识目标】

·了解会计账务处理程序的概念、意义和种类；

·掌握三种账务处理程序的步骤、优缺点和适用范围。

【能力目标】

·能够运用三种账务处理程序进行企业经济业务的确认、计量和披露。

【素质目标】

·培养严肃认真、一丝不苟的工作态度；

·培养严谨规范，精益求精的工匠精神。

【导入案例】

背景资料：江苏光华机械制造有限公司原本是一家小规模的工业企业，但经过几年的发展，已经成为规模较大、业务繁多的大型企业。随着业务量的增加，公司会计抱怨工作量越来越大，总是加班加点也无法及时完成必要的会计工作。公司增加了会计人员，但仍然无法很好地解决这个问题。于是公司咨询众兴会计师事务所注册会计师王某，王某在实地了解了江苏光华机械制造有限公司的会计工作流程后发现，江苏光华机械制造有限公司会计核算一直以来都是根据原始凭证填制记账凭证，根据记账凭证登记日记账、明细分类账，并逐笔登记总分类账，月末按要求进行对账、编制会计报表。王会计师指出，这样的账务处理程序在公司规模不大时是完全适用的，但由于公司规模变化，业务量增多，仍然采用这种账务处理程序，特别是逐笔登记总分类账，必然会导致记账工作繁杂，无法提高工作效率。所以应该适当改变公司的账务处理程序，建议每月定期编制科目汇总表，根据科目汇总表填制总分类账。公司采纳了王会计师的建议，果然大大减少了会计工作，提高了工作效率。

问题：究竟有哪些账务处理流程？每一种账务处理流程又有什么要求呢？

9.1 账务处理程序概述

一、账务处理程序的概念与意义

（一）概念

账务处理程序，又称会计核算组织程序，是指对会计数据的记录、归类、汇总、报告的步骤和方法。即从原始凭证的整理、汇总，记账凭证的填制、汇总，日记账、明细分类账的登记，到会计报表的编制的步骤和方法。账务处理程序的基本模式可以概括为：原始凭证—记账凭证—会计账簿—会计报表。

（二）意义

科学、合理地选择账务处理程序的意义主要有：

①有利于规范会计工作，保证会计信息加工过程的严密性，提高会计信息质量。

②有利于保证会计记录的完整性和正确性，增强会计信息的可靠性。

③有利于减少不必要的会计核算环节，提高会计工作效率，保证会计信息的及时性。

二、账务处理程序的种类

由于各个单位的经济业务性质和特点不尽相同，经济业务规模大小也不一样，因此设置的账簿，凭证的种类、格式和各种账簿之间的相互关系以及与之相适应的记账程序和方法也不一样。不同的账簿组织、记账程序和记账方法相互结合，就形成各种不同的会计核算形式。每个单位应结合自己的实际状况和具体条件，采用或设计适合自身经济业务性质和特点的会计核算形式。我国各经济单位目前多采用的主要账务处理程序有三种：

①记账凭证账务处理程序。

②汇总记账凭证账务处理程序。

③科目汇总表账务处理程序。

它们之间有许多共同点，但也存在着差异，其主要区别在于登记总账的依据和方法不同。其中最基本的账务处理程序是记账凭证账务处理程序，是其他账务处理程序的基础。

9.2 记账凭证账务处理程序

一、概念及记账步骤

(一) 概念

记账凭证账务处理程序是指对发生的经济业务事项，先根据原始凭证或汇总原始凭证填制记账凭证，再直接根据记账凭证登记总分类账的一种账务处理程序。

(二) 记账凭证账务处理程序的流程

记账凭证账务处理程序的流程如图 9—1 所示。

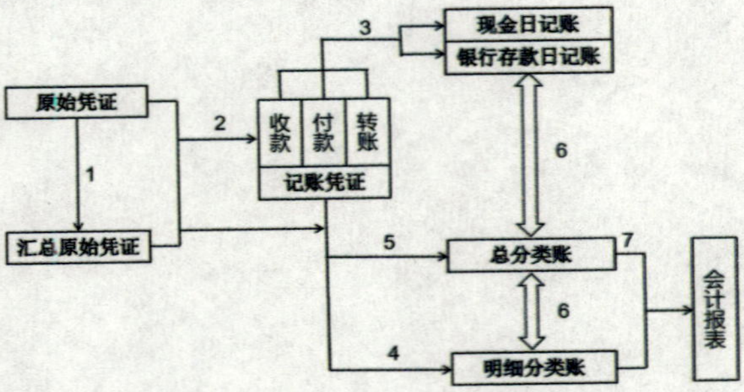

图 9—1　记账凭证账务处理程序

①根据原始凭证编制汇总原始凭证。

②根据原始凭证或汇总原始凭证，编制收款凭证、付款凭证和转账凭证，也可以编制通用的记账凭证。

③根据收款凭证和付款凭证，逐笔登记现金日记账和银行存款日记账。

④根据原始凭证、汇总原始凭证和记账凭证，登记各种明细分类账。

⑤根据记账凭证逐笔登记总分类账。

⑥期末，按照对账的要求将现金日记账、银行存款日记账的余额，以及各种明细分类账余额合计数，分别与总分类账中有关科目的余额核对相符。

⑦期末，根据核对无误的总分类账和明细分类账的记录，编制会计报表。

二、优缺点及适用范围

1.优点：记账凭证账务处理程序简单明了，易于理解；总分类账较详细地记录和反映经济业务的发生情况。

2.缺点：登记总分类账的工作量较大。

3.适用范围：记账凭证适用于规模较小、经济业务量较少的单位。

9.3 汇总记账凭证账务处理程序

一、概念及记账步骤

(一) 概念

汇总记账凭证账务处理程序是指先根据原始凭证或汇总原始凭证填制记账凭证，定期根据记账凭证分类编制汇总收款凭证、汇总付款凭证和汇总转账凭证，再根据汇总记账凭证登记总分类账的一种账务处理程序。

(二) 汇总记账凭证账务处理程序的流程

汇总记账凭证账务处理程序流程如图 9－2 所示。

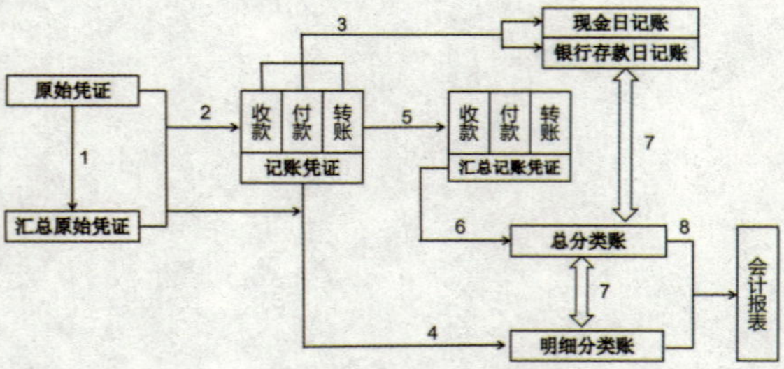

图 9－2　汇总记账凭证账务处理程序

①根据原始凭证编制汇总原始凭证。

②根据原始凭证或汇总原始凭证，编制收款凭证、付款凭证和转账凭证，也可以编制通用的记账凭证。

③根据收款凭证和付款凭证，逐笔登记现金日记账和银行存款日记账。

④根据原始凭证、汇总原始凭证和记账凭证，登记各种明细分类账。

⑤根据一定时期内的全部记账凭证，汇总编制汇总收款凭证、汇总付款凭证和汇总转账凭证。

⑥根据定期编制的汇总收款凭证、汇总付款凭证和汇总转账凭证，登记总分类账。

⑦期末，按照对账的要求将现金日记账、银行存款日记账的余额，以及各种明细分类账余额合计数，分别与总分类账中有关科目的余额核对相符。

⑧期末，根据核对无误的总分类账和明细分类账的记录，编制会计报表。

二、优缺点及适用范围

1.优点

①记账凭证通过汇总记账凭证汇总后于月末时一次登记总分类账，减少了登记总分类账的工作量。

②汇总记账凭证是根据一定时期内全部记账凭证，按照科目对应关系进行归类、汇总编制的，可以清晰反映科目之间的对应关系。

③便于查对和分析账目。

2.缺点

当转账凭证较多时，编制汇总转账凭证的工作量较大，并且按每一贷方账户编制汇总转账凭证，不利于会计核算的日常分工。

3.适用范围

汇总记账凭证适用于经营规模大、经济业务较多的单位。

9.4 科目汇总表账务处理程序

一、概念及记账步骤

（一）概念

科目汇总表账务处理程序，又称记账凭证汇总表账务处理程序，是指根据记账凭证定期编制科目汇总表，再根据科目汇总表登记总分类账的一种账务处理程序。

（二）科目汇总表账务处理程序的流程

科目汇总表账务处理程序流程如图 9－3 所示。

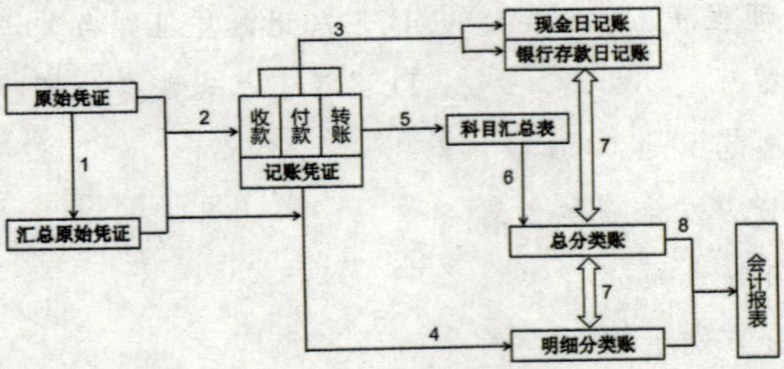

图 9－3　科目汇总表账务处理程序

①根据原始凭证编制汇总原始凭证。

②根据原始凭证或汇总原始凭证，编制收款凭证、付款凭证和转账凭证，也可以编制通用的记账凭证。

③根据收款凭证和付款凭证，逐笔登记现金日记账和银行存款日记账。

④根据原始凭证、汇总原始凭证和记账凭证，登记各种明细分类账。

⑤根据记账凭证，定期编制科目汇总表。

⑥根据定期编制的科目汇总表，登记总分类账。

⑦期末，按照对账的要求将现金日记账、银行存款日记账的余额，以及各种明细分类账余额合计数，分别与总分类账中有关科目的余额核对相符。

⑧期末，根据核对无误的总分类账和明细分类账的记录，编制会计报表。

二、优缺点及适用范围

1.优点

科目汇总表账务处理程序的优点是减轻了登记总分类账的工作量，易于理解，方便学习，并可做到试算平衡。

2.缺点

科目汇总表不能反映各个账户之间的对应关系，不利于对账目进行检查。

3.适用范围

科目汇总表适用于经济业务较多的单位。

练习题

一、单项选择题

1.（ ）不能反映各科目的对应关系，不便于分析和检查经济业务的来龙去脉，不便于查对账目。

A.记账凭证账务处理程序　　B.汇总记账凭证账务处理程序

C.日记账账务处理程序　　D.科目汇总表账务处理程序

2.科目汇总表的汇总范围是（ ）。

A.全部科目的借、贷方发生额和余额

B.全部科目的借、贷方余额

C.全部科目的借、贷方发生额

D.汇总收款凭证、汇总付款凭证、汇总转账凭证的合计数

3.以下项目中，属于科目汇总表账务处理程序缺点的是（ ）。

A.不便于理解　　B.增加了登记总分类账的工作量

C.不便于检查核对账目　　D.不便于进行试算平衡

4.记账凭证账务处理程序下，不能作为登记明细分类账依据的是（ ）

A.原始凭证　B.汇总原始凭证　C.记账凭证　D.记账凭证汇总表

5.规模较小、业务量较少的单位适用（ ）

A.记账凭证账务处理程序　　B.汇总记账凭证账务处理程序

C.多栏式日记账账务处理程序　　D.科目汇总表账务处理程序

二、多项选择题

1.下列关于科目汇总表账务处理程序与汇总记账凭证账务处理程序共同之处的表述中，

正确的有（　）。

A.都适用于规模较大、业务量较多的企业　　B.可以减少总分类账登记工作量

C.可以保持会计科目之间对应关系　　D.可以进行发生额试算平衡

2.以下关于科目汇总表账务处理程序的优缺点与适用范围的表述正确的有（　）。

A.将记账凭证通过科目汇总表汇总后登记总分类账，大大减轻了登记总账的工作量

B.通过编制科目汇总表，可以对发生额进行试算平衡，从而及时发现错误，保证记账工作质量

C.科目汇总表能反映账户之间的对应关系，有利于根据账簿记录检查和分析交易或事项的来龙去脉，便于查对账目

D.适用于业务量多的大、中型企业

3.根据总账的登记依据对账务处理程序进行分类，下列各项中正确的有（　）。

A.记账凭证账务处理程序　　B.汇总记账凭证账务处理程序

C.科目汇总表账务处理程序　　D.一般账务处理程序

4.下列各项中，属于企业填制记账凭证依据的有（　）。

A.汇总记账凭证　　B.科目汇总表　　C.原始凭证　　D.汇总原始凭证

5.以下属于记账凭证账务处理程序优点的有（　）。

A.简单明了、易于理解

B.总分类账可较详细地记录经济业务发生情况

C.便于进行会计科目的试算平衡

D.减轻了登记总分类账的工作量

三、判断题

1.科目汇总表账务处理程序是会计核算中最基本的账务处理程序，其他账务处理程序都是在这种账务处理程序的基础上发展、演变形成的。（　）

2.科目汇总表账务处理程序的优点之一，是编制汇总记账凭证的程序比较简单。（　）

3.科目汇总表账务处理程序的缺点之一，是在科目汇总表不反映各科目的对应关系。（　）

4.科目汇总表只反映各个会计科目的本期借方发生额和本期贷方发生额，不反映各个会计科目的对应关系。（　）

5.记账凭证账务处理程序是最基本的账务处理程序，其他账务处理程序都是在此基础上发展形成的，其优点就是登记账簿的工作量小。（　）

参考答案

第一章

一、单项选择题

1.B　2.D

二、多项选择题

1.ABCD　2.CD　3.ABCD

三、判断题

1.×　2.×　3.√

第二章

一、单项选择题

1.A　2.C　3.B　4.B　5.C　6.B　7.C　8.A　9.B

二、多项选择题

1.ABCD　2.ACD　3.BC　4.BD　5.ABD　6.AD　7.ABC

三、判断题

1.×　2.×　3.×　4.√　5.×　6.√

第三章

一、单项选择题

1～5 CBDAB　6～10 ADCAC　11～15 DCCAC

二、多项选择题

1.ABC　2.BCD　3.ABD　4.ABCD　5.BCD　6.AB　7.AD　8.AB　9.ABC　10.ABD

三、判断题

1～5 √×××√　6～10 √√√√×

四、综合训练题

1. 答案

单位：元

账户名称	期初余额		本期发生额		期末余额	
	借方	贷方	借方	贷方	借方	贷方
库存现金	4000		2000	1250	4750	
银行存款	75000		50000	91000	34000	
应收账款	7700		52300	43000	17000	
原材料	9630		6450	8670	7410	
固定资产	67000		5400	15900	56500	
短期借款		50000	30000	25000		45000
应付账款		2000	1400	1500		2100
实收资本		150000	0	0		150000

2. 答案

单位：元

会计科目	期初余额		本期发生额		期末余额	
	借方	贷方	借方	贷方	借方	贷方
库存现金	7500		5000		12500	
银行存款	46000		15800	15400	46400	
应收账款	130000			5800	124200	
生产成本	70000				70000	
固定资产	560000				560000	
原材料	106200		5400		111600	
其他应收款	58000				58000	
累计折旧		40000				40000
应付账款		16500	2600			13900
短期借款		120000	5000	2600		117600
应交税费		1200				1200
实收资本		380000		10000		390000
利润分配		420000				420000
合计	977700	977700	33800	33800	982700	982700

第四章

一、单项选择题

1～5 BCBCD　　6～10 BCABA　　11～15 CDADB

二、多项选择题

1.BCD　2.ABCD　3.AC　4.ABCD　5.ABD　6.BCD　7.AC　8.ABD　9.ABC
10.BD

三、判断题

1～5 √×××√　　6～10 √×√√√

四、综合题

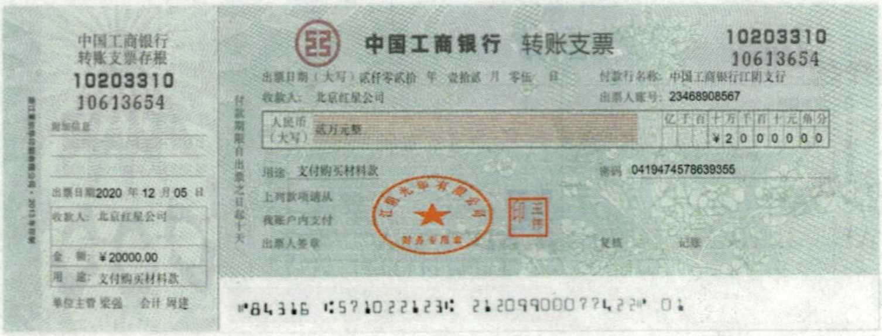
中国工商银行
转账支票存根
10203310
10613654
附加信息
出票日期2020 年 12 月 05 日
收款人：北京红星公司
金　额：¥20000.00
用　途：支付购买材料款
单位主管 梁强　会计 周建

中国工商银行　转账支票
10203310
10613654
出票日期（大写）贰仟零贰拾 年 壹拾贰 月 零伍 日　付款行名称：中国工商银行江阴支行
收款人：北京红星公司　出票人账号：23468908567
人民币（大写）贰万元整　¥2000000
用途 支付购买材料款　密码 0419474578639355
付款期限自出票之日起十天
上列款项请从
我账户内支付
出票人签章　复核　记账

记账凭证

日期：2020 年 12 月 5 日

记字第 1 号

摘要：支付购买材料款

分录：借：应付账款——北京红星公司　　　20000

　　　贷：银行存款——中国工商银行　　　20000

附单据 1 张

第五章

一、单项选择题

1～5 ACBCD　　6～10 BCBAC　　11～16 AABCAB

二、多项选择题

1.ACD　2.ACD　3.ABCD　4.BCD　5.BCD　6.BD　7.ABC　8.BD　9.BCD
10.ABCD　11.AC　12.AD

三、判断题

1～5 ×√×√×　　6～10×√×√×　　11～14 √√××

第六章

一、单项选择题

1～5 CBACA　6～10 DBBAC　11～15 AAAAC

二、多项选择题

1.ACD　2.AB　3.ABC　4.ABC　5.AC　6.ABD　7.CD　8.ABCD　9.ABC　10.ABD

三、判断题

1～5 √××××　　6～7√√

第七章

一、单项选择题

1～4 CDCB

二、多项选择题

1.ABD　2.AB　3.ABCD　4.AB　5.AD

三、判断题

1.√　2.√　3.×　4.×

四、计算分析题

银行存款余额调节表

编制单位：光华公司　　2021 年 1 月 30 日　　单位：元

项目	金额	项目	金额
银行存款日记账余额	80000	银行对账单余额	82425
加：银行已收，企业未收款项	4000	加：企业已收，银行未收款项	8000
减：银行已付，企业未付	75 150	减：企业已付，银行未付	6000 500
调节后余额	83925	调节后余额	83925

五、会计分录题

1.审批前的会计分录

(1) 借：待处理财产损溢　　3800

　　　　累计折旧　　1400

　　　贷：固定资产　　　　5200

(2) 借：固定资产　　10000

　　贷：以前年度损益调整　　6000

　　贷：累计折旧　　4000

(3) 借：待处理财产损溢　　420

　　贷：材料——甲材料　　420

(4) 借：待处理财产损溢　　160

　　贷：材料——乙材料　　160

2.审批后的会计分录

(1) 借：营业外支出　　3800

　　贷：待处理财产损溢　　3800

(2) 借：以前年度损益调整　　6000

　　贷：利润分配——未分配利润　　6000

(3) 借：管理费用　　420

　　贷：待处理财产损溢　　420

(4) 借：其他应收款——保管人员　　160

　　贷：待处理财产损溢　　160

第八章

一、单项选择题

1～5ACDAA　6～10BDACB

二、多项选择题

1.BC　2.AB　3.ABCD　4.ABD　5.ABC　6.AC　7.ACD　8.ABCD　9.ABCD　10.CD

三、判断题

1～5 ××√××　　6～10 ×××√×

四、综合训练

单位：元

题号	摘要	科目名称	借方	贷方
1	负担本月财产保险费	管理费用	100	
		预付账款		100
2	负担本月仓库租金	管理费用	6000	
		其他应付款		6000
3	本月应收银行存款利息	应收利息	5200	
		财务费用		5200

续表

题号	摘要	科目名称	借方	贷方
4	管理部门折旧费	管理费用	12000	
		累计折旧		12000
5	计提本月应负担利息	财务费用	8000	
		应付利息		8000
6	结转费用类账户	本年利润		216100
		管理费用		76100
		销售费用		105000
		财务费用		2800
		主营业务成本		1400000
		主营业务收入	1800000	

资产负债表

单位：元

货币资金	157500	应付账款	120500
应收利息	5200	短期借款	120000
存货	200000	其他应付款	6000
固定资产	508000	应付利息	8000
预付账款	1100	应交税费	1200
		实收资本	380000
		利润分配——未分配利润	236100
合计	871800	合计	871800

利润表

单位：元

项目	本期金额
一、主营业务收入	1800000
减：主营业务成本	1400000
管理费用	76100
销售费用	105000
财务费用	2800

续表

项目	本期金额
二、营业利润	216100
加：营业外收入	0
减：营业外支出	0
三、利润总额	216100

第九章

一、单项选择题

1～5 DACDA

二、多项选择题

1.ABD　2.ABD　3.ABC　4.CD　5.AB

三、判断题

1.×　2.×　3.√　4.√　5.×